公路工程施工与管理

罗国富 宋 阳 刘爱萍 著

吉林科学技术出版社

图书在版编目（CIP）数据

公路工程施工与管理 / 罗国富，宋阳，刘爱萍著
. -- 长春：吉林科学技术出版社，2022.9
ISBN 978-7-5578-9738-3

Ⅰ．①公… Ⅱ．①罗… ②宋… ③刘… Ⅲ．①道路施
工—施工管理 Ⅳ．①U415.1

中国版本图书馆 CIP 数据核字（2022）第 181159 号

公路工程施工与管理

著	罗国富　宋　阳　刘爱萍	
出 版 人	宛　霞	
责任编辑	赵　沫	
封面设计	南昌德昭文化传媒有限公司	
制　　版	南昌德昭文化传媒有限公司	
幅面尺寸	185mm×260mm	
开　　本	16	
字　　数	280 千字	
印　　张	13	
印　　数	1-1500 册	
版　　次	2022 年 9 月第 1 版	
印　　次	2023 年 3 月第 1 次印刷	

出　　版　吉林科学技术出版社
发　　行　吉林科学技术出版社
地　　址　长春市南关区福祉大路 5788 号出版大厦 A 座
邮　　编　130118
发行部电话/传真　0431—81629529　　81629530　　81629531
　　　　　　　　　　81629532　　81629533　　81629534
储运部电话　0431-86059116
编辑部电话　0431-81629510
印　　刷　三河市嵩川印刷有限公司

书　　号　ISBN 978-7-5578-9738-3
定　　价　95.00 元

前言
Qian yan

　　进入 21 世纪以来，我国的经济发展较快，交通运输业迅猛发展，由于我国大力支持互联网技术和科技创新，在这一政策的推动之下，运输业的规模庞大，现有的交通网络已不能适应，所以公路建设不断增加，随着公路建设技术的日趋成熟，公路建设的质量也得到了较大完善，理论结合实践使我国公路施工技术取得较大发展的成果。

　　公路工程施工与管理是交通运输与土建类专业的一门主干课程。考虑到公路施工组织与管理的特点及工程管理人员应具备的能力，本书以公路工程施工为核心，以施工组织管理为重点，在工程组织与管理方面特别突出工程实际应用能力的培养，全面介绍公路工程施工组织与管理的具体方法。通过本课程的学习，学生能够掌握公路工程施工过程的组织原理，施工组织设计编制，机械化施工组织设计，网络计划技术，施工过程中的质量控制，成本管理、安全管理、合同管理、信息管理，施工现场人力资源管理等综合知识。使学生了解和掌握现代公路工程施工必须具备的组织与管理的基本知识和技能，具备组织与管理施工的能力，为培养面向施工一线的高素质技术技能型人才打下坚实的基础。

　　工程建设产品复杂多样，施工中需要投入大量人力、财力、物力、机具等，同时，需要根据施工对象的特点和规模、地质水文气候条件、图纸、合同以及机械材料供应情况等，充分做好施工准备、施工技术工艺、施工方法方案等，以确保技术经济效果，避免出现事故，这就对工程建设施工管理技术人员提出了较高的要求。公路工程施工员是完成公路工程施工任务的最基层的技术和组织管理人员，是施工现场生产一线的组织者和管理者，要指挥及协调施工现场基层技术人员、劳务人员，应对加强关键施工技术知识的培训。

　　本书通过对公路工程施工技术、高速公路桥梁施工技术、隧道工程施工技术与公路工程施工成本管理、技术管理以及公路的生态保障技术的分析，阐明公路工程的基础理论。通过对公路工程施工技术的探讨，研究了公路工程施工技术的发展与应用。是一本理论与实践相结合，又不乏创新的公路工程施工技术的专业书籍，以期为我国广大公路工程从业者提供全新的理论支持与辅助，为了我国的交通运输与公路建设添砖加瓦。

目录 CONTENTS

第一节　公路运输的地位和特点

我国幅员辽阔、物产丰富、人口众多，为促进国民经济的发展，提高人们的物质文化生活水平，确保国防安全，必须有一个四通八达且完善的交通运输体系。

实践证明，交通运输是国民经济的命脉，是联系工业和农业、城市和乡村、生产和消费的纽带，是推动国民经济发展的先行官。要实现国民经济的现代化，就必须首先实现交通运输的现代化，这是经济建设和发展的客观规律。

现代交通运输是由铁路、公路、水运、航空和管道等五种运输方式所组成的。它们各有分工又相互联系与合作，共同承担国家建设所需的原材料及产品的集散、城乡物资的交流以及生产和生活必需品的运输任务。铁路运输对于远程的大宗货物及人流运输起着主要的作用；水运在通航的地区起着廉价运输的作用；航空运输则起着快速运送旅客，贵重、紧急物品及邮件等的作用；管道多用在运输液态、气态以及散装物品（如石油、煤气等）；公路运输具有机动、灵活、直达、迅速、适应性强和服务面广的特点，对于客货运输，特别是短距离的运输、效益尤其显著。

以上的五种运输方式，在技术经济上各有特点，各自适应着一定的自然地理条件和各类运输的需要。它们在发展社会主义商品经济中，相互分工，相互连接，取长补短，协调发展，形成统一的综合运输体系，为社会主义建设事业发挥巨大的作用。

公路运输在交通运输体系中占有较大的比重，是短途客货运输的主力，在缺乏铁路、水运或这些运输不是很发达的地区，公路运输就成了运输的主体。随着国民经济建设的不断发展，特别是汽车专用公路（如高速公路、一级公路等）里程的增加，公路运输在国民经济建设和社会服务等各个方面的重要作用日益突出，并显示出广阔的发展前景。

公路运输的主要特点如下：

机动灵活性，能够在需要的时间、规定的地点迅速地集中及分散货物；

迅速直达，能深入到货物集散点进行直接装卸而不需要中转，这就可以大大节约时间和费用，还可以减少货物损失，这对短途运输来说，效益特别显著；

适应性强、服务面广，与其他运输方式相比，受固定性交通设施的限制较小，可以直接涉及边远的山区、小镇及任何工矿企业的场地和厂区；

资金周转快，社会效益显著；

和铁路、水运相比，由于所用的燃料较贵，服务人员多，单位运量较小等，因此运输成本偏高。但是这些缺点将随着汽车制造技术的不断改进，公路技术等级的提高以及运输组织管理的改善而逐渐克服。

近二十年来，由于高等级公路的迅速发展，汽车运输速度的提高，载重量的增大，公路运输已成为各国广泛采用的一种运输方式。

第二节　我国公路的现状和发展规划

我国是一个历史悠久的文明古国，道路运输远较西欧各国发展得早。早在公元前2600年之前就有了轩辕氏造舟车；秦始皇（公元前246—前210年）统一六国后，为了巩固政权和便利商贾，开始修建气势宏伟、纵横国内的道路网。秦代以后的各个封建朝代，在道路方面进行了必要的保养和有限的扩充，但封建统治对生产力的束缚，使我国道路事业发展较慢，交通运输工具也很少改进，长期停留在人力、畜力拉车的水平。

新中国成立以来，党和国家对发展公路运输予以了应有的重视，交通运输事业有了很大的发展。解放初期，公路建设的重点是西南，西北及其他大山区和少数民族地区。经过多年的努力，全国2200多个县市全部通了公路，93%以上的乡和70%以上的村通了公路和汽车，形成了一个以北京为中心，与各大城市、省会及沿海经济开发区之间的四通八达的公路网。

在公路技术发展方面，新中国成立以来取得很大成绩，如渣油路面、双曲拱桥、钻孔灌注桩、高原冻土带的沥青铺筑等具有我国特点的新成果；公路的设计理论，施工养护技术水平和机械化程度都有了很大的提高；交通科研体系已经基本形成，交通教育已具相当规模。全国已建立一批维护公路正常运营的养护力量；交通系统职工队伍数量和素质提高，他们除承担国内修建任务外，还先后赴亚、非等洲的二十余国承担经援任务，为增进与各国人民之间的友谊做出显著的贡献。

改变这种公路建设与国家建设要求不相适应局面的途径，一是新建一些急需的公路，进一步完善公路网；二是对现有公路进行技术改造，提高它的技术等级，以满足社会对公路运输日益增长的需要。随着交通量的增长和车速的提高，对原有公路不断进行技术改进，是世界各国公路交通适应本国国民经济发展的重要措施及必然趋势。世界上一些工业发达国家近十几年以至几十年来，在公路建设上重点不是增加里程，而是改善和提高公路等级，包括线形的改善，将中、低级路面改造成高级、次高级路面，以及大力修建高速公路网。近些年来，我国在修建公路新线的同时，也集中了大量投资对原有公路进行技术改造。据各地统计资料分析，公路线形改造并铺筑高级、次高级路面后、与原有老路相比，不仅降低了养护费用，而且汽车运量提高了 30% 左右，燃料消耗降低 10%—20%，行车速度提高 20%—50%，大修间隔里程延长 20%，轮胎行驶里程延长 40%，运输成本降低 15%—40%。可见经济效果是显著的。实践证明，在新建公路的同时加速原有公路的技术改造是今后公路建设的一项长期而重要的任务。

为了加速我国公路的建设，改善公路的技术状况，在科研工作方面，必须解放思想，实事求是，尊重科学技术，讲求实效。从我国国情和公路交通的特点出发，努力学习国内外先进经验和技术，采用新理论，新技术，新工艺、新材料，使公路的测量、设计、施工、养护的科技水平向前推进一步。在管理方面，坚持全面规划，统筹安排，充分调动中央和地方，政府和广大人民群众办公路的积极性；贯彻自力更生、艰苦奋斗、修养并重、分期修建、逐步提高的原则；实现专业队伍与民工建勤相结合、国家投资与地方多渠道集资相结合、民办与公助相结合的方针，充分地调动各方面的积极因素，努力使我国公路技术状况有较大的改进和提高。

一个国家公路网的完善程度如何，不仅关系到公路运输的效益，还直接影响着国民经济的发展。西方的一些发达国家如美、德、日、法、意等早在第二次世界大战期间及至战后，就根据本国国情和政治、军事、经济发展的需要制定了宏伟的公路网规划，经过几十年的努力，这些国家的路网建设已日趋完善，对其政治、经济、文化的发展起了积极的推动作用。我国的国道主干线规划研究已于 1994 年 1 月完成并通过了鉴定，该规划紧密结合国情，面向未来 30 年，利用系统工程理论提出了"解决我国公路交通紧张的关键，就是抓主干线，重点建设汽车专用公路"的发展战略。国道主干线作为全国公路网的主骨架和全国运输大通道的组成部分，建成后，将有力地改善我国的综合运输结构，提高运输效率，有利于缓解我国交通紧张局面；国道主干线的平均车速将比目前提高一倍左右，每年可以带来 400—500 亿元的直接经济效益。

第三节　公路的分级与技术标准

一、公路的技术分级

在 1988 年交通部颁发施行的《公路工程技术标准》（之后简称《标准》）中，把公路按其交通量、使用任务和性质分为两类五个技术等级，各等级又根据地形规定了不同的计算行车速度及其相应的工程技术标准。

（一）汽车专用公路

高速公路。一般能适应按各种汽车（包括摩托车）折合成小客车的年平均昼夜交通量为 2.5 万辆以上，为具有特别重要的政治、经济意义，专门供汽车分道高速行驶并全部控制出入的公路。

一级公路，一般能适应按各种汽车（包括摩托车）折合成小客车的年平均昼夜交通量为 1.0—2.5 万辆，为连接重要政治、经济中心，通往重点工矿区、港口、机场，专供汽车分道行驶并部分控制出入的公路。

二级公路，一般能适应按各种汽车（包括摩托车）折合成中型载重汽车的年平均昼夜交通量为 4500—7000 辆，为连接政治、经济中心或大工矿区、港口、机场等地的专供汽车行驶的公路。

（二）一般公路

二级公路，一般能适应按各种车辆折合成中型载重汽车的年平均昼夜交通量为 2000—5000 辆，为连接政治、经济中心或大工矿区、港口、机场等地的公路。

三级公路、一般能适应按各种车辆折合成中型载重汽车的年平均昼夜交通量为 2000 辆以下，为沟通县以上城市的公路。

四级公路，一般能适应按各种车辆折合成中型载重汽车的年平均昼夜交通量为 200 辆以下，为沟通县、乡（镇）、村等的公路。

公路等级的选用，应根据公路网的规划和远景交通量，从全局出发，结合了公路的使用任务、性质综合确定。公路的远景设计年限：高速公路、一级公路为 20 年；二级公路为 15 年：三级公路为 10 年；四级公路通常为 10 年，也可根据实际情况适当缩短。

对于现在不符合《标准》技术等级要求的公路，应根据公路发展规划，有计划地改善线形，改建或加固危桥，改渡为桥，加铺路面，增设交通安全和管理设施，逐步提高其使用质量和通行能力，达到规定的等级公路标准。

二、技术标准的分类及应用

技术标准是根据一定数量的车辆，在道路上以一定的计算行车速度行驶时。对路线和各项工程的设计要求制定的。它是根据理论和公路设计、修建的经验而拟定的，它反映了我国公路建设的技术方针。因此在设计公路时都应遵守。

技术标准大体可归纳为三类、即："线形标准""净空标准""载重标准"。对路线来说关键是线形标准。由于我国幅员辽阔、各地地理位置和自然条件各不相同，故对《标准》的掌握，应视具体情况，在满足基本要求的前提下，结合实际灵活运用。使用《标准》时必须防止两种倾向：一是不考虑路线的作用和运输发展的要求，采用低标准以压缩工程费用：二是盲目轻率，贪大求全，采用高标准，既增加了投资，又多占用了土地。

一条较长的公路往往要跨越不同的地带类型，连接不同运量的集散点 C 因此，确定道路技术等级和技术标准时，应密切结合路线所经地区的地形以及路线之间的运量大小，可以全线采用一个技术等级，也可适当分段采用不同的技术等级。但是分段不宜过于频繁，一般情况下，高速公路、一级公路一般不小于 20 公里；二级公路不小于 15 公里；三级公路不小于 10 公里；四级公路不小于 5 公里。等级或标准变换的交界点，应选择在视野开阔、行车速度容易变更处，并应设置相应的标志。为保证行车安全，分界点前后的路线平、纵面技术标准应由高到低，或由低到高地设置过渡段，而不应突变。如路线交通量没有变化，只从地形和节省投资出发，在前后两高标准路段之间插入低标准路段，往往形成盲肠，阻塞交通，在此情况下，则应尽可能采用各种工程措施，或适当增大工程量，使其尽可能和前后标准一致。

三、公路的行政分级

以上介绍的是公路的技术分级。我国按行政管理体制，根据公路的位置以及在国民经济中的地位和运输特点，又把公路分为国道、省道、县道、乡道以及专用公路，并实行分级管理。

国道，即国家的干线公路，是以首都为中心，连接各省、自治区、直辖市、各大军区、重要大中城市、港站枢纽、工农业基地的主要干线公路。它由中央统一规划，由各所在省、市、自治区负责建、管及养。维修养护的资金由养路费解决，大小型的新改建项目内部分养路费及国家投资补助解决。

省道，以省会、自治区首府、直辖市为中心，联系本地区重要城市、交通枢纽、工农业基地的干线道路。它由省、市、自治区交通部门在国道网颁布后，对具有全省意义的干线公路加以规划，并负责建设、养护和改造。

县道，为具有全县意义的公路及县与县的联络线，部分主要的县道由省、自治区规划、建设及养护，大部分县道由县自行规划、建设、养护及使用。

乡道，是直接国⌢主要为乡、村内部经济、文化、行政服务的公路和乡、村与外部联系的公路，由县统一规划，并由县、乡组织建设、养护和使用。

专用公路为工厂、矿山、农场、林区等部门专门运输而修建，根据专用部门自行规划、建设、使用与维护。

我国国道共有 70 条，除去重复里程和城市管辖里程外，总计 110037 公里。国道分三类，采用三种统一编号：

第一类，首都放射线 11 条，由北京分别通往沈阳、哈尔滨、塘沽、福州、珠海、广州、深圳、昆明、拉萨、银川和加格达奇，另加上一条北京外环线，共 12 条，全长 23178 公里。编号以 T 开头，按顺时针方向统一编为 G101 至 G112。"G"是"国"字汉语拼音中第一个字母。

第二类，是由北向南的纵线，如鹤岗到大连，烟台到汕头，包头到南宁，兰州到景洪等 28 条，全长 38004 公里。编号以"2"开头，自东往西排列，依次编是 G201 至 G2280 其中 G228 为台湾环线。

第三类是由东向西的横线，如荣城到兰州，上海到伊宁，厦门到成都等 30 条，全长 48855 公里。编号以 "3" 开始，由北往南排列依次编为 G301 至 G330。

第四节　公路的基本组成部分

公路是布置在大地表面供各种车辆行驶的一种线形带状结构物。它主要承受汽车荷载重复作用和经受各种自然因素的长期影响。因此，公路不仅要有平顺的线形，和缓的纵坡，而且还要有坚实稳定的路基，平整和防滑性能好的路面，牢固耐用的人工构造物以及不可缺少的附属工程和设施。

公路由路基、路面、桥梁、涵洞和隧道等基本部分组成，此外，还有路线交叉、防护工程和沿线设施等。

一、路基

路基，是路面的基础，是按照预定路线的平面位置和设计高程在原地面上开挖和填成一定断面形式的线形人工土石构造物。路基作为行车部分的基础，设计时必须保证行车部分的稳定性，并防止水分及其他自然因素对路基本身的侵蚀和损害。因此，它既要有足够的力学强度和稳定性，又要经济合理，路基通常包括路面、路肩、边坡、边沟等部分的基础。

二、路面

路面，是供汽车安全、迅速、经济、舒适行驶的公路表面部分，它是用各种不同的坚硬材料铺筑于路基顶面的单层或多层结构物，其目的是加固行车部分，使之具有足够的强度和良好的稳定性，以及表面平整、抗滑和无尘。

路面是道路上最重要的建筑物，行车的安全、舒适和经济均取决路面的质量，因此经常以路面的质量来判断整条公路的质量。

三、排水结构物

一条较长的路线常常需要跨越不同的水流，故需要修建桥梁和涵洞．桥涵，它是公路跨越河流、山谷等障碍物而架设的结构物。桥梁应满足安全、经济、适用、美观的要求。公路上常用的桥涵一般用钢筋混凝土、块石、钢材等材料建造而成。

其他排水结构物：当公路所跨越的水流流量不大时，可以使水流以渗透的方式通过石块砌成的路堤，这种结构称为渗水路堤。周期性的水流有时也容许从行车部分表面流过，这种行车部分称为过水路面。当水流需从公路上方跨过时，可设置渡水槽。当公路跨越较大的水面，而交通量又较小时，为了节省投资，避免建造桥梁，可以采用渡船或浮桥。路线上地面水可用边沟、截水沟、排水沟及急流槽等设施排除（地面排水系统）；当地下水影响严重时，可以采用暗沟、渗沟、渗井等设施进行排除（地下排水系统）。

四、隧道

在山区修筑公路时，常常会遇到山岭。若用盘山公路绕过山脊或翻越堀口，必须采用展线的方法。在展线的公路线路上，当上爬的地势高、里程较长、坡度较陡、线形曲折迂回时，技术标准很难提高；如果在山岭的腰部，选择一处高度适中、地形合适的地方，打通一条山洞将山岭两侧的公路连接起来，就可以得到一条捷径，也避免了公路因展线所带来的技术标准低的缺点，这类山洞便是公路隧道，如图1.4所示。虽然隧道的修建在施工技术上较复杂，工程造价也可能比一般的石方路面要高一些，但是它提高了公路的技术等级和行车效率，降低了运输成本，这是任何展线线形方案无法与之相比的。公路隧道也可以用于山梁和山嘴对穿；当地质条件不好时，还可以用隧道来代替明挖的堀口路堑。

五、防护工程与路线交叉

为保证路基的强度和稳定性，特别是在不利的水文、地质条件下，为了维持正常的汽车运输，确保行车安全，以及保持公路与自然环境相协调，必须对路基进行防护和加固，它除了保证公路的使用品质外，更主要是对提高投资效益具有重要的意义。

公路与公路，公路与铁路，以及公路与其他道路或管线交叉，除管线必须采用立体交叉外。公路与公路或其他道路相交，既可采用平面交叉也可采用立体交叉，这就是路线交叉。

六、公路沿线设施

在公路上，除了上述各种基本组成结构外，为了保证行车安全、舒适及美观，还需要设置交通安全设施、交通管理设施、防护设施、服务性设施、公路养护管理房屋以及绿化等公路沿线设施.

（一）交通安全设施

为了保证行车和行人的安全和充分发挥公路的作用，各个级公路应按规定设置必要的安全设施。

1. 护栏

它是在行车道旁连续架设的、具有一定柔度的梁或索，可使失控车辆与坚硬物体、其他物体及车辆冲撞的损害减到最低程度。护栏一般设置在地势险峻的路段，或填方较高的路段以及像急弯、陡坡、狭路等技术标准较低的路段的一侧或两侧。它一般由立柱与梁或索组成，护栏对车辆的保护作用主要是使碰撞车辆的动能被车轮与钢轨（索），车轮与路面的摩擦力以及立杆发生水平位移时做的功（等于消耗的能量）抵消，从而大大降低车辆碰撞的损毁程度 c 立柱的间距 3—4 米，高出了路肩表面 70—80 厘米。

2. 护墙

它是用于安全目的的连续墙体，一般由混凝土制作。它通常设置在山区公路地势险峻的路段，以及分道高速行驶的高速公路中央分隔带处，以防止车辆驶出公路或者车辆驶入高速分道行驶的对向车道，护墙厚度约 40—50 厘米，高出地面约 50—80 厘米。

3. 护柱

它是在一般公路较危险路段的一侧或两侧，或者事故多发段，以及高速公路收费处的匝道上设置的漆成红白相间颜色的立柱。用在警告车辆注意行车安全，兼起诱导司机视线的作用，但不能阻挡车辆驶出公路。通常护柱可以采用石料或混凝土做成。

此外。用于安全的设施还有反光标志、轮廓标、人行天桥等。

（二）交通管理设施

为了确保行车安全，使司机能知道前面道路的情况和特点，公路上应设置交通标志和布设路面标线。

按交通部颁发的《公路标志和路面标线标准》，公路标志可分为：

1. 指示标志

它是指示车辆行驶和停车的标志，共 25 种。采用圆形和矩形的蓝底白色图案。

2. 警告标志

它是指出前方有行车障碍物和行车危险的地点，警告司机集中注意力、保证行车安全的标志，共 24 种。它采用等边三角形、黑边框，黄底黑色图案。

3. 禁令标点

它是指根据交通情况，为保证安全而对车辆必须加以限制的标志，共 28 种。包括对车辆类型的限制；限高，限重，限宽，限停车；限制调头，转弯，需要车或鸣喇叭等。

4. 指路标志

它是指示道路单程、地点和行驶方向的标志，总共 10 种。除里程碑、百米桩外，均采用矩形、蓝底、白字和白色图案。

公路路面标线是布设在路面上的一种文通安全设施，它配合公路标志引导车辆分道行驶，可以对交通作有效的管制，以达到安全、畅通的目的。汽车专用公路以及一般的二级公路和城市道路应设置较齐全的交通标线；运输繁忙的三级公路以及视距不符合要求的路段，应设分道行驶的行车道中心线。公路路面标线可分为四种形式：①白色连续实线，多用于技术等级低的路段，或作为不准逾越的车道分界线，并作停车线、人行横道线等。②白色间断线，常用作车道分界线，车辆可以逾越。③白色箭头指示线，用来指引汽车左、右转弯或直行。④黄色连续实线，严禁车辆逾越。作为车辆分道行驶的分界线。

此外，在高速公路上，应在路上适当的间隔内设置紧急电话，供司机及时向管理机构报告事故、故障或求援。高速公路与一级公路在可能发生事故路段，应根据需要设置交通监视设施。

（三）防护设施

在各级公路上，对于具有积雪、积沙、坠石、弃物等妨碍交通安全的地点，应根据实际情况设置适当的防护设施。例如在沙漠地区，对风沙频繁运动的路段，可在垂直刮风方向的路堤迎风面一侧，设置防沙栅栏；在泥石流多发地区，常在泥石流流经的河道内及沿途设置拦截坝群，或者用足够孔径的桥梁代替涵洞；在高寒积雪地区，对易受暴风雨及雪崩掩埋的挖方路段，可是在行车道上方修建防雪走廊。

（四）服务性设施

公路的服务性设施包括渡口码头、汽车站、加油站、修理站、停车场、餐厅等。渡口是公路路线跨越大型河流时，短期内无法修建桥梁而设置的一种设施。

在交通量稠密并有公共运输交通的公路上，应设置汽车站、加油站、修理站、停车场、餐厅等，以方便乘客，保障行车安全。对于有夜间行车的公路，为保证行车安全，应有符合要求的照明设备。

（五）公路养护管理房屋

养路道班或工区的房屋，是养路职工办公、居住、存放工具、器材，修理养路机械、机具的建筑物。养路道班应根据养路机械化程度和实际需要，本着布局合理、设施适用、环境整治、方便生产和生活的原则，在适宜的地点设置适当规模的管理、生产用房。

（六）绿化

绿化是美化公路，保护环境不可缺少的部分，应在公路用地范围内大力进行绿化。绿化植树可起到防雪固沙和抗御洪水的作用；同时它也是美化路容、保持水土、稳固路基、防止降雨和径流对边坡剥蚀的有效手段；树木在夏季还可起到遮阳和保持路基湿度的作用。此外，在立交区，可以搞一些景观设计，适当的花草摆设和造型设计，可起到装饰点缀的作用。但应注意在路肩上不得植树，在公路交叉范围之内和弯道内侧避免植树，以满足视距要求。

第一节　路基工程基本知识

一、路基的概念与分类

公路路基是路面的基础，是线形承重主体，承受自身土体的自重和路面结构的重量，以及由路面传递下来的行车荷载。没有稳定坚固的路基，就不会有一个好的路面，松软的路基会产生不均匀下沉现象，造成路面开裂和不平整，进而影响行车的速度、安全、舒适和道路的畅通。

根据填挖情况的不同，路基可分为路堤、路堑和填挖结合路基三种类型。路堤是指全部用岩、土（或其他填料）填筑而成的路基；路堑是指全部开挖形成的路基；当天然地面横坡比较大，一侧开挖，另一侧填筑时，称作填挖结合路基，也称半堤半堑路基。

对于一级公路和高速公路，路基又可分为整体式断面路基和分离式断面路基两类。对于路堤来讲，按路基的填土高度不同，又可划分为：矮路基（小于 1.5m）、高路基（大于 18m）和一般路基（1.5—18m）。按填料不同，又可分为土质路基、石质路基和土石混合路基。路基在结构上又分为：上路堤和下路堤、路床。路床是指路面底面以下 0—0.8m 内的路基部分，又可分为上路床和下路床。上路堤是指路面底面以下 0.8—1.5m 的填方部分，下路堤是指上路堤以下的填方部分。

路堑按其开挖方式的不同，也可分为：全挖式路基、台口式路基及半山洞式路基。按其材质不同，路堑又可分为土质路堑和石质路堑。

二、路基施工的特点和基本要求

（一）路基施工的主要特点

土石方数量大，不同路段工程数量差别大：通常平原微丘区的二级公路，每千米土石方数量在 10000—22000m³，山岭重丘区更是数量巨大，不同路段的挖填方数量差别大。

材质差别大：不论是填方路段还是挖方路段，路基工程都是宜土则土、宜石则石。土路基本身也有不同土质类型，如粉性土、砂性土、黏性土、黄土，还有须加固处理的软土等。石质路基材质有可能是石灰岩、沉积岩、变质岩或是火山岩，不论其风化程度如何，只要其强度满足要求，都可以用作路基填料。在同一道路的同一路段上，出现多种材质混合的可能性比较大。

施工方法因地制宜：由于地形地貌、地质水文、气象、现有交通条件等诸多条件的制约，施工方法，宜挖则挖、宜爆则爆，多种多样，因地制宜。

路基工程和桥梁、涵洞、防护工程、路面工程等在施工中相互干扰、相互影响，应认真组织，妥善安排。

应注意环境和生态保护，防止取土、弃土及排水沟、边沟等影响农田水利和排灌系统。

（二）车辆荷载对路基工程的基本要求

具有足够的整体稳定性。

具有足够的强度，也就是抵抗变形的能力。

具有足够的水温稳定性，即在最不利的水温条件下，保持路基的强度仍能满足设计和行车荷载对路基的要求。

（三）路基工程施工的基本要求

路基工程施工应满足设计和使用要求，并把试验检测作为主要的监控手段来指导路基工程施工。

路基施工宜移挖作填，即使用路堑段的挖方用作路堤填筑段的填方，减少占用土地并有利于环境保护，减少对自然景观的破坏，保持与地形地貌的协调。

路基施工应严格按照规范要求来组织，特殊地区的路基施工采取相应的技术措施。

石方挖方路基的施工，不宜采取大爆破的方法进行：必须使用时，需要请有相应设计施工资质的单位，做出专门的设计，反复论证后，按大爆破的有关规定组织和实施。

三、路基填料

路基填筑工程量巨大，路基填料的选择通常采取因地制宜的原则，宜土则土，宜石则石。凡是具有规定强度且能被压实到规定密实度和能形成稳定路基的材料均为适用的填料。也就是说，不论是细粒土、粗粒土或是爆破之后的岩石或工业废渣，只要

符合一定的技术要求,均可以用作路基填料。但在路基填料的选择上还要注意以下几点:

路基填方应优先考虑使用级配较好的砾类土和砂类土等粗集料做填料,填料的最大粒径应小于150mm。

当采用细粒土做填料时,最为符合规定。

泥炭、淤泥、冻土、强膨胀土、有机土及易溶盐超过允许含量的土,不得直接用于填筑路基。液限大于50%,塑性指数大于26的土以及含水量超过规定的土,也不得直接用于路基填料。确需使用上述土或黄土填筑路基时,必须采取一定的改善措施,使其满足要求,并取得监理工程师批准。

钢渣、粉煤灰等可用做路基填料,其他工业废渣使用前应进行有害物质的检测,以免对土地和水源造成污染。

浸水路基应选用渗水性良好的材料填筑,如中等颗粒的砂砾、级配碎石等,不应直接采用粉质土填筑。如必须采用细砂、粉砂等易液化的材料做填料时,应考虑防止震动液化的技术措施。

桥梁台背应优先选用渗水性好的填料,在渗水材料缺乏的地区,可以使用石灰、水泥、粉煤灰等单独或综合处置的细粒土。

填石路基的石块最大粒径应小于厚度的2/3,路床顶面50cm的厚度内不得使用石块填筑。

四、路基施工期间的防水与排水

在路基工程施工期间,为防止工程或附近农田、建筑物及其他设施受冲刷淤积,应修建临时排水设施,以保持施工场地处于良好的排水状态。

临时性排水设施应与永久性排水设施相结合。施工场地流水不得排入农田、耕地或污染自然水源,也不应引起淤积、阻塞和冲刷。

施工时,不论挖方或填方,均应做到各施工层表面不积水。因此,各施工层应随时保持一定的泄水横坡或纵向排水通道,挖方路基顶面或填方基底含水率过大时,应采取措施降低其含水率。

临时排水设施及排水方案应报请监理检查验收。

五、路基基本施工方法

路基施工方法大致可分为以下几种:

(一)人工施工

采用手工工具,如小推车、扁担挑、铁锹挖、人工填筑、人工石夯夯实的施工方法。人工施工工效低、进度慢,古代和近代的道路基本使用这种方法施工。目前道路施工中,特别小的项目和施工机械无法进入的区域,例如庭院人行小路、块石路面,也主要采取人工施工方法。

（二）简易机械化施工

以人工为主、简易机械为辅的施工方式，采取人工战术，大兵团作战，仅在碾压、整形等环节使用机械作业。20世纪80年代以前，因为缺乏机械，我国道路施工和河道清淤多采取这种施工组织方式。

（三）机械法施工

使用配套机械（个别工序辅以人工）相互协调，共同形成主要工序的综合机械化施工方法，目前高等级公路的施工都采用这种方法。

（四）爆破法施工

主要适用于石质路堑和隧道施工。

（五）水力机械法施工

使用水泵、水枪等水力机械喷射强力水流，冲散土层并流至指定地点沉积。这种方法对电力和水源要求高，且沉积时间长，难以控制下工程质量，当前在公路施工中很少使用。

六、路基填方试验路段

对于一级以上公路，或使用新材料、新技术、新工艺、新设备的施工路段，施工单位在正式施工之前，应首先进行一定长度的试验路段，试验路段的施工方法与正式施工相同。进行试验路段的目的是：确定填方施工的松铺厚度，验证最佳含水量范围，确定碾压组合形式，确定最佳的机械配套和施工组织。路段试验应对所有的实验环节做好记录，包括：压实设备的类型，碾压组合方式，碾压速度和碾压遍数，含水量的大小及均匀程度，有无出现翻浆及处理办法，填料的松铺厚度及压实厚度，最后实测的压实度等，试验结果作为以后该种填筑材料施工控制的重要依据。

第二节　一般路基施工

一、土质路堤施工

（一）施工取土

路基填方取土，应根据设计要求，结合路基排水及当地土地规划、环境保护要求进行，不得任意挖取。

施工取土应不占或少占良田，尽量利用荒坡、荒地，取土深度应结合地下水等因素考虑，利于复耕。原地面耕植土应先集中存放，以利再用。

自行选定取土方案时，应符合下列技术要求：①地面横向坡度陡于1：10时，取土坑应设在路堤上侧。②桥头两侧不宜设置取土坑。③取土坑与路基之间的距离，应满足路基边坡稳定的要求。取土坑与路基坡脚之间的护坡道应平整密实，表面设1%—2%向外倾斜的横坡。④取土坑兼作排水沟时，其底面宜高出附近水域的常水位或与永久排水系统及桥涵出水口的标高相适应，纵坡不宜小于0.2%，平坦地段不宜小于0.1%。⑤线外取土坑等与排水沟、鱼塘、水库等蓄水（排洪）设施连接时，应该采取防冲刷、防污染的措施。

对取土造成的裸露面，应采取整治或者防护措施。

（二）施工方法

路堤填筑是把填料用一定方式运送上堤进行铺平、碾压密实的过程。路堤填筑分为分层填筑法、竖向填筑法和混合填筑法三种方法。

1. 分层填筑法

路堤填筑根据不同的土质，从原地面逐层填起并分层压实，每层填土的厚度可按压实机具的有效压实深度和压实度确定。分层填筑法又可分为水平分层填筑和纵向分层填筑两种：①水平分层填筑：填筑时按照横断面全宽分成水平层次，逐层向上填筑，如原地面不平，应由最低处分层填起，每填一层，经过压实符合规定要求之后，再填上一层，依此循环进行直至达到设计高程。②纵向分层填筑：此方法适用于用推土机从路堑取土填筑距离较短的路堤，依纵坡方向分层，逐层向上填筑，原地面纵坡大于12%的地段常采用此法。

2. 竖向填筑法

是指从路基一端或两端同时按横断面的全部高度，逐步推进填筑。此方法适用于无法自下而上填筑的深谷、陡坡、断岩、泥沼等运土和机械无法进场的路堤。

竖向填筑因填土过厚不易压实，施工时要选用沉陷量较小、透水性较好及颗粒粒径均匀的砂石材料或附近开挖路堑的废石方，并且一次填足路堤全宽度；选用振动式或夯击式压实机械；暂时不修建较高级的路面，容许短期内自然沉落。

3. 混合填筑法

在路堤下层竖向填筑，上层水平分层填筑，使上部填土经分层压实获得需要的压实度。此方法适应于因地形限制或填筑堤身较高，不宜采用水平分层法和竖向填筑法自始至终进行填筑的情况。在深谷陡坡地段填筑路堤，尽量采用混合填筑法。施工时可以单机作业，也可多机作业，一般沿线路分段进行，每段距以20到40m为宜，多在地势平坦或两侧有可利用的山地土场的场合采用。

（三）施工要点

地基表层处理应符合下列规定：①二级及二级以上公路路堤基底的压实度应不小于90%；三、四级公路应不小于85% 路基填土高度小于路面和路床总厚度时，基底应按设计要求处理。②原地面坑、洞、穴等，应在清除沉积物后，用合格填料分层回填分层压实。③泉眼或露头地下水，应按设计要求，采取有效导排措施后方可填筑路堤。

④地基为耕地、松散土、水稻田、湖塘、软土、高液限土等时，应按设计要求进行处理，局部软弱的部分也应采取有效的处理措施。⑤地下水位较高时，应按设计要求进行处理。⑥陡坡地段、土石混合地基、填挖界面、高填方地基等都应按设计要求进行处理。

路堤填筑应符合下列规定：①性质不同的填料，应水平分层、分段填筑，分层压实。同一水平层路基的全宽应采用同一种填料，不得混合填筑。每种填料的填筑层压实后的连续厚度不宜小于500mm。填筑路床顶最后一层时，压实之后的厚度应不小于100mm。②潮湿或冻融敏感性小的填料应填筑在路基上层，强度较小的填料应填筑在下层。在有地下水的路段或临水路基范围内，宜填筑透水性好的填料。③在透水性不好的压实层上填筑透水性较好的填料前，应在其表面设2%—4%的双向横坡，并采取相应的防水措施。不得在由透水性较好的填料所填筑的路堤边坡上覆盖透水性不好的填料。④每种填料的松铺厚度应通过试验确定。⑤每一填筑层压实后的宽度不得小于设计宽度。⑥路堤填筑时，应从最低处起分层填筑，逐层压实；当原地面纵坡大于12%或横坡陡于1：5时，应按设计要求挖台阶，或设置坡度向内并大于4%、宽度大于2m的台阶。⑦填方分几个作业段施工时，接头部位如不能交替填筑，则先填路段，按1：1坡度分层留台阶。如能交替填筑，就应分层相互交替搭接，搭接长度不小于2m。

选择施工机械：应考虑工程特点、土石种类及数量、地形、填挖高度、运距、气候条件、工期等因素经济合理地确定。填方压实应配备专用碾压机具。

压实度检测应符合以下规定：①用灌砂法、灌水（水袋）法检测压实度时，取土样的底面位置为每一压实层底部；用环刀法试验时，环刀中部处于压实层厚的1/2深度；用核子仪试验时，应根据其类型，按说明书要求办理。②施工过程中，每一压实层均应检验压实度，检测频率为每1000㎡至少检验2点，不足1000㎡时检验2点，必要时可根据需要增加检验点。

二、填石路堤施工

（一）填料要求

路堤填料粒径应不大于500 mm，并不应该超过层厚的2/3，不均匀系数宜为15—20。路床底面以下400 mm范围内，填料粒径应小于150 mm；路床填料粒径应小于100 mm。膨胀岩石、易溶性岩石不宜直接用于路堤填筑，强风化石料、崩解性岩石和盐化岩石不得直接用于路堤填筑。

（二）填筑方法

填石路堤的填筑施工方式有倾填（含抛填）和逐层填筑、分层压实两种。倾填又可分为石块从岩面爆破后直接散落在准备填筑的路堤内及用推土机将爆破后堆置在半路堑上的石块以及用自卸汽车从远处运来的爆破石块推入路堤两种情况。高速公路、一级公路和铺设高级路面的其他等级公路的填石路堤不宜采用倾填式施工，而应采用分层填筑、分层压实的方法。二级及二级以下且铺设低级路面的公路在陡峻山坡段施工特别困难或大量爆破以挖作填时，可采用倾填方式将石料填筑于路堤下部，但倾填路堤在路床底面下不小于 1.0 m 范围内仍应分层填筑压实。

采用分层填筑方式施工，又可分为机械作业及人工作业两种方法。机械施工分层填筑时，高速公路及一级公路分层松铺厚度一般为 50 cm，其他公路为 100 cm。施工中应安排好石料运行路线，专人指挥，按水平分层，先低后高、先两侧后中央卸料。由于每层填筑厚度较大，故摊铺平整工作必须采用大型推土机进行，个别不平处应配合人工用细石块、石屑找平，如果石块级配较差、粒径较大、填层较厚，石块间的空隙较大时，可于每层表面的空隙里扫入石渣、石屑、中砂、粗砂，再以压力水将砂冲入下部，反复数次，使空隙填满。人工摊铺、填筑填石路堤，当铺填粒径 25 cm 以上石料时，应先铺填大块石料，大面向下，小面向上，摆平放稳，再用小石块找平，石屑塞填，最后压实；铺填粒径 25 cm 以下石料时，可直接分层摊铺，分层碾压。

（三）施工要点

基层处理时：其承载力应满足设计要求；在非岩石地基上填筑填石路堤前，应按设计要求设过渡层。

路堤施工前：应先修筑试验路段，确定满足孔隙率标准的松铺厚度、压实机械型号及组合、压实速度及压实遍数、沉降差等参数。

路床施工前：应先修筑试验路段，确定能达到最大压实干密度的松铺厚度、压实机械型号及组合、压实速度及压实遍数、沉降差等参数。

岩性相差较大的填料应分层或分段填筑：严禁把软质石料与硬质石料混合使用。

中硬、硬质石料填筑路堤时：应进行边坡码砌。码砌边坡的石料强度、尺寸及码砌厚度应符合设计要求。边坡码砌与路基填筑宜基本同步进行。

压实机械宜选用自重不小于 18 t 的振动压路机。

在填石路堤顶面与细粒土填土层之间应按设计要求设过渡层。

（四）质量检验

上、下路堤的压实质量标准。

填石路堤施工过程中的每一压实层，可以用试验路段确定的工艺流程和工艺参数，控制压实过程；用试验路段确定的沉降差指标检测压实质量。

填石路堤填筑至设计标高并整修完成后，其施工质量应符合规定。

填石路堤成型后的外观质量标准：路堤表面无明显孔洞；大粒径石料不松动，铁锹挖动困难；边坡码砌紧贴、密实，无明显孔洞和松动，砌块间承接面向内倾斜，坡面平顺。

三、土石路堤施工

土石路堤是指石料含量占总质量 30%—70% 的土石混合材料填筑的路堤。

（一）填料要求

膨胀岩石、易溶性岩石等：不宜直接用于路堤填筑，崩解性岩石和盐化岩石等不得直接用于路堤填筑。

天然土石混合填料中：中硬、硬质石料的最大粒径不应大于压实层厚的 2/3；石料最大粒径不得大于压实层厚。

（二）填筑方法

土石路堤不得采用倾填方法，只能采用分层填筑，分层压实。

当土石混合料中石料含量超过 70% 时，宜采用人工铺填，即先铺填大块石料，且大面向下，放置平衡，再铺小块石料、石渣或石屑嵌缝找平，然后碾压。当土石混合料中石料含量小于 70% 时，可用推土机将土石混合料铺填，每层铺填厚度应根据压实机械类型和规格确定，不宜超过 40 cm。用机械铺填时应注意避免硬质石块，特别是集中在一起的尺寸大的硬质石块。

（三）施工要点

在陡、斜坡地段，土石路堤靠山一侧应按设计要求做好排水和防渗处理。

压实机械宜选用自重不小于 18 t 的振动压路机。

施工前应根据土石混合材料的类别分别进行试验路段施工，确定能达到最大压实干密度的松铺厚度、压实机械型号及组合、压实速度及压实遍数、沉降差等参数。

碾压前应使大粒径石料均匀分散在填料中，石料间孔隙应填充小粒径石料、土和石渣。

压实后透水性差异大的土石混合材料，应分层或分段填筑，不宜纵向分幅填筑。如确需纵向分幅填筑，应将压实后渗水良好的土石混合材料填筑于路堤两侧。

土石混合材料来自不同料场，其岩性或土石比例相差较大时，宜分层或分段填筑。

填料由土石混合材料变化为其他填料时，土石混合材料最后一层的压实厚度应该小于 300 mm，该层填料最大粒径宜小于 150 mm，压实后，该层表面应无孔洞。

中硬、硬质石料的土石路堤，应进行边坡码砌：码砌边坡的石料强度、尺寸及码砌厚度应符合设计要求。边坡码砌与路堤填筑宜基本同步进行，软质石料土石路堤的边坡按土质路堤边坡处理。

（四）质量检验

中硬、硬质石料土石路堤在施工过程中的每一次压实层，可用试验路段确定的工艺流程和工艺参数，控制压实过程；用试验路段确定的沉降差指标，检测压实质量。路基成型后质量应符合规定。

软质石料填筑的土石路堤应符合地基表层处理的规定。

土石路堤的外观质量标准包括路基表面无明显孔洞；大粒径填石无松动，铁锹挖动困难；中硬、硬质石料土石路基边坡码砌紧贴、密实，没有明显孔洞、松动，砌块间承接面应向内倾斜，坡面平顺。

四、挖方路基施工

（一）土质路堑开挖

1. 土方开挖方法

路堑开挖施工，除需考虑当地的地形条件、采用的机具等因素外，还需要考虑土层的分布及利用。在路堑开挖前，应做好现场伐树除根等清理工作和排水工作。如果移挖作填时，还应将表层土单独摒弃，或按不同的土层分层挖掘，以满足路堤填筑的要求。路堑的开挖方法根据路堑深度、纵向长短及现场施工条件，可采用横向挖掘法、纵向挖掘法和混合式挖掘法气

纵向全宽掘进开挖（横挖法）：是在路线一端或两端，沿路线纵向向前开挖。单层掘进开挖，其高度即等于路堑设计深度，掘进时逐段成型向前推进，由相反方向运土送出。单层掘进的高度受到人工操作安全及机械操作有效因素的限制，如果施工紧迫，对于较深路堑，可采用双层纵向掘进开挖，上层在前，下层随后，下层施工面上留有上层操作的出土和排水通道。双层或者多层开挖，增多了施工工作面，加快了施工进度，层高应视施工方便且能保证安全而定，一般为 1.5—2.0 m。

横向通道掘进开挖（纵挖法）：是先在路堑纵向挖出通道，然后分段同时由横向掘进。此法工作面多，既可人工施工，亦可机械施工，也可分层纵向开挖，即将路堑分为宽度和深度都合适的纵向层次向前掘进开挖，可采用各式铲运机施工。在短距离及大坡度时，可用推土机施工，如系较长、较宽的路堑，可用铲运机并配以运土机具进行施工。

混合式掘进开挖：是横挖法和纵挖法的混合使用，即先顺路堑开挖通道，然后沿横向坡面挖掘，以增加开挖坡面，每一开挖坡面应能容纳一个施工组或一台开挖机械作业。在较大的挖土地段，还可沿横向再挖沟，配以传动设备或布置运土车辆。当路线纵向长度和深度都很大时，应该采用混合式开挖法。

2. 土方开挖施工要点

土方开挖应自上而下进行，不得乱挖超挖，严禁掏底开挖，土方应分类开挖分类使用，非适用材料应按设计要求或作为弃方按规定处理。开挖过程中，应采取措施保证边坡稳定。开挖至边坡线前，应预留一定宽度，预留的宽度应保证刷坡过程中设计边坡线外的土层不受到扰动。

路基开挖中，基于实际情况，如需修改设计边坡坡度、截水沟和边沟的位置及尺寸等时，应及时按规定报批。边坡上稳定的孤石应保留。开挖至零填、路堑路床部分后，应尽快进行路床施工；如不能及时进行，宜在设计路床顶标高以上预留至少 300 mm 厚的保护层。采取临时排水措施，确保施工作业面不积水，挖方路基路床顶面终止标高，应考虑因压实而产生的下沉量，其值通过试验确定。

边沟与截水沟应从下游向上游开挖，截水沟通过地面坑凹处时，应将凹处填平夯实。边沟及截水沟开挖后，应及时进行防渗处理，不得渗漏、积水和冲刷边坡及路基。

挖方路基施工遇到地下水时，应采取排导措施，将水引入路基排水系统，不得随

意堵塞泉眼。路床土含水量高或为含水层时，应该采取设置渗沟、换填、改良土质、土工织物处理措施，路床填料应具有良好的透水性能。

（二）石质路堑施工

1.石质路堑施工注意事项

采用松土法或破碎法施工应注意的事项与土质路堑开挖基本相同。当采用爆破施工时，应注意以下事项：

爆破影响区内既有建筑物、管线的调查：一旦确定采用爆破法开挖岩石后，应查明爆破区内有无电力、电讯、供排水管道等地面、地下管线，既有建筑物的类型、权属、年限等。若有，还应明确其具体的平面位置、埋置深度、迁移可行性。此外，对开挖边线范围外的既有建筑物、各类管线、距离、权属也应充分调查，以便制定爆破方案，确保线外建筑物、管线的安全。

报请当地公安等部门审批爆破方案：对大、中型爆破，确定方案后，应分别报送当地公安局、建筑物及管线的直接单位及主管部门、监理工程师审批。

持证上岗：持证上岗是杜绝爆破伤亡事故的根本保证。凡从事爆破作业的施工人员均必须经过专业培训，取得爆破证书后才能上岗。必须一人一证，严禁一证多人使用。

清渣工作：清渣应自上而下，将松动的、破碎的岩石撬落。不准掏"神仙渣"（即在下面往里掏成悬岩状，石渣在自重的作用下坍落），以免坍塌伤人。目前多用大功率推土机集石，装载机装车；或直接用斗容量1.5—2.0 m³的正铲挖掘机装车，对特大的孤石，可采用钢钎炮二次爆破解小。

安全：爆破施工安全包括爆破器材安全管理、施工操作安全及警戒线之内的其他人员、物资安全。爆破施工是一项危险作业，要求杜绝各种事故的发生，做到安全生产。对爆破作业的每一道工序，都必须认真执行各有关爆破安全规程，有组织、有计划、有步骤地进行施工。为了避免事故，石方爆破作业以及爆破器材的管理、加工、运输检验及销毁等工程均应按国家现行的《爆破安全规程》执行。

爆破器材安全管理。所有爆破器材、雷管、炸药应在指定地点分开存放，相距不得小于1 km，距离施工现场不得小于3 km。存放仓库应保持良好的通风，设置避雷设施。库房周围设围墙，无关人员不得入内，严禁烟火。仓库应配备24小时全天候看守的警卫值勤人员，配备良好的足够的防火设备。临时性爆破器材仓库禁止安装电灯照明，可用自然采光或安全手电筒。临时性爆破器材仓库的最大库存量：炸药10 L，雷管2万发，导火索1万m。库房内设单独的发放间，雷管和炸药分开存放，间距在8 m以上。爆破器材应有专人负责入库、发出，健全各种手续。在雷雨黑夜天气不得办理爆炸物品的收发工作。

施工操作安全。爆破施工环节，包括钻孔及导洞开挖，装药、堵塞、起爆，瞎炮处理等，这些环节都具有危险性。

钻孔和导洞开挖时，所有作业人员必须戴安全帽和必要的劳保用品。洞口和险道设置栏杆，并有足够的照明。洞内采用12—36V的低压安全灯，严禁高压或明火照明。洞口开挖前应处理危石，以确保安全，否则采取支撑。导洞深度越过6 m时，应采取通风措施。经常检查洞内风量、气压和有害气体含量。装药、堵塞、起爆阶段，应注意以下几点：①炮孔、洞室完成后及时报验，合格后方可装药。②起爆药包只准在爆破附近的安全地点进行。③在炸药、雷管送达洞口前，将洞内所有电线取出，改用绝缘手电筒或蓄电池灯照明，严禁烟火。④装药、堵塞严格按设计要求操作，不准用块石压盖药包，并注意保护起爆线。⑤装药、堵塞后，由经过专职培训合格的爆破工连线。⑥爆破区边界和通道设岗哨和标志，爆破信号和解除信号要及时、显著。⑦爆破后应对爆破现场进行认真检查，发现瞎炮及时、安全处理。

排水：节理发育的岩石，例如石灰岩地区，地表水会沿裂缝缝隙往下渗入，一般不用设截水天沟&但在开挖区内应在纵、横向形成坡面，确保工作面不积水。其他石质路堑视现场而定。

2. 炮型的选择

公路工程爆破炮型种类繁多，分类方法也不尽相同。影响炮型选择的因素很多，包括石方的集中程度，路堑开挖深度，地质及地形条件，公路路基横断面形状及施工机械。其中施工机械往往是决定炮型选择的决定性因素。

按工作动力不同，凿岩机可分为风动凿岩机、液压凿岩机、电动凿岩机和内燃凿岩机。风动凿岩机采用压缩空气为动力，结构简单，质量轻，工作安全可靠，操作维修方便，适用于任何硬度的岩石。液压凿岩机是近年发展起来的一种新型凿岩机，具有单一动力，低消耗，实现一人多机操作，现场调整参数等优点。目前爆破大多采用这类凿岩机械。电动凿岩机、内燃凿岩机或因可靠性差，或者因笨重，实际没有前两种使用普遍。

3. 公路工程特殊爆破技术

公路工程施工中比较常用的有光面爆破、预裂爆破、定向爆破、微差爆破、松动爆破等。下面就以上特殊爆破技术做简要介绍。

光面爆破：是指在开挖界面的周边，适当排列一定间隔的炮孔，在有侧向临空面的情况下，用控制抵抗线和落量的方法使爆破后的坡面保持光滑、顺直、平整而不受明显破坏的爆破方法。光面爆破具有以下特点：①爆破后成型规整，路基断面符合设计轮廓，特别在松软岩层中更能显示出光面爆破的作用。②爆破后不产生或很少产生爆震裂隙，新岩面保持原有稳定性，岩体承载能力不致下降，因而可有效地保证施工安全，为快速施工创造有利条件。③新岩壁平整，通风阻力小，岩面上应力集中现象减少，在深部岩壁表面可以减少岩爆危害。

光面爆破属于控制爆破，其机理是沿开挖轮廓线布置间距减少的平行炮眼，在这些岩面炮眼中进行药量减少的不耦合装药（即采用间隔药包、间隔钻孔装药，通常是使炮孔直径大于药卷直径1—2倍），然后同时起爆，爆破时沿这些炮眼的中心连线破裂成平整的光面。光面爆破时由于采用不耦合装药，药包爆炸之后，炮眼壁上的压力显著降低，此时药包的爆破作用为准静压作用，当炮孔压力值低于岩石抗压强度时，在炮眼壁上不至于造成"压碎"破坏，因此爆炸引起的应力和凿岩时在炮眼壁上造成的应力状态相似，只能引起少量的径向细微裂隙。裂隙数目及其长度随不耦合系数（一般为 1.1—3.0，其中 1.5—2.5 用得较多）和装药量不同而不同，一般地在药包直径一定时，不耦合系数值愈大，药量愈小，则细微裂隙数愈少而长度也愈短。光面炮眼同时起爆时，由于起爆器材的起爆时间误差，不可在同一时刻爆炸，先起爆的药包的爆炸应力作用在炮眼周围产生细微径向裂隙，由于相邻炮眼的导向作用，结果沿相邻两炮眼中心连线的那条径向裂隙得到优先发育，在爆炸气体作用下，这条裂隙继续延伸和扩展，在相邻两炮眼的炮眼连线与眼壁相交处产生应力集中，此处拉应力值最大，该相邻两炮眼中爆炸气体的气楔作用将这些径向裂隙加以扩展，成为贯通裂隙，最后造成光面。

光面爆破施工的主要技术要点：①选择要求工作空间较小的优良钻机，精确凿岩，控制炮眼底部的偏离，严格保持炮孔在同一平面内。②光面爆破应在主炮起爆之后，间隔时间在 25—50 ms 范围内洞一排炮孔必须同时爆破，以免影响起爆质量，最好用传爆线起爆。③采用恰当的药包结构，并控制装药量。一般地，光面爆破装药量比正常减少 1/2—1/3，炮孔直径不大于 50 mm，且大于药卷直径 1—2 倍，或采用间隔药包、间隔钻孔装药。④边孔间距可通过计算确定，也可以由工地试验决定，曲线边孔应加密到 0.2 m，采用小孔径，可间隔 1—2 孔装药。

预裂爆破：是沿岩体设计开挖面与主孔之间布置一排预裂主炮孔，并使预裂炮孔超前主炮孔起爆（一般超前 50—150 ms 起爆），从而沿设计开挖面将岩石拉断，形成贯通预裂，使爆破主体与山体分离形成隔震减震带，为全部爆破完成后岩石开挖面形成要求的轮廓的 _ 种爆破方法。

预裂爆破是在没有侧向空面和最小抵抗线的情况下，按一定间距钻一排小孔距平行炮孔，孔内装入少量炸药，在开挖区主爆起爆之前，这些炮孔首先爆破，预裂出一条裂缝，预裂缝在一定范围减小主炮炮孔的爆破震动效应，使开挖界限以外的山体或建筑物免遭爆破震动的破坏，并且防止额外超爆，有效保护开挖边坡，减小破坏，预裂爆破是在光面爆破基础上发展起来的一项特殊爆破技术。

施工时，为了获得良好的预裂爆破效果，除选择合理的爆破参数、起爆顺序和布孔方式外，更应精确掌握施工方法、操作要点，掌握好"孔深、方向和倾斜角度"三大要素，一般孔底的钻孔偏差不应大于 15 cm。对于钻孔的质量应十分重视，符合设计要求。

定向爆破：就是利用爆破的作用，将大量的岩石和土按照指定的方向搬移到一定的地点，并堆积成一定形状的填方。定向爆破的基本原理，就是炸药在岩石或土内部爆炸时，岩石和土是沿着最小抵抗线，即沿着从药包到临空面最短距离的方向而抛出去，因此，合理选择临空面并布置炮孔是定向爆破的一个重要问题。临空面可以利用自然的地形，也可以在爆破地点，用人工方法造成需要的孔穴或空向槽作为临空面，以便能够按照需要的方向，将爆破的岩石抛向指定的位置。

第三节　特殊路基施工

一、软土路基施工

淤泥、淤泥质土以及天然强度低、压缩性高、透水性小的通常黏性土统称为软土。软土路基天然含水率大于等于 35% 与液限；天然孔隙比大于等于 1 m；十字板抗剪强度小于 35 kPa；压缩系数宜大于 0.5 MPa-1。

高速公路路基的软土系指：标准贯击数小于 4，无侧限抗压强度小于 50 kPa，含水量大于 50% 的黏性土和标准贯击数小于 10，含水量大于 30% 的砂性土。

软土无论是按沉积成因还是按土质划分，它们都具有共同的工程性质，即：①颜色以深色为主，粒度成分以细颗粒为主，有机质含量高。②天然含水量高，容重小，天然含水量大于液限，超过 30%；相对含水量大于 10；软土的饱和度高达 100%，甚至更大，天然重力密度为 1.5—19 km3。③天然孔隙比人，一般大于 1m。④渗透系数小，一般小于 10-6cm/s 数量级，沉降速度慢，固结完成所需时间较长。⑤黏粒含量高，塑性指数大。⑥高压缩性，压缩系数大，基础沉降量大，一般压缩系数大于 0.5 MPa。⑦强度指标小，软土的快剪黏聚力小于 10 kPa，快剪内摩擦角小于 5°。固结快剪黏聚力小于 10 kPa，快剪内摩擦角小于 5°；固结快剪的强度指标略高，黏聚力小于 15 kPa，内摩擦角小于 10°。⑧软土的灵敏度高，灵敏度一般在 2—10，有时大于 10，具有显著的流变特性。软土路基应进行路基处理并观测路堤沉降，按照图纸或经监理工程师批准的处理方法进行施工。

（一）软土路基处理方法

换填法：是将原路基一定深度和范围内的淤泥挖除，换填符合规定要求的材料，使之达到规定压实度的方法。换填时，应该选用水稳性或透水性好的材料，分层铺筑，逐层压实。

抛石挤淤法：是在路基底从中部向两侧抛投一定数量的碎石，将淤泥挤出路基范围，以提高路基强度。所用碎石宜采用不易风化的大石块，尺寸通常不小于 0.15 m。抛石挤淤法施工简单、迅速、方便。适用于常年积水的洼地，排水困难，泥炭呈流动状态，厚度较薄，表层无硬壳，片石能沉达底部的泥沼或厚度为 3—4m 的软土；适用于在特别软的地面上施工由于机械无法进入，或是表面存在大量积水无法排出时；适用于石料丰富，运距较短的情况。

排水固结法：堆载预压法、真空预压法、降水预压法、电渗排水法，适用于处理厚度较大的饱和软土和冲填土路基，但对于较厚的泥炭层要慎重选择。

加筋土法：适用范围为人工填土、砂土的路堤、挡墙、桥台等；土工织物适用于砂土、黏性土和软土的加固，或用于反滤、排水及隔离的材料；树根桩适用于各类土，主要用于既有建筑物的加固及稳定土坡、支挡结构物；锚固法能可靠地锚固土层和岩层。对软弱黏土宜通过重复高压灌浆或采用多段扩体或端头扩体以提高锚固段锚固力。对液限大于 50% 的黏性土，相对密度小于 0.3 的松散砂土以及有机质含量较高的土层，均不得作为永久性锚固地层。

石灰桩法：适用于渗透系数适中的软黏土、杂填土、膨胀土、红黏土、湿陷性黄土。不适合地下水位以下的渗透系数较大的土层。当渗透系数较小时，软土脱水加固效果不好的土层慎用。

强夯置换法：适用于饱和软黏土，一般适合于 3—6 m 的浅层处理。

砂桩法：适用于软弱黏性土，但应慎用，且需要较长的时间，对不排水剪切强度小于 15 kPa 的软土应采用袋装砂井桩。

夯坑基础法：适用于软黏土、非饱和的黏性土、夯填土、湿陷性黄土。

强夯法：适用于碎石、砂土、杂填土、素填土、湿陷性黄土及低饱和度的粉土和黏性土。对于高饱和度的粉土和黏性土，需经试验论证后方可使用，且应设置竖向排水通道。该法处理深度可达 10 多米，但是强夯的震动可能会对周围环境造成不良影响，因此，使用时要求考虑周围环境因素。

挤密碎石桩法：适用于松散的非饱和黏性土、杂填土、湿陷性黄土、疏松的砂性土。对饱和软黏土应慎重使用。

（二）软土路基施工方法

1. 抛石挤淤施工

抛石挤淤应按设计要求或监理工程师的要求进行。

应选用不易风化的片石，片石厚度或直径不宜小于 300 mm。

当软土地层平坦，软土成流动状时，填土应沿路基中线向前成三角形方式投放片石，再渐次向两侧全宽范围扩展，使泥沼或软土向两侧挤出。当软土地层横坡陡于 1 : 10 时应自高侧向低侧抛投，并在低侧边部多抛填，使低侧边部约有 2 m 的平台。

片石抛出软土面或抛出水面后，应用较小石块填塞垫平，用重型压路机压实。

2. 垫层施工

垫层处置施工通常用于松软过湿的表面，采用排水、铺设填料或者以掺加剂加固使地表层强度增加，防止地基局部剪切变形，从而保证重型机械通行，又使填土荷载均匀分布在地基上。

垫层材料宜采用无杂物的中、粗砂，含泥量应不小于 5%；也可采用天然级配型砾料，其最大粒径应小于 50 mm，砾石强度应不低于四级。垫层应分层摊铺压实，碾压到规定的压实度。垫层宽度应宽出路基边脚 500—1 000 mm，两侧宜用片石护砌或采用其他方式防护。垫层采用沙砾料时，应该避免粒料离析。在软、湿路基上铺以 0.3—0.5 m 厚度的排水层，有利于软湿表层的固结，并形成填土的底层排水，在一定程度上能提高地基强度，使施工机械可以通行。碎石、岩渣垫层的一般厚度为 0.4 m 左右，

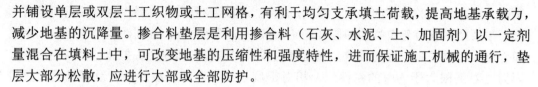

并铺设单层或双层土工织物或土工网格，有利于均匀支承填土荷载，提高地基承载力，减少地基的沉降量。掺合料垫层是利用掺合料（石灰、水泥、土、加固剂）以一定剂量混合在填料土中，可改变地基的压缩性和强度特性，进而保证施工机械的通行，垫层大部分松散，应进行大部或全部防护。

3. 袋装砂井施工

袋装砂井施工工艺流程为：施工设备的准备→沉入套管→袋装砂沉入→就地填砂或井→预制沙袋沉放。

袋装砂浆的成孔方法可根据机械设备条件进行比较选择：专用的施工设备一般为导管式的振动打设机械，只是在进行方式上有差异。成孔的施工方法有五种，即锤击沉入法、射水法、压入法、钻孔法及振动贯入法等。

施工要点：①中、粗砂中大于 0.6 mm 颗粒的含量宜占总质量的 50% 以土，含泥量小于 3%，渗透系数大于 5×10^{-2}mm/s。沙袋的渗透系数应不小于砂的渗透系数。②袋装砂井施工应符合以下规定：沙袋露天堆放时，应有遮盖，不得长时间暴晒；沙袋应垂直下井，不得扭结、缩颈、断裂、磨损；拔钢套管时，如将沙袋带出或损坏，应在原孔位边缘重打；连续两次将沙袋带出时，应停止施工，查明原因并处理后方可施工；沙袋在孔口外的长度，应该能顺直伸入砂垫层至少 300 mm。③袋装砂井施工质量应符合规定。

4. 塑料排水板施工

塑料排水板：①芯板是由聚乙烯或聚丙烯加工而成的多孔管道或其他形式的板带，应具有足够的抗拉强度和垂直排水能力。其抗拉强度不应小于 130 N/cm；当周围土体压力在 15 m 深度范围内不大于 250 kPa 或在大于 15 m 范围不大于 350 kPa 条件下，其排水能力应不低于 30 cm3/s。芯板应具有耐腐性和足够的柔性，保证塑料排水板在地下的耐久性并在土体固结变形时不会被折断或破裂。②滤套一般由无纺织物制成，应具有一定的隔离土颗粒和渗透功能，应等效于 0.025 mm 孔隙，其最小自由透水表面积宜为 1 500 cm2/m，渗透系数应不小于 5×10^{-3}cm/s。

施工机械：主要机具是插板机，基本上可与袋装砂井打设机具共用，只是将圆形套管换成矩形套管。对振动打设工艺、锤击振力大小，可以根据每次打设根数、导管断面大小、入土长度和地基均匀程度确定。

塑料排水板加固软土地基：施工工艺流程为：整平原地面→摊铺下层砂垫层→机具就位→塑料排水板穿靴→插入套管→拔出套管→割断塑料排水板→机具移位→摊铺上层砂垫层。

施工质量要求：①施工现场堆放的塑料排水板盘带应加以适当覆盖，以防暴露在空气中老化。②插入过程中导轨应垂直，钢套管不得弯曲，透水滤套不应该被撕破和污染；排水板底部应有可靠的锚固措施，以免拔出套管时将芯板带出。③塑料排水板留出孔口长度应保证伸入砂垫层不小于 50 cm，使其与砂垫层贯通，并将其保护好，以防机械、车辆进出时受损，影响排水效果。④塑料排水板搭接应采用滤套内平接的方法，芯板对扣，凹凸对齐，搭接长度不少于 20 cm；滤套包裹，用可靠措施固定⑤

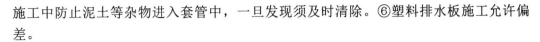

施工中防止泥土等杂物进入套管中，一旦发现须及时清除。⑥塑料排水板施工允许偏差。

5. 碎石柱（砂桩）施工

材料要求：采用中、粗砂，大于 0.6 mm 颗粒含量应该占总重的 50% 以上，含泥量应小于 3%，渗透系数大于 5x10-2mm/s。也可使用砂砾混合料，含泥量应小于 5‰ 未风化碎石或砾石，粒径宜为 19—63 mm，含泥量应小于 10%。

如果对砂桩质量要求较为严格或采用小直径管打大直径砂桩时，可以采用双管冲击法或单管振动重复压拨法成桩。

施工前应按规定要求进行成桩试验：详细记录冲孔、清孔、制桩时间和深度、水压、冲水量、压入碎石用量及工作电流的变化等。通过试桩确定水压、工作电流等变化的幅值和规律（主要指土层变化与水压、工作电流的相应变化），并验证设计参数和施工控制的有关参数，作为振冲碎石桩成桩的施工控制指标。

填料方式：采用"先护壁，后制桩"的办法施工。成孔时先达到软土层上部 1—2 m 范围内，将振冲器提出孔口加一批填料；下降振冲器使这批填料挤入孔壁，把这段孔壁加强以防塌孔；然后使振冲器下降至下一段软土中，用同样方法加料护壁。如此重复进行，直达设计深度。孔壁护好后，就可按常规步骤制桩了。

桩的施工：桩的施工顺序一般采用由里向外、由一边推向另一边，或间隙跳打的方式。制桩操作步骤：先用振冲器成孔，之后借循环水清孔，最后倒入填料，再用振冲器沉至填料进行振实成型。

施工要点：①采用单管冲击法、一次打桩管成桩法或复打成桩法施工时，应使用饱和砂；采用双管冲击法、重复压拔法施工时，可使用含水量为 7%—9% 的砂；饱和土中施工可用天然湿砂。②地面下 1—2m 土层应超量投砂，通过压挤提高表层砂的密实程度。③成桩过程应连续。④实际灌砂量未达到设计用量时，应进行处理。

碎石（砂）桩施工质量应符合相关规定。

6. 加固土桩施工

材料要求：①生石灰粒径应小于 2.36 mm，无杂质，氧化镁和氧化钙总量应不小于 85%，其中氧化钙含量应不小于 80%。②粉煤灰中二氧化硅和三氧化二铝含量应大于 70%，烧失量应小于 10%。③水泥宜用普通或矿渣水泥。

成桩试验：加固土桩施工前必须进行成桩试验，桩数不应少于 5 根，且满足以下要求：①应取得满足设计喷入量的各种技术参数，如钻进速度、提升中速度、搅拌速度、喷气压力、单位时间喷入量等。②应确定能保证胶结料与加固软土拌和均匀性的工艺。③掌握下钻和提升的阻力情况，选择合理的技术措施。④根据地层、地质情况确定复喷范围。

应根据固化剂喷入的形态（浆液或粉体），采用不同的施工机械组合。

采用浆液固化剂时，制备好的浆液不得离析，不得停置过长。超过 2 小时的浆液应降低等级使用。浆液拌和均匀、不得有结块，供浆应该连续。

采用粉体固化剂时，应符合以下规定：①严格控制喷粉标高和停粉标高，不得中断喷粉，确保桩体长度；严格控制粉喷时间、停粉时间和喷入量；应采取措施防止桩体上下喷粉不匀、下部剂量不足、上下部强度差异大等问题；应按设计要求的深度复搅。②当钻头提升到地面以下小于 500 mm 时，送灰器停止送灰，用同剂量的混合土回填。钻头直径的磨损量不得大于 10 mm。如喷粉量不足，应整桩复打，复打的喷粉量不小于设计用量。因故喷粉中断时，必须要复打，复打重叠长度应大于 1m。③施工设备必须配有自动记录的计量系统。

加固土桩施工质量，应符合相关规定。

二、黄土地区路基施工

（一）黄土路基的特点

湿陷性黄土一般呈黄色或黄褐色，粉土含量常占 60% 以上，含有大量的碳酸盐、硫酸盐等可溶盐类，天然孔隙比在 1 左右，肉眼可见大孔隙。在自重压力或自重压力与附加压力共同作用下，受水浸湿后土的结构迅速破坏而发生显著附加下沉气

（二）施工准备工作

黄土地区路基施工，应做好施工期排水，将水迅速引离路基。在填挖交界处引出边沟时，应做好出水口的加固，排水设施接缝处应坚固不渗漏。

（三）湿陷性黄土地基的处理方法

湿陷性黄土地基应采取拦截、排除地表水的措施，防止地表水下渗，减少地基地层湿陷下沉。其地下排水构造物与地面排水沟渠必须采取防渗措施。

若地基土层有强湿陷性或较高的压缩性，且容许承载力低于路堤自重压力时，应考虑地基在路堤自重和活载作用下所产生的压缩下沉。除了采用防止地表水下渗的措施外，可根据湿陷性黄土工程特性和工程要求，因地制宜采取换填土、重锤夯实、强夯法、预浸法、挤密法、化学加固法等措施对地基进行处理。

（四）黄土填筑路堤要求

路床填料不得使用老黄土，路堤填料不得含有粒径大于 100 mm 的块料。

在填筑横跨沟堑的路基土方时，应做好纵横向界面的处理耳

黄土路堤边坡应拍实，并应及时予以防护，防止路表水冲刷。

浸水路堤不得用黄土填筑。

（五）黄土路堑施工要求

路堑路床土质应符合设计要求，密实度不足时，应采取措施碾压到要求的压实度。

路堑施工前，应做好堑顶地表排水导流工程，路堑施工期间，开挖作业面应保持干燥。

路堑施工中，如边坡地质与设计不符，可以提出修改边坡坡度。

（六）地基陷穴处理方法

陷穴表面的防渗处理层厚度不宜小于 300 mm，并将流向陷穴的附近地面水引离。对现有的陷穴、暗穴，可以采用灌砂、灌浆、开挖回填等措施，开挖方法可以采用导洞、竖井和明挖等。

挖方边坡坡顶以外 50 m 范围内、路堤坡脚以外 20 m 范围内的黄土陷穴宜进行处理。挖方边坡坡顶以外的陷穴，若倾向路基，应作适当处理。对串珠状陷穴应彻底进行处置。

三、滑坡地段路基施工

对于滑坡的处置，应分析滑坡的外表地形、滑动面，滑坡体的构造、滑动体的土质及饱水情况，以了解滑坡体的形式和形成的原因，根据公路路基通过滑坡体的位置、水文、地质等条件，充分考虑路基稳定的施工措施。

路基滑坡直接影响到公路路基稳定时，无论采用何种方法处理，都必须做好地表水及地下水的处理。

对于滑坡顶面的地表水，应采取截水沟等措施处理，不让地表水流入滑动面内。必须在滑动面以外修筑 1—2 条环截水沟，对于滑坡体下部的地下水源应截断或排出。

在滑坡体未处置之前，禁止在滑坡体上增加荷载（如停放机械、堆放材料、弃土等。

对于挖方路基上边坡发生的滑坡，应修筑一条或数条环形水沟，但最近一条必须离滑动裂缝面最小 5 m 以外，以截断流向滑动面的水流。截水沟可采用砂浆封面浆或砌片（块）石修筑，滑坡上面出现裂缝须填土进行夯实，避免地表水继续渗入，或结合地形，修建树枝形及相互平行的渗水沟与支撑渗沟，将地表水及渗水迅速排走。

当挖方路基上边坡发生的滑坡不大时，可以采用刷方（台阶）减重、打桩或修建挡土墙进行处理以达到路基边坡稳定，采用打桩时，桩身必须深入到滑动面以下设计要求的深度；采用修建挡土墙时，挡土墙基础必须置于滑动面以下的硬岩层上。同时，宜修统排水沟、暗沟（或渗沟）排出地下水。滑坡较大时，可采用修建挡土墙、钢筋混凝土锚固桩或预应力锚索等方法处理，不论采用何种方法处理，其基础都必须置于滑动面以下的硬岩层上或达到设计要求的深度。同时宜修筑深渗沟、排水涵洞（管）或集水井。

四、冻土地区路基施工

（一）多年冻土地区路基施工

1. 冻土的定义及特征

凡温度为负温或零温并含有冰的各种土均称为冻土。若土中只有负温而不含冰时则称为寒土。冬季冻结、夏季全部融化的土层称为季节冻土，季节冻结层又称季节作用层、活动层。冬季冻结，一两年内不融化的土层称为隔年冻层。冻结状态持续 3 年以上的土层称为多年冻土。

季节冻土地区的表层土夏季融化，冬季冻结，所以是季节冻土。根据其与下伏多年冻土的关系又可分为季节冻结层和季节融化层。其中，季节冻结层夏季融化，冬季冻结时不与多年冻土层衔接或其下为融土层，季节融化层是夏季融化，冬季冻结时与多年冻土完全衔接的土层。不衔接多年冻土属于前者，衔接了多年冻土属于后者。

多年冻土上限、下限及冻土厚度：在多年冻土地区，地表以下的一定深度内，每年夏季融化，冬季冻结，该层称为季节融化层。在该深度以下的土则终年处于冻结状态，称为多年冻土。这一深度称为季节融化层底板或多年冻土上限。从地表到达这一深度的距离即为季节融化层厚度或多年冻土上限的埋深。

多年冻土厚度是多年冻土的重要标志之一，它反映着冻土的发育程度；冻土层的厚度对评价建筑物地基稳定性有着重要意义，是进行各类型建筑地层基础设计不可缺少的依据。多年冻土薄的在 10 m 以下，最厚的多年冻土在大小兴安岭可超过 100 m。

多年冻土分类：多年冻土按含冰量分类，可以分为少冰冻土、多冰冻土、富冰冻土、饱冰冻土和含土冰层五类。

多年冻土上限的类别及用途：多年冻土上限有天然上限和人为上限两种。天然状态的多年冻土上限为其天然上限。因受人类活动影响改变了地温与气温的热交换条件，坏了天然条件下的热平衡状态导致多年冻土上限发生变化，变化后的多年冻土上限即为人为上限。

人为多年冻土上限决定了多年冻土融化下沉计算的下部界限；而天然上限往往是厚层地下冰的埋藏深度。在建筑物地基的融沉计算中应包括融沉和压密下沉两部分。

2. 冻土地区的不良地质现象

多年冻土地区的不良地质对公路建设会产生多种病害。因此，有必要了解冻土地区不良地质现象的形成和发展，以便采取预防措施。多年冻土地区之所以会形成不良地质现象，在于多年冻土地区不仅气候严寒，而且还有多年冻土层作为底板使地表水的下渗和多年冻土层上水的活动受到约束，这是冻土地区不良地质现象发生和存在的基本条件。多年冻土地区的不良地质现象主要有冰丘、冰锥、地下冰及冻土沼泽等。

3. 冻土地区公路路基的主要病害

（1）融沉

融沉多发生在含冰量大的黏质土地段。当路基基底的多年冻土上部或路堑边坡上分布有较厚的地下冰层时，由于地下冰层埋藏较浅，在施工及使用过程中，因原来的自然环境条件发生变化，使多年冻土局部融化，上覆土层在土体自重力及外力的作用下产生沉陷，造成路基变形。融沉主要表现在路堤向阳侧路肩及边坡开裂、下滑，路堑边坡溜坍等。

融沉现象一般以较慢的速度下沉，但是有时也会经过一段时间的慢速下沉后，突发大量的沉陷，并使两侧部分地基土隆起。产生的原因是路基基底由于含冰量大的黏质土融化后处于过饱和状态，几乎没有承载能力，又因路堤两侧融化深度不同，使得基底形成一个倾斜的冻结滑动面。在外荷载的作用下，过饱和的黏质土顺着冻结面挤出，路堤瞬间产生大幅度的沉陷，通常称为突陷。这样的突陷危及行车的安全。

（2）冻胀

多发生在季节性冻结深度较大的地区及多年冻土地区，以多年冻土地区较严重。其原因是地基土及填土中的水冻结时体积膨胀。水分的来源是地表水或地下水对路基土的浸湿。冻胀的程度和土质及土中的含水量高低有关。

（3）冰害

主要是指在路堤上方出露地表的泉水，或开挖路堑后地下水自边坡流出，在隆冬季节随流随冻，形成积冰掩埋路基或边坡挂冰、堑内积冰等病害冰害在严寒的多年冻土地区尤为严重。对路基工程来说，路堑地段较路堤地段冰害要多，其发生在浅层地下水发育的低填浅挖及零填挖地段的冰害危害程度更大。

（二）季节性冻融翻浆地区路基施工

季节性冻融地区的路基在冰冻过程中，土中的水分不断地向上移动，使路基上部的水分含量大大增加。春融期间，由于土基含水量过多，强度急剧降低，再加上行车的作用，路面会发生弹簧、裂缝、鼓包、冒泥等现象，形成翻浆。主要发生在我国北方各省及南方的季节性冰冻地区。

翻浆的发生，不仅会破坏路面，妨碍行车，严重的还会中断交通。因此，在翻浆地区修筑公路，对水文及水文地质不良地段，要注意详细调查沿线地面水、地下水、路基土和筑路材料的情况，以便采取相应的处理措施，从设计与施工两方面综合考虑，防止翻浆的发生。

1. 防治翻浆的工程措施

做好路基排水、提高路基：施工前应根据设计文件对翻浆地段进行现场详细调查，按水文、地质情况，做好场地排水工作。施工中要切实做好排水设施，防止地面水或地下水侵入路基，使路基土体保持干燥，进而减轻冻结时水分聚流的来源，这是预防和处理地面水类和地下水类翻浆的首要措施。

提高路基，增大路基边缘至地下水或地面水位间的距离，使路基上部土层保持干燥，在冻结过程中不致因过分聚冰而失去稳定，是一种效果显著、简便易行、比较经济的常用措施，主要适用于取土方便的地段a在路线穿过农田地段，为了少占农田，则应与路面结构综合考虑，以确定合理的填土高度。

在有些中、重冰冻地区及粉性土地段，亦不能单靠提高路基保证道路的稳定性，要与其他措施配合应用。如在路堤填土高度受限制时，可在底槽做1%—3%的横坡，上铺15—30 cm厚的砂垫层（砂的质量以不含粉砂和杂质泥土的粗砂为宜，不宜用细砂）进行处理。

铺设隔离层：隔离层设在路基中一定深度（一般设在土基80 cm左右）处，其目的在于防止水分进入上部路基，从而保持上部土基干燥，防止翻浆发生。隔离层按使用材料可分为透水性及不透水性隔离层两类：①透水性隔离层一般由碎石、砾石或细砂等做成，铺在聚冰层之下，其厚度为10—20 cm，并在其上、下面反铺草皮，防止隔离层被淤塞隔离层的底部应高出地表水面25 cm以上，并向路基两侧做3%的横坡排水。②不透水隔离层分不封闭式（仅仅隔断毛细水）和封闭式（隔断毛细水和横向渗水）两种。

设路基盲沟：①横向盲沟：公路纵坡大于 3% 的翻浆路段，当中级路基（岔道、辅道等）基层采用透水性材料时，为及时排出透水层内的纵向水流和春融期土基化冻时的多余水分，可在路槽下设置横向盲沟。横向盲沟可设成人字形，纵向间距 10 m 左右，深度 20—40 cm，易淤塞，使用中应予注意o②排水渗沟：为了降低路基附近的地下水位，可采用有管渗沟。为了拦截并排除流向路基的层间水，可采用排水渗沟。

换土处理：采用水稳性好、冰冻稳定性好、强度高的粗颗粒土换填路基上部，可以提高土基的强度和稳定性，这是高等级公路中常用的处理方法。换土主要适用于因路基标高限制，不允许提高路基，且附近有砂石材料可利用的路段及原有路基土质不良路段。换填厚度根据地区情况、强度要求及换填材料等因素确定，一般换填 40—60 cm 路基就可以基本稳定。

改善路面结构层：①铺设砂（砾）垫层：砂（砾）垫层对防治翻浆主要有以下三方面的作用：能隔断毛细水上升；融期具有蓄水（汇积从路基化冻土层中渗出的水量）、排水（利用暗管式路肩盲沟砂垫层中汇积的水排出去，以疏于土基）作用；在冻结和融化时，砂（砾）垫层可减轻路面冻胀和融沉。排除砂垫层中水分的方法，有整体式砂垫层和砂垫层与纵向或横向排水暗管配合的形式。暗管一般用石棉水泥管或陶瓷管。纵向暗沟中的水宜在纵断最低处，或者在一定距离处设横向暗管排除。砂（砾）垫层适用于盛产砂石地区，可选用砂砾、粗砂或中砂为材料，要求砂中不含杂质、泥土。砂垫层路段两端，要用不透水的黏性土封闭，以防止翻浆的蔓延。施工时要洒适量水，用履带式拖拉机碾压，效果较好。透水性很差的黏性土路基，一般不宜使用蓄水的砂（砾）垫层。②石灰土防治翻浆主要有两方面的作用：由于石灰土具有一定板体性，可使行车荷载传至土基上的应力分布均匀，并逐渐扩散减小；石灰土水稳性和冰冻稳定性均较好，力学强度也较高。③煤渣石灰土结构层：煤渣石灰土结构层防治翻浆的作用，与石灰土大致相同，水稳走性则比石灰土好。煤渣石灰土结构层厚度可根据地区经验确定，也可按现行路面设计方法计算确定，通常应不小于 15 cm。

2. 季节性冻融翻浆路基施工要点

排水：在施工前应认真了解地形及水文地质情况，凡是可能危害路基强度稳定性的地面水和地下水，均应采取有效的临时性或永久性措施，使水能迅速排出路基之外。路床面应保持良好的排水状态。从路堑到路堤必须修建过渡边沟并无阻塞现象。各层填土应有路拱，表面无积水。施工后，各式沟、管、井、涵等能形成完整有效的排水系统。

路堤：①原地面处理：水文地质不良和湿软地段，可以视情况在地表铺填厚度不小于 30 cm 的砂砾，或做局部挖除换填处理。当路堤高度低于 20 cm 时（包括挖方土质路段）应翻松 30—50 cm 并分层整形压实，其压实度为93%—95%，高速公路、一级公路取高限，其他公路取低限。②填料：宜选用水稳性良好的土填筑路基。路基上部受冰冻影响部位，应选用水稳性和冻稳性均较好的粗粒土。冻土、非渗水性过湿土、腐殖土禁止用于填筑各层路堤。压实时的含水量应控制在最佳含水量 ±2% 范围内。

③取土场：宜设置集中取土场，排水困难地段更宜集中取土。④碾压：各层表面碾压前应用平地机进行整平和修整路拱，切实控制松铺厚度以及填料的均匀性。压实后各层表面的平整度，用 3 m 直尺测量，其间隙高度不应该大于 20 mm，成形后路床顶面应进行弯沉检查或用不小于 20 t 的压路机碾压检验有无软弹现象。⑤路堤高度：应满足路基能全年处于干燥或中湿状态。填筑低路堤时，应根据具体情况采取相应技术措施。⑥为使路基预拱度和稳定性满足设计要求，施工当中各类冻融翻浆防治方法可综合选用。

路堑：①石方段超挖回填部位应选用符合要求的石渣，压实度不得低于 95%，禁止使用劣质开山料或覆盖土回填或找平。超挖部分不规则或超挖不超过 8 cm 时，可用混凝土修补找平。整平层宜采用级配碎石或水泥稳定碎石、二灰稳定碎石类等半刚性材料。②土质路或遇水崩解软化的风化泥质页岩等类路堑的路床压实度如不符合规定要求时，应翻松压实或根据土质情况，换填符合路床强度并满足压实度要求的足够厚度的好土，然后加强排水措施，如封闭路肩、浆砌边沟等。③有裂隙水、层间水、潜水层、泉眼等路段，应该分别采取切断、拦截、降低等措施，例如加深边沟和设置渗沟、渗管、渗井等。

第一节　沥青类路面基本特性及分类

一、基本特性

沥青路面是通过各种方式将沥青材料与矿料均匀混合，经过铺筑后形成路面面层并与其他各类基层和垫层共同组成路面结构的统称。由于使用沥青作结合料，矿料间的黏结力获得很大增强，提高了混合料的强度和稳定性，使路面的使用性能和耐久性都得到提高。与水泥混凝土路面相比，沥青路面具方表面平整、无接缝、行车舒适、耐磨、振动小、噪声低、施工期短、养护维修简便、适宜分期修建等优点，因而获得非常广泛的应用。沥青路面属于柔性结构，面层抗拉强度较低，其整体强度和稳定性在很大程度上取决于土基及基层的特性，因而要求基层和土基必须具有足够的强度和良好的稳定性。由于沥青是一种典型的感温性材料，在夏季高温时沥青路面会出现软化现象，导致在行车荷载作用出现车辙、拥包、推挤等变形和破坏；在冬季低温时，沥青路面的抗变形能力会降低，有时会出现低温开裂现象。所以，必须选用质量符合要求的原材料并进行合理的混合料组成设计、采用先进的施工设备和工艺组织施工，以此获得质量满足设计和施工技术规范要求的沥青路面。

20世纪50年代以来，沥青路面已成为世界各国公路的主要面层类型。近20年来，我国在公路和城市道路上修筑了大量的沥青路面。白前我国高速公路大都采用沥青路面。随着国民经济和现代化道路交通发展的需要，沥青路面将得到更大的发展。

二、沥青路面的分类

根据施工工艺的不同，沥青路面可以分为层铺法施工的沥青路面、路拌法施工的沥青路面和厂拌法施工的沥青路面三种。

（一）层铺法施工的沥青路面与封层

层铺法施工是将沥青分层洒布、矿料分层撒铺，然后碾压形成沥青面层的施工方法。其主要优点是工艺和设备简便、功效较高、施工进度快、造价较低；缺点是结构强度低、使用寿命短、路面成型期较长，需要经过炎热季节经行车碾压之后路面才能最终成型。根据铺装时所采用的具体工艺、结构层厚度、适用条件的不同，又分为沥青表面处治、沥青贯入式和碎石封层等类型。

沥青表面处治路面是指用沥青和矿料按层铺法铺筑而成的、厚度一般为1.5～3.0cm的沥青路面。表面处治可以做成单层或多层，优点是摩擦系数大，表面构造深度深，有利于车辆行驶安全。此外，它还具有良好的抗温度开裂性能。沥青表面处治适用于三级、四级公路的面层、旧沥青面层上加铺罩面或抗滑层、磨耗层等。

沥青贯入式路面是靠矿料颗粒间的锁结作用以及沥青的黏结作用获得所需的强度和稳定性，采用层铺法施工，厚度通常为4～8cm（用作基层时，厚度可达10cm），也称为沥青贯入碎石。当沥青贯入式路面的上部加铺拌和的沥青混合料时，稠；为上拌下贯，此时，拌和层的厚度宜为3～4cm，其他厚度为7～10cm。沥青贯入式路面适用于作二级及二级以下公路的沥青面层。若沥青贯入碎石设在沥青混凝土面层与半刚性基层或粒料基层之间时成为联结层，也可以作路面基层使用。

碎石封层同样采用层铺法施工，施工工艺和工序与沥青表面处治相同，但要求结合料有较大的黏结强度和稳定性，一般情况下要求使用改性沥青，使用粒径严格单一的石料，对石料的洁净度和针片状含量要求高，施工时用机械洒布沥青和撒铺石料，对施工机械的要求比较高。这使路面成型后具有较大的构造深度，有利于行车安全。

（二）路拌法施工的沥青路面

路拌法是指在路上用人工或机械将矿料和沥青材料就地拌和、摊铺、碾压密实后形成沥青结构层的施工方法。路拌法施工时，通过就地拌和，沥青材料在矿料中的分布比层铺法均匀，可以缩短路面的成型期。但因所用矿料为冷料，需使用黏稠度较低的沥青材料，故混合料的强度较低。比较典型的路拌法施工沥青路面为乳化沥青碎石混合料路面，这种沥青路面适用于做三、四级公路的沥青面层、二级公路养护罩面及各级公路的调平层。

（三）厂拌法施工的沥青路面

厂拌法施工的沥青路面是用不同粒径的碎石、天然砂（或机制砂）、矿粉和沥青按一定比例在拌和机中热拌所得的拌和物（称为热拌沥青混合料，HMA），然后在规定温度范围内运到工地并用摊铺机摊铺，再碾压成型的沥青路面。这种混合料的矿料具有严格的级配，当这种混和料被压实达到规定的强度和孔隙率后，就称作沥青混凝土。沥青混凝土具有很高的强度和密实度，常温下还具有一定的塑性。它的强度和密实度是各种沥青矿料混合料中最高的。沥青混凝土透水性小，水稳性好，有较强的抵抗自然因素影响和行车荷载作用的能力，使用寿命长，耐久性好。

根据热拌沥青混合料强度构成原理、矿料级配组成、路用性能等因素的不同，厂拌法施工的沥青路面可以做如下分类：

1. 按混合料强度构成原理不同可分为级配密实型和嵌挤锁结型

（1）级配密实型

沥青混合料的矿料级配按最大密实原则设计，其强度和稳定性主要取决于混合料中沥青与矿料的黏聚力，矿质颗粒之间的摩阻力处于次要地位。设计空隙率较小的密实式沥青混凝土混合料（以 AC 表示）和密实式沥青稳定碎石混合料（以 ATB 表示）就属于这一类型。此类混合料沥青用量通常较大，强度受温度影响明显，但是抗渗水性、耐久性较好。

（2）嵌挤锁结型

沥青混合料采用颗粒尺寸较大且级配较为均一的矿料，细集料和填料较少，形成开级配沥青混合料。如半开级配沥青碎击混合料（以 AM 表示）、大孔隙开级配排水式沥青碎石混合料（以 OGFC 表示，设计空隙率可达到 18% 以上）就属于这一类型。这种沥青混合料路面的强度和稳定性主要依靠骨料颗粒之间相互嵌挤、锁结作用所产生的内摩阻力，沥青与矿料的黏聚力相对较小，起次要作用。嵌挤锁结到沥青混合料路面比级配密实则沥青混合料路面的高温稳定性要好，但因空隙率大，易渗水，因而耐久性相对较差。

2. 按材料组成及结构分为连续级配沥青混合料、间断级配沥青混合料

连续级配沥青混合料的矿料具有连续、光滑的级配曲线。若矿料级配组成中缺少一个或几个粒径档次（或用量很少），则成为间断级配沥青混合料。

3. 按矿料级配组成和空隙率分为密级配、半开级配、开级配混合料

若矿料具有连续级配、设计空隙率为 3% ～ 6% 时称为密级配沥青混合料。若矿料由适当比例的粗集料、细集料及少量填料（或不加填料）组成，标准马歇尔击实成型试件的空隙率为 6% ～ 12%，即为半开级配沥青碎石混合料。若沥青混合料采用颗粒尺寸较大且较为均一的矿料、细集料和填料较少，设计空隙率达到 18% 以致更大，即为开级配沥青混合料，例如大空隙开级配排水式沥青碎石混合料。

4. 沥青玛蹄脂碎石混合料

由沥青结合料与少量的纤维稳定剂、细集料及较多的填料组成的沥青玛蹄脂填充于具有间断级配的粗集料骨架的空隙中组成沥青混合料整体，即为沥青玛蹄脂碎石混合料（SMA）。它具有抗滑、耐磨、密实耐久、抗疲劳、抗高温车辙、抗低温开裂等优点，同时能有效减轻行车噪声污染，是一种优质的沥青路面类型，适用于高速公路、一级公路表层，其厚度在 3.5 ～ 4cm。

三、沥青路面的选择与应用

各种沥青类路面的选择使用，一方面得根据任务要求（道路的等级、交通量、使用年限、修建费用等）和工程特点（施工季节、施工期限、结构组合状况等），另一方面还应考虑材料的供应情况、施工机具、劳力和施工技术条件等因素。沥青混凝土是适合现代交通的一种优质高级面层材料。铺筑在坚硬基层上的优质沥青混凝土面层可使用 20～25 年，国外的重交通道路和高速公路主要采用这种面层形式。

密级配沥青混凝土混合料（AC）适用于各级公路沥青面层的任何层次；沥青玛蹄脂碎石混合料（SMA）适用于铺筑新建公路的表面层、中面层或旧路面加铺磨耗层，设计空隙率 6%～12% 的半开级配的沥青碎石混合料（AM）仅适用于三级及三级以下公路、乡村公路，且沥青混合料拌和设备缺乏添加矿粉装置和人工炒拌的情况；设计空隙率 3%～6% 的粗粒式及特粗式密级配沥青稳定碎石混合料（ATB）适用于基层；设计空隙率大于 18% 的粗粒式及待粗排水式沥青稳定碎石混合料（ATPB）适用于基层；设计空隙率大于 18% 的细粒排水式沥青稳定碎石混合料（OGFC）适用于高速行车、多雨潮湿、不易被尘土污染、非冰冻地区铺筑排水式沥青路面磨耗层。开级配排水式沥青混合料基层（ATPB）的下卧层应具有排水和抗冲刷能力，工程上必须通过试验。取得成功的经验，并经过论证后使用。特粗式沥青混合料适用于基层，粗粒式沥青混合料适用于下面层或基层，中粒式沥青混合料适用于中面层和表面层，细粒式沥青混合料适用于表面层和薄层罩面。砂粒式沥青混合料适用于非机动车道或者行人道路。对高速公路及一级公路，除了沥青稳定碎石基层外，通常宜选用公称最大粒径为 13.2～26.5mm 的沥青混合料。

对沥青层较厚的高速公路、一级公路，在选择级配类型、确定矿料级配和最佳沥青用量时，应首先保证各层的组合不致发生早期破坏。并在此基础上优先或侧重考虑各层的服务功能后作出抉择，主要包括：表面层应只有良好的表面功能、密水、耐久、抗车辙、抗裂，潮湿区和湿润区的路面上面层应符合潮湿条件下的抗滑要求，抗滑性能不符合要求时、宜铺筑抗滑磨耗层。在寒冷地区，表面层应考虑低温抗裂性能的要求。

三层式面层的中面层或双层式面层的下面层应重点满足混合料的高温抗车辙性能。下面层应在满足高温抗车辙性能的基础上，重点考虑抗疲劳性能及抗裂性能的要求。

除排水式沥青混合料外，每一层都应该考虑密水性，当上层属渗水性结构层时，层间或下层应采取防渗水或排水措施。高速公路的紧急停车带（硬路肩）沥青面层宜采用与车行道相同的结构，但表面层宜采用密级配沥青混凝土混合料铺筑。

沥青面层集料的最大粒径宜从上至下逐渐增大，并应与设计厚度相匹配。除人行道路外，沥青层的压实厚度不宜小于集料最大粒径的 2 倍。对于高速公路和一级公路，密级配沥青混合料的层厚不宜小于公称最大粒径的 3 倍，SMA 等嵌挤型混合料的层厚不宜小于公称最大粒径的 2.5 倍，以减少离析，便于施工和压实。沥青类路面一般不宜铺筑在纵坡大于 6% 的路段上。在纵坡大于 3% 的路段，考虑到抗滑的要求，宜采用粗粒式的沥青碎石或粗粒式沥青混凝土作面层。

第二节 沥青类路面对原材料的技术要求

一、沥青

沥青路面所用的沥青材料有石油沥青、煤沥青、液体石油沥青及沥青乳液等。石油沥青在道路建筑中使用最广，可以用在不同地区和不同等级道路上铺筑各种沥青面层和基层。石油沥青的性质与石油的性质和获得沥青的方法有关。高树脂、少石蜡的石油是道路沥青的最好原料。煤沥青主要是由炼焦或制造煤气得到的高温焦泊加工而得，它的主要成分是芳香族碳氢化合物及其氧、氮和硫的衍生物的混合料。煤沥青与石油沥青相比较，温度稳定性低，易老化，但其与矿料颗粒表面的帖附性较好，因煤沥青会造成轻微的空气污染，一般不宜作沥青面层，仅作为透层沥青使用。沥青乳液也称乳化沥青，它是沥青经机械作用分裂为细微颗粒，分散于含有表面活性物质（乳化剂一稳定剂）的水中，形成均匀而稳定的分散系。根据其中表面活性物质的特性及形成乳胶体的性质，乳化沥青可分为乳液和乳膏两大类。选用乳化沥青时，对于酸性石料、潮湿的石料，以及低温季节施工时宜选用阳离子乳化沥青，对于碱性石料或与掺入水泥、石灰、粉煤灰共同使用时，应该选用阴离子乳化沥青。

沥青路面采用的沥青标号，宜按照公路等级、气候条件、交通条件、路面类型、在路面结构中的层位及受力特点、施工方法等，结合当地使用经验，经技术论证后确定。

高速公路、一级公路、夏季气温高、高温持续时间长、重载交通、山区及丘陵区上坡路段、服务区、停车场等行车速度较慢的路段，特别是汽车荷载剪应力大的层次，宜采用稠度大、60℃黏度大的沥青，也可提高高温气候分区的温度水平选用沥青等级；对于冬季寒冷地区、交通量较小的公路、旅游区公路宜选用稠度小、低温延度大的沥青；对温度日温差、年温差大的地区宜选用针入度指数大的沥青。当高温要求与低温要求发生矛盾时应优先考虑满足高温性能要求，当缺乏所需标号的沥青时，可使用不同标号沥青进行掺配。

对热拌热铺的沥青路面，由于沥青材料和矿料须加热拌和，并在热态下铺压，故可采用稠度较高的沥青材料。反之则应采用稠度较低的沥青。对其他类型沥青路面，若沥青材料过稠，则难以贯入碎石中，过稀则又易流入路面底部，因此这类路面宜采用中等稠度的沥青材料。当气温寒冷、施工气温较低、矿料粒径偏细时，宜采用稠度较低的沥青材料。但炎热季节施工时，由于沥青材料的温度散失较慢，则可用稠度较高的沥青材料。路拌法施工的沥青路面，通常仅采用稠度较低的沥青材料。

随着公路交通量增大和对路面性能要求的提高，在原有工业生产所获基质沥青性能不能满足要求的情况下，可采用改性沥青。改性沥青可单独或复合采用高分子聚合物、天然沥青及其他改性材料制作。

二、粗集料

沥青路面可用轧制碎（砾）石、筛选砾石及矿渣等作为粗集科。粗集料在沥青混合料中起形成矿质骨架的作用，对混合料的强度等一系列路用性能影响很大。碎石应均匀、清洁、坚硬、无风化，小于0.05mm的颗粒含量应小于2%，吸水率小于2%～3%。颗粒形状接近立方体并有多棱角，细长或扁平颗粒含量应小于15%，杂质含量不能超标，压碎值应不大于20%～30%。轧制砾石系由天然砾石轧制并经筛选而得，要求大于5mm颗粒中40%（按重量计）以上至少有一个破碎面。用于沥青贯入式面层时，主层矿料中要有30%～40%（按重量计）以上颗粒至少有两个破碎面。

筛选砾石由天然砾石筛选而得。由于天然砾石是各种岩石经自然风化而成的不同尺寸的粒料，强度极不均匀，而且多是圆滑形状。因此，筛选砾石仅适用于交通量较小的路面面层下层、基层的沥青混合料中使用，不宜用于防滑向层。在交通量大的沥青路面面层，若使用砾石拌制沥青混合料，则在砾石中至少应掺有50%（按重量计）粒径大于5mm的碎石或经轧制的砾石，沥青贯入式路面用砾石时，主层矿料中亦应掺有30%～40%以上的碎石或轧制砾石。

粗集料与沥青材料粘附件大小，对沥青混合料的强度和耐久件有极大影响，应优先选用与石油沥青材料有良好粘附性的碱性碎（砾）石。集料与沥青材料的粘附性用水煮法测定时，一般公路不小于3级，高等级公路应不小于4级。

用于高速公路、一级公路沥青路面表面层及各类抗滑表层的粗集料要符合规定的石料磨光值要求，应选用坚硬、耐磨、抗冲击好的碎石，不得使用筛选砾石、矿渣及软质集料。为了保证石料与沥青之间有较好的黏结性能，经检验属于酸性岩石的石料，用于高速公路、一级公路和城市快速路，主干道时宜使用针入度较小的沥青，必要时可在沥青中掺加抗剥离剂，或用干燥的磨细消石灰或生石灰粉、水泥作为矿粉的一部分，其用量宜为矿料总量的1%～2%；将粗集料用石灰浆处理后也可有效地提高石料与沥青之间的黏结力。

三、细集料

细集料与粗集料共同形成混合料矿质骨架。沥青面层的细集料可采用天然砂、机制砂及石屑等。热拌密级配沥青混合料中，天然砂的用量通常不超过集料总量的20%，SMA及OGFC混合料不宜使用天然砂。机制砂系从轧制岩石中筛选而得，其最大粒径一般小于5mm。无论天然砂还是机制砂，均要求坚硬、清洁、干燥、无风化、不含杂质，并应有适当的级配。热拌沥青混合料宜采用优质的天然砂或机制砂，在缺乏砂资源地区也可以用石屑。但由于一般情况下石屑的含泥量高，强度不高，因此，高速公路、一级公路沥青混凝土面层及抗滑表层的石屑用量不宜超过天然砂及机制砂的用量。河砂、海砂的颗粒缺乏棱角，表面光滑，使用时虽能增加和易性，满足了提高密实度的要求，但内摩阻角较小，为了提高混合料的内摩阻角，可掺加部分人工砂。

细集料应与粗集料一样，要求与沥青形成良好的黏结力。与沥青的黏结性能很差的天然砂以及用花岗岩、石英岩等酸性石料破碎的机制砂或者石屑不宜用于高速公路、一级公路的沥青面层，必须使用时，应有抗剥落措施。

四、矿粉与纤维稳定剂

混合料中矿粉与沥青形成沥青胶浆填充于矿质骨架空隙中，在密级配沥青混合料中，矿粉表面积占全部矿料表面积的90%以上，矿粉的使用使矿料比表面积大大增加，从而沥青以结构沥青形式存在，减少自由沥青数量，有利于提高沥青黏结力，获得较高的强度。宜采用石灰出或岩浆岩中的强基性、憎水性岩石经磨细得到的矿粉，原石料中的泥土杂质应除尽。也可采用水泥、石灰、粉煤灰作矿粉、但其用量不宜超过矿料总量的2%。其中粉煤灰用量不得超过填料总量的50%，且烧失量不超过12%，与矿粉混合后的塑性指数不小于4%，高速公路、一级公路的沥青面层不应该采用粉煤灰做填料。

矿粉中所含小于0.075mm的颗粒应不少于30%，但过细颗粒的含量也不宜过多，否则会降低混合料施工和易性和水稳性。对矿粉的要求是干燥、洁净。在SMA混合料中，纤维稳定剂与矿粉、沥青共同形成沥青玛蹄脂，填充于粒径较为单一的集料空隙中，是沥青玛蹄脂碎石混合料的重要组成部分。纤维稳定剂在SMA混合料中的主要作用包括：

（一）加筋作用

纤维在混合料中以三维状分散相存在，犹如钢纤维混凝土。土工格栅等加筋材料所起的作用。

（二）分散作用

混合料中加入纤维后，可使沥青与矿粉形成的胶团适当分散，形成均匀的材料体系。如果没有纤维，由于沥青和矿粉用量较大，所形成的胶团不能均匀地分散到集料之间，混合料铺筑在路面上会形成明显的"油斑"，成为了沥青路面施工的另一种离析现象。

（三）吸附与吸收沥青的作用

在SMA混合料中加入纤维稳定剂在于充分吸附（表面）及吸收（内部）沥青，进而使沥青用量增加，沥青膜变厚，有利于提高混合料耐久性。

（四）稳定作用

纤维可使沥青膜处于比较稳定的状态，尤其在夏季高温季节，沥青受热膨胀时，纤维内部的空隙具有缓冲作用，不致使其成为自由沥青，有利于改善混合料高温稳定性。

（五）增粘作用

纤维将增加沥青与矿料的粘附性。

第三节 沥青混合料组成设计

一、密级配沥青混合料组成设计

沥青混合料组成设计内容包括确定沥青混合料材料品种及混合料类型、矿料最优级配、最佳沥青用量。在工程实践中,高速公路和一级公路的热拌沥青混合料配合比设计分试验室目标配合比设计、施工阶段的生产配合比设计以及生产配合比验证三个阶段进行。

(一)试验室目标配合比设计

1. 设计任务

根据公路性质、交通量、路用性能要求、筑路材料、当地气候条件、施工技术水平等选择原材料,确定混合料类型、矿料级配类型和最佳沥青用量。具体设计时用工程实际使用的材料计算各种材料的用量比例后配合成符合规范所要求的矿料级配,进行马歇尔试验,确定最佳沥青用量。以此矿料级配及沥青用量作为目标配合比,供拌和机确定各冷料仓的供料比例、进料速度以及试拌使用。

2. 设计流程

(1)确定混合料类型

混合料类型由矿料公称最大粒径确定。矿料最大粒径对沥青混合料路用性能影响很大。当结构层厚度(h)与矿料最大粒径(D)的比值较小时,沥青混合料的高温稳定性提高,车辙等损害减小,但抗疲劳能力降低;当 h/D 增大时,矿料细集料含量多,沥青用量大,沥青混合料的抗疲劳特性提高,但高温稳定性下降。通常取 h/D ≥ 2,此时沥青混合料施工和易性、可压实性较好,容易达到规定的密实度和平整度。确定矿料最大粒径后,根据混合料所在层位、气候环境、材料来源及施工条件等确定沥青混合料类型。

(2)原材料选择

根据原材料技术性能等各种因素对沥青混合料路用性能的影响情况,结合当地材料供应等条件,按技术、经济合理的原则,通过相关试验选择质量符合要求的原材料品种。

(3)确定工程设计级配范围

根据公路等级、工程性质、气候条件、交通条件及材料供应条件等确定混合料工程设计级配范围,根据材料实际情况进行工程设计级配范围调整,并遵循以下原则:第一,对于夏季气温较高、高温持续时间长、重载交通多的路段,宜采用粗型密级配沥青混合料（AC-C型），并取较高的设计空隙率。对冬季气温较低或重载交通较少的路段，宜选用细型密级配沥青混合料（AC-F型），并取较小的设计空隙率。第二，确保高温抗车辙能力，同时兼顾低温抗裂性能的要求。配合比设计时宜适当减少公称最大粒径附近的粗集料用量，减少0.6mm以下部分细粉的用量，使中档粒径集料较多，形成S型级配曲线，并取中等或偏高的设计空隙率。第三，确定工程设计级配范围应考虑混合料所在路面层位的功能要求，经组合设计的沥青路面应能满足耐久、稳定、密水、抗滑等要求。第四，沥青混合料的配合比设计应充分考虑施工性能，使沥青混合料容易摊铺和压实，避免造成严重的离析现象。

（4）矿料配合比设计

在实际工程中，常常需要用两种或两种以上具有不同级配的原材料掺配后才能得到符合既定级配要求的矿质集料，即对矿料进行配合比设计。高速公路和一级公路沥青路面矿料配合比可借助电子表格用试配法进行，其他等级公路沥青路面也可参照进行。

（5）马歇尔试验。以预估的沥青用量（根据以往工程经验结合工程实际情况确定）为中值，按一定间隔（密级配沥青混合料可为0.5%，沥青碎石混合料可为0.3%）取5个或5个以上不同的沥青用量分别制成马歇尔试件。每组试件的数量按试验规程要求确定，对粒径较大的沥青混合料应增加试件数量。测定马歇尔击实试件的毛体积相对密度、吸水率。计算沥青混合料试件的空隙率、矿料间隙率、有效沥青的饱和度等体积指标，进行体积组成分析。进行马歇尔试验，测定马歇尔稳定度及流值。

（二）生产配合比设计阶段

对间歇式拌和机，必须对二次筛分后进入各热料仓的材料取样进行筛分，以确定各热料仓的材料比例，供拌和机控制室使用。同时反复调整冷料仓进料比例以达到供料均衡，并取目标配合比设计的最佳沥青用量、最佳沥青用量±0.3%的3种沥青用量进行马歇尔试验，最终确定生产配合比的最佳沥青用量。

（三）生产配合比验证阶段

拌和机采用生产配合比进行试拌，铺筑试验路段，并用所拌和沥青混合料及路上钻取的芯样进行马歇尔试验检验，由此确定生产用的标准配合比，并作为生产上控制的依据和质量检验的标准。标准配合比的矿料级配至少应包括0.075mm、2.36mm、4.75mm三档，三档的筛孔通过率接近要求级配范围的中值。经验证确定的标准配合比在施工过程中不能随意变更。生产过程中，当进场材料发生变化，沥青混合料的矿料级配、马歇尔试验技术指标不符合要求时，应及时调整配合比，让沥青混合料质量符合要求并保持相对稳定，必要时重新进行配合比设计。

SMA是一种由沥青、纤维稳定剂、矿粉及少量的细集料组成的沥青玛蹄脂填充于间断级配的粗集料骨架空隙中所形成的沥青混合料。其最基本组成是形成骨架的粗碎石和沥青玛蹄脂结合料。SMA混合料是一种全新的沥青混合料类型，其组成不同于密级配沥青混合料的悬浮密实到结构，也不同于半开级配沥青碎石的骨架空隙结构，而是一种骨架嵌挤密实结构。具有"三多一少"的特点，即：粗集料多、矿粉多、沥青

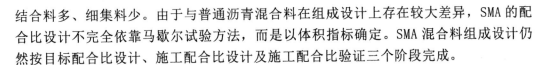

结合料多、细集料少。由于与普通沥青混合料在组成设计上存在较大差异，SMA 的配合比设计不完全依靠马歇尔试验方法，而是以体积指标确定。SMA 混合料组成设计仍然按目标配合比设计、施工配合比设计及施工配合比验证三个阶段完成。

1. 原材料选择、取样

（1）沥青结合料

SMA 混合料中沥青结合料的质量必须满足沥青玛琋脂的需要，要求有较高的黏度，符合一定的技术要求，保证混合料具有足够的高温稳定性和低温韧性。

（2）矿料

SMA 之所以有较好的高温稳定性，主要得益于含量甚高的粗集料之间的嵌挤作用，而集料嵌挤作用的好坏则取决于集料石质的坚韧性、集料颗粒形状和棱角多少，粗集料是否具有这些方面良好的性质，是 SMA 成败的关键。因此，粗集料必须具有良好的抗滑性能、低压碎值、坚韧性好，同时颗粒接近立方体、表面粗糙、棱角丰富，扁平颗粒含量少。由于 SMA 混合料通常选用改件沥青，质地坚硬的花岗岩、石英岩、砂岩均可使用。

SMA 混合料中细集料用量通常少于 10%，可选用坚硬岩石反复破碎后得到的机制砂，由于机制砂具有丰富的棱角和嵌挤性能，有利于提高混合料高温稳定性。SMA 混合料中矿粉与沥青用量之比可达到 1.8 ~ 2.0，大于密级配沥青混合料，通常选用磨细的石灰石粉。

（3）纤维稳定剂

生产 SMA 混合料必须采用纤维稳定剂。可以使用的纤维包括矿物纤维、木质素纤维、聚合物有机纤维等。SMA 混合料所用结合料、矿料及纤维稳定剂应通过相关试验进行质量检测，各项性能参数应符合前述相关地技术标准要求。

2. 矿料级配确定

（1）设计初试级配

公称最大粒径等于或小于 9.5mm 的 SMA 混合料以 2.36mm 作为粗集料骨架的分界筛孔，公称最大粒径等于或小于 13.2mm 的 SMA 混合料以 4.45mm 作为粗集料骨架的分界筛孔。在工程设计级配范围内，调整各种矿料比例，设计 3 组粗细不同的初试级配，3 组织配的粗集料骨架分界筛孔的通过率处于级配范围的中值、中值 ±3% 附近，矿粉数量均为 10% 左右。

（2）选择沥青用量，测定 VMA、VCADRC

计算初试级配矿料的合成毛体积相对密度、合成表现密度和有效密度。筛出合成级配中颗粒小于粗集料骨架分界筛孔的集料，用捣实法测定粗集料骨架的松方毛体积相对密度、计算粗集料骨架混合料的平均毛体积相对密度，并且计算各组初试级配在捣实状态下的粗集料松装间隙率 VCADRC。

预估 SMA 混合料适宜的沥青用量作为马歇尔试验的初试沥青用量。并以此沥青用量和选定的矿料级配制作马歇尔试件，测定试件的毛体积相对密度，马歇尔标准击实次数为双面 50 次，一组马歇尔试验试件数目不少于 4 ~ 6 个。

（3）变化沥青用量，测定空隙率，确定最佳沥青用量

计算在不同沥青用量下 SMA 混合料的最大理论相对密度。按下式计算马歇尔试件中的粗集料骨架间隙率。试件其他体积指标空隙率 VV、集料间隙率 VMA、沥青饱和度 VFA 的计算与密级配沥青混合料有关计算相同。

$$VCA_{mix} = \left(1 - \frac{\gamma_f}{\gamma_{ca}} \times P_{cA}\right) \times 100$$

公式中：VCA_{mix} —— 粗集料骨架间隙率，%：

PCA—— 沥青混合料中粗集料的比例，即大于 4.75mm 的颗粒含量，%

γ_f —— 沥青混合料试件的毛体积相对密度，表干法测定。

γ_{ca} —— 粗集料骨架部分的平均毛体积相对密度。

按照 VCA_{mix} < VCADRC 及 VMA > 16.5% 的要求，从 3 组初试级配的试验结果中选择设计配合比，当有 1 组以上的级配符合上述要求时，用粗集料骨架分界集料通过率大且 VMA 较大的级配为设计级配。

3. 确定设计沥青用量

根据所选择的矿料设计级配和初试沥青用量试验的空隙率结果，以 0.2% ～ 0.4% 为间隔，调整 3 个不同的沥青用量，制作马歇尔试件，计算空隙率等指标。并根据期望的设计空隙率确定沥青用量为最佳沥青用量 OAC。

4. 目标配合比设计检验

在上述设计基础上，根据确定的设计矿料级配、最佳沥青用量，按规定方法进行车辙试验、低温弯曲试验、浸水马歇尔试验、渗水试验，检验 SMA 混合料的高温稳定性、低温抗裂性能、密水性能、水稳定性。此外，为检验 SMA 混合料中有无多余的自由沥青或沥青玛蹄脂，需进行谢伦堡沥青析漏试验。SMA 混合料路面的构造深度大、粗集料外露，空隙中经常有水，在交通荷载反复作用下，由于集料与沥青的黏结力不足而容易引起集料脱落、掉粒、飞散，进而形成坑槽，为防止出现这种破坏，在 SMA 混合料配合比设计时，需进行肯塔堡飞散试验的混合料损失或浸水飞散试验。以上两个试验可控制 SMA 混合料沥青用量不能过多，也不能过少。试验结果可作为确定最佳沥青用量的依据之一。SMA 混合料配合比设计报告内容和密级配沥青混合料配合比设计报告相同。

第四节　层铺法、路拌法施工沥青路面

一、沥青表面处治

沥青表面处治是用沥青裹覆矿料，铺筑厚度小于3cm的一种薄层路面面层。其主要作用是防水、抗磨耗、防滑和改善碎（砾）石路面的使用品质，改善了行车条件。在计算路面厚度时，不作为单独受力结构层。沥青表面处治层在施工完毕后，须经过一段时间的行车碾压，特别是一定高温下的行车碾压，使其矿料取得最稳定的嵌紧位置，并同沥青黏结牢固，这一过程就称为"成型"阶段。因此，沥青表面处治宜选择在干燥和较热的季节施工，并在雨季前及日最高温度低于15℃到来之前半个月结束，使表面处治层通过开放交通后靠行车压实，成型稳定。

沥青表面处治层是按嵌挤原则构成强度的，为保证矿料间有良好的嵌挤作用，同一层的矿料颗粒尺寸应力求均匀，其最大粒径应与表面处治单层厚度相当。当采用乳化沥青时，为了减少乳液流失，可在主层集料中掺加20%以上的较小粒径的集料。沥青表面处治层施工后，应在路侧另备5～10 mm碎石或3～5 mm石屑、粗砂或小砾石2～3 m³/1000m² 作为初期养护用料，在施工时与最后一遍料一起撒布。

沥青表面处治可采用道路石油沥青或乳化沥青。在远离城市的边还地区可采用煤沥青。沥青表面处治各层沥青用量应根据施工气温、沥青标号以及基层情况，在规定范围内选用。

此外，对矿料的其他质量要求，如足够的强度和耐磨性能、与沥青良好的黏结力、干燥清洁无杂质等，也适用于其他类型的沥青路面。沥青表面处治可采用拌和法或层铺法施工。拌和法施工可采用热拌热铺或冷拌冷铺法，层铺法宜采用沥青洒布车及集料撒布机联合作业，并确保各工序紧密衔接。每个作用段长度应根据压路机数量，沥青洒布设备及集料撒布机能力等确定，当天施工的路段必须在当天完成。单层及三层沥青表面处治的施工程序与双层式相同，仅需相应地减少或者增加一次洒布沥青、撒铺矿料和碾压工序，层铺法沥青表处的施工工艺如下：

（一）清理下承层

在表面处治层施工前、应将路面下承层情扫干净，使下承层的矿料大部分外露，并保持干燥。对有坑槽、不平整的路段应先修补和整平，若下承层整体强度不足，则应先予补强。级配砂砾、级配碎石下承层及水泥、石灰、粉煤灰等无机结合料稳定土或粒料的半刚性基层上须浇洒透层沥青，并且应尽早铺筑沥青面层。但当乳化沥青作透层时，洒布后应待其充分渗透、水分蒸发后方可铺筑沥青面层，此段时间应在24h以上。

（二）洒布沥青

下承层清扫或透层沥青充分渗透后，即可以按要求的速度浇洒沥青。若采用汽车洒布机洒布沥青，应根据单位面积的沥青用量选定洒布机排挡和油泵挡位；若采用手摇洒布机洒布沥青，应根据施工气温和风向调节喷头离地面的高度和移动的速度，以保证沥青洒布均匀，并应按洒布面积来控制单位沥青用量。沥青的浇洒温度根据施工气温及沥青标号选择，石油沥青的洒布温度为 130 ～ 170℃，煤沥青为 80 ～ 120℃。乳化沥青在常温下洒布，当气温偏低、破乳及成型过慢时，可将乳液加温后洒布，但乳液温度不得超过 60℃。

沥青洒布要均匀。当发现有空白、缺边时，应立即用人工补洒，有沥青积聚时应予刮除。沥青浇洒的长度应与集料撒布机能力相配合，应避免沥青浇洒后等待较长时间才撒铺集料。为保证前后两车喷洒的接茬搭接良好，可用铁板或建筑纸等横铺在本段起洒点前及终点后，长度为 1 ～ 1.5m。如需分数幅浇洒时，纵向搭接宽度为 10 ～ 15cm。若浇洒第二、三层沥青时，搭接缝应该错开。

（三）铺撒矿料

洒布沥青后应趁热迅速铺撒矿料，按规定用量一次撒足。撒料后应及时扫匀，达到全面覆盖一层、厚度一致、集料不重叠，也不露出沥青的要求。当局部有缺料时，应采用人工方法适当找补，局部集料过多时，应将多余集料扫出。若使用乳化沥青，集料撒布必须在乳液破乳之前完成，若沥青为分幅浇洒，在两幅的搭接处，第一幅浇洒沥青应暂留 10 ～ 15cm 宽度不撒石料，待第二幅浇洒沥青后一起撒布集料。

（四）碾压

铺撒矿料后即用 60-80kN 双轮压路机或轮胎压路机及时碾压。碾压应从一侧路缘压向路中心。碾压时，每次轮迹重叠约 30cm，碾压 3 ～ 4 遍，压路机行驶速度开始为 2km/h，以后可适当提高。

（五）初期养护

当发现表面处治层有泛油时，应在泛油处补撒与最后一层石料规格相同的嵌缝料并扫匀，过多的浮动集料应扫出路面外，并且不得搓动已经粘着就位的集料。如有其他破坏现象，也应及时进行修补。

除乳化沥青表面处治应待破乳后水分蒸发并基本成型后方可通车外，沥青表面处治层在碾压结束后即可开放交通。在通车初期应设专人指挥交通或设置障碍物控制行车，使路面全部宽度均匀压实。在路面完全成型前应限制行车速度不超过 20km/h，严禁畜力车及铁轮车行驶。

二、沥青贯入式

沥青贯入式路面具有较高的强度和稳定性，其强度构成主要依靠矿料的嵌挤作用和沥青材料的黏结力，适用于二级及二级以下的公路，城市道路的次干道及支路，也可作为沥青混凝土路面的联结层。因为沥青贯入式路画是一种多孔隙结构，为了防止水的下渗，增强路面的水稳定性，路面的最上层应撒布封层料或加铺拌和层。乳化沥青贯入式路面铺筑在半刚性基层上时，应铺筑下封层。沥青贯入层作为联结层时，可不撒表面封层料。

沥青贯入式路面应选择在干燥和较热的季节施工，并在雨季前及日最高温度低于15℃到来之前半个月结束，使贯入式结构层通过开放交通碾压成型。沥青贯入层厚度一般为4～8cm，但乳化沥青贯入式路面的厚度不应超过5cm。当贯入层上面加铺拌和的沥青混合料面层时，总厚度宜为6-10cm，其中拌和层的厚度宜为2～4cm。

沥青贯入式路面所用的集料应选择有棱角、嵌挤性好的坚硬石料，结合料可采用石油沥青、煤沥青或乳化沥青。材料的其他要求与沥青表面处治层基本相同。沥青贯入式面层的施工工序如下：第一，整修和清扫基层。第二，浇洒透层或粘层沥青。第三，铺撒主层矿料。颗粒大小要均匀，并检查松铺厚度。严禁车辆在铺好的集料层上通行。第四，碾压。主层集料撒铺后应采用6～8t的钢筒式压路机进行初压。碾压速度宜为2km/h，碾压应自路边缘逐渐移向路中心，每次轮证重叠约30cm，接着应从另一侧以同样方法压至路中心，称为碾压一遍。检验路拱和纵向坡度，若不符合要求，应调整找平再压，至集料无显著推移为止。之后用10～12t压路机进行碾压，每次轮迹重叠1/2左右，压4～6遍，直至主层集料嵌挤稳定，无显著轮迹为止。第五，浇洒第一层沥青。沥青的浇洒温度应根据沥青标号及气温情况选择。若采用乳化沥青，为防止乳液下漏过多，可在主层集料碾压稳定后，失撒铺一部分上一层嵌缝料，再浇洒主层沥青。第六，铺撒第一次嵌缝料。主层沥青浇洒后，应立即均匀撒布第一层嵌缝料，并立即扫匀，不足处应找补。第七，碾压。嵌缝料扫匀后应立即用8～12t钢简式压路机进行碾压，轮剂重叠1/2左右，压4～6遍直至稳定。碾压时随压随扫，使嵌缝料均匀嵌入。第八，浇洒第二层沥青，撒布嵌缝料，然后碾压。第九，铺撒封层料。施工要求与撒布嵌缝料相同。重复该过程，采用68t压路机碾压2～4遍，然后开放交通。第十，初期养护。沥青贯入式路面开放交通后的交通控制、初期养护等与沥青表面处治相同。沥青贯入式表面不撒布封层料而加铺沥青混合料拌和层时，应紧跟贯入层施工，使上下成为一个整体。贯入部分采用乳化沥青时，应待其破乳、水分蒸发且成型稳定后方可铺筑拌和层。若拌和层和贯入部分不能连续施工，又要在短期内通行施工车辆时，贯入层部分的第二遍嵌缝料应增加用量2～3m^3/1000m^2在摊铺拌和层沥青混合料前，应清除贯入层表面的杂物、尘土以及浮动石料，再补充碾压一遍，并浇洒粘层沥青。

乳化沥青碎石混合料适用于三级及三级以下公路的沥青面层、二级公路的养护罩面以及各级公路沥青路面的联结层或整平层。一般情况下，乳化沥青碎石混合料路面的沥青项层采用双层式：下层采用粗粒式沥青碎石混合料，上层采用中粒式或细粒式沥青碎石混合料。单层式只适合在少雨干燥地区或半刚性基层上使用，在多而潮湿地区必须做上封层或下封层。

乳化沥青碎石混石料的矿料级配应满足规范要求，并根据已有道路的成功经验试拌确定配合比。其乳液用量应根据当地实践经验以及交通量、气候、石料情况、沥青标号、施工机械等条件确定，也可按热拌沥青碎石混合料的沥青用量折算。实际的沥青用员宜较同规格热拌沥青混合料的沥青用量减少 15% ～ 20%。乳化沥青碎石混合料应采用拌和机拌和，在条件限制时也可在现场用人工拌制。适宜拌和时间根据施工现场使用的集料级配情况、乳液裂解速度、拌和机械性能、施工时的气候等具体条件通过试拌确定，机械拌和不宜超过 30s（自矿料中加进乳液的时间算起），人工拌及不超过 60s。

已拌好的混合料应立即运至现场进行摊铺。拌和与摊铺过程中已破乳的混合料，应予废弃。拌制的混合料应用沥青摊铺机摊铺。若采用人工摊铺，应防止混合料离析。松铺系数可通过试验确定。

三、透层、粘层与封层

（一）透层

透层是为了使路面沥青层与非沥青材料层结合良好而在非沥青材料层上浇洒乳化沥青、煤沥青或液体石油沥青后形成的透入基层表面的薄沥青层。在级配碎（砾石及半刚性基层上铺筑沥青混合料面层时必须浇洒透层沥青。透层沥青宜采用慢裂洒布型乳化沥青，也可使用中、慢裂液体石油沥青或煤沥青。表面致密和平整的半刚性基层上宜采用较稀的透层沥青，粒料类基层宜采用较稠的透层沥青。

透层沥青应紧接在幕层施工结束、表面稍干后浇洒。当基层完工后的时间较长时，应对表面进行清扫，若表面过于干燥时，应在基层表面适当洒水并待稍干后浇洒透层沥青。高速公路和一级公路的透层沥青宜采用沥青洒布车喷洒，其他等级公路可采用手工沥青洒布机喷洒。

浇洒透层沥青应符合以下要求：浇洒的透层沥青应渗入基层一定深度，但又不致流淌而在表面形成油膜；气温低于 10℃ 及大风、降雨时不得浇洒透层沥青；浇洒后，禁止车辆、行人通过；未渗入基层的多余透层沥青应刮除，有遗漏的部位应补洒。

在半刚件性基层上浇洒透层沥青后，立即以 $2 \sim 3m^2/1000m^2$ 的用量将石油或粗砂撒布在基层上，然后用 $6 \sim 8t$ 钢筒压路机稳压一遍。当需要通行车辆时，应控制车速。透层沥青洒布后应尽早铺筑沥青面层；用乳化沥青做透层时，应该待其充分渗透、水分蒸发后方可铺筑沥青面层，这段时间不宜少于 24h。

（二）粘层

粘层是为加强沥青层之间、沥青层与水泥混凝土面板之间的黏结而洒布的薄沥青层。将热拌沥青混合料铺筑在被污染的沥青层表面、旧沥青路面及水泥混凝土路面上时应浇洒粘层，与新铺沥青路面接触的路缘石、雨水井、检查井等设施的侧面应浇洒粘层沥青。粘层宜采用快裂洒布型乳化沥青，也可采用快、中凝液体石油沥青或煤沥青。粘层沥青宜采用洒布车喷洒并符合以下要求：洒布应均匀，浇洒过量时应予刮除；气温低于 10℃ 或路面糊湿时不得浇洒，浇洒后严禁除沥青混合料运输车以外的其他

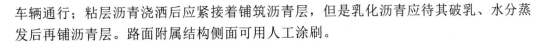

车辆通行；粘层沥青浇洒后应紧接着铺筑沥青层，但是乳化沥青应待其破乳、水分蒸发后再铺沥青层。路面附属结构侧面可用人工涂刷。

（三）封层

所谓封层即为封闭表面空隙、防止水分浸入面层或基层而铺筑的沥青混合料薄层。铺筑在面层表面的称为上封层，铺筑在面层下面的称为下封层。在下列情况下，应在沥青面层上铺筑上封层：沥青面层空隙较大，渗水严重，有裂缝或已修补的旧沥青路面、需要铺抗滑磨耗层或保护层的旧沥青路面。在下列情况下应在沥青面层下铺筑下封层：位于多雨地区且沥青面层空隙较大、渗水严重的路面，基层铺筑后不能及时铺沥青面层而又需开放交通的路面。可采用拌和法或层铺法施工的单层式沥青表面处治层作封层，二级及二级以下公路的沥青路面可采用乳化沥青稀浆作封层。

乳化沥青稀浆封层是用适当级配的石屑或砂与填料（水泥、石灰、粉煤灰、石粉等）、乳化沥青、外加剂和水按一定比例拌和成流态的乳化沥青稀浆，然后用稀浆封层摊铺机均约地摊铺在需设置封层的结构层上，厚度为 $3 \sim 6mm$。乳化沥青稀浆混合料用拌和机拌和，拌和时严格控制集料、填料、水、乳液配合比，加水量根据施工和易性要求由稠度试验确定，要求的稠度为 $2cm \sim 3cm$。混合料的湿轮磨耗试验磨耗损失不大于 $800g/m^2$，轮荷压砂试验砂吸收量不大于 $600g/m2$。

第五节 厂拌法施工沥青路面

热拌沥青混合料路面通常采用厂拌法施工、施工过程可分为沥青混合料的拌制、运输铺筑及碾压成型等几个阶段。

一、搅拌站建设与搅拌设备

热拌沥青混合料在生产过程中会产生粉尘、废气及废油等污染，搅拌站设置必须符合国家有关环境保护、消防、安全等规定。搅拌站与工地现场的距离应充分考虑道路条件，确保不会因运输而导致混合料冷却至规定温度以下，避免混合料因颠簸而产生离析。搅拌站应有功能完善的防排水设施，各种原材料应分仓堆放，细集料、矿粉等应有防雨顶棚，站内道路应做硬化处理，防止泥土污染集料。

热拌沥青混合料可采用间歇式拌和机或连续式拌和机拌制。前者在每盘拌和时计量混合料各种材料的重量，而后者则在计量各种材料之后连续不断地送进拌和器中拌和。为保证沥青混合料的质量稳定、沥青用量准确，高速公路和一级公路的沥青混凝土宜采用间歇式拌和机拌和。当工程材料从多处供料、来源或质量不稳定时，不得采用连续式拌和机。各类拌和机均应有防止矿粉飞扬散失的密封性能及除尘设备，并有检测拌和温度的装置。搅拌系统的各种传感器必须作定期检查，确保各种材料计量准确。

高速公路和一级公路用的间歇式搅拌系统必须配备计算机设备，拌和过程中能逐盘采集并打印各传感器测定的材料用量和沥青混合料拌和量、拌和温度等各种参数。每个台班结束时打印出一个台班的统计量并且用于施工质量检查。

二、混合料的拌制

在拌制沥青混合料之前，版根据确定的配合比进行试拌。试拌时对所用的各种矿料及沥青应严格计量。通过试拌和抽样检验确定每盘热拌的配合比及其总重量（对间歇式拌和机）、或各种矿料进料口开启的大小及沥青和矿料进料的速度（对连续式拌和机）、适宜的沥青用量、拌和时间、矿料和沥青加热温度以及沥青混合料出厂的温度。对试拌沥青混合料进行试验之后，即可选定施工的配合比。

为保证沥青混合料的质量，需要控制拌制温度、运输温度、摊铺温度及碾压温度。尤其应严格控制沥青加热温度，沥青温度过低，混合料拌和不均匀，沥青加热温度过高，可能会导致沥青老化。集料烘干后的残余含水率不超过 1%。沥青混合料拌和的时间根据具体情况经试拌确定，以沥青均匀裹覆集料为度、间歇式搅拌系统的每盘生产周期不宜少于 45s（其中干拌时间不少于 5～10s）。改性沥青和 SMA 混合料的拌和时间应适当延长。经拌和后的沥青混合料应均匀一致，无花白料，无结团成块或严重的粗细料分离现象，不符合要求时不得使用，并应及统相关参数。

生产添加纤维的沥青混合料时，必须将纤维充分分散到混合料中，搅拌均匀。拌和机应具有同步添加投料设备，松散的絮状纤维可以在喷入沥青的同时或稍后采用风送设备喷入拌和机，搅拌时间延长 5s 以上，颗粒纤维在粗集料投入的同时自动加入，经 5～10s 的干拌后，再投入矿粉。

三、混合料运输

热拌沥青混合料应采用较大吨位的自卸汽车运输，车厢应清扫干净。为防止沥青与车厢板黏结，车厢侧板和底板可涂一薄层油水混合液（柴油与水的比例可达 1：3），但不得有余液积聚在车厢底部。混合料运输所需的车辆数可按下式计算：

$$需要的车辆数 = 1 + \frac{t_1 + t_2 + t_3}{T} + \alpha$$

公式中：T—— 一辆车容量的沥青混合料拌和与装车所需的时间，min；

t_1—— 运到铺筑现场所需的时间，min；

t_2—— 由铺筑现场返回拌和厂所需的时间，min；

t_3—— 在现场卸料和其他等待时间，min；

α —— 备用的车辆数（运输车辆发生故障及其他用途时使用）。

沥青混合料运输车的运量应较拌和能力或摊铺能力有所富余，施上过程中摊铺机前方应有运料车在等候卸料。对于高速公路和一级公路，开始摊铺时在施工现场等候卸料的运料车不宜少于 5 辆。

从储料斗向运输车辆卸料时，多次挪动车辆位置，平衡装料，以减少混合料离析。运输车应有保温、防雨、防污染措施。车辆在施工现场不得超载运输，或急制动、急转弯使透层、封层受到损伤。车轮不能带入泥土等外物污染摊铺现场。

向摊铺机卸料时，运料车在摊铺机前方 100～300mm 处停住，空挡等候，由摊铺机推动缓缓前进并开始卸料，避免撞击摊铺机。有条件时可将混合料卸入转运车经二次拌和后再向摊铺机连续均匀的供料。每次卸料务必倒净，尤其是改性沥青混合料和 SMA 混合料，防止余料结块。应该检查每车来料的温度是否达到要求，是否遭雨淋或结团成块。

四、混合料摊铺

（一）下承层准备和放祥

沥青混合料面层铺筑前，应对其下的基层或旧路面的厚度、密实度、平整度、路拱等进行检查。基层或旧路面若有坎坷不平、松散、坑槽等，必须在混合料铺筑之前整修完毕，并清扫干净。为使铺筑层与下承层黏结良好、在铺筑前 4～8h，在粒料类的下承层上洒布透层沥青；若下承层为旧沥青路面或水泥混凝土路面，则要在旧路面上洒布一层粘层沥青；若下承层为灰土类基层，为防止水渗入基层，加强基层与面层的黏结，要在面层铺筑前铺下封层。在做好下承层难备的同时，进行必要的施工测量，作为混合料摊铺控制高程、厚度及平整度的依据。

（二）摊辅

热拌沥青混合料应采用沥青混合料摊铺机摊铺。对于高速公路和一级公路路面，一台摊铺机的铺筑宽度不宜超过 6～7.5m，避免造成混合料离析。应采用两台或更多台数摊铺机布置成梯队形式同步摊铺，相邻摊铺机之间司距控制在 10～20m、摊铺范围搭接 30～60mm，并避开车道轮迹带，上下层的搭接位置错开 200mm 以上。

摊铺机开工前应提前 0.5～1h 预热熨平板，至不低于 100℃。摊铺过程中合理选择熨平板的振捣或夯锤压实装置，使其具有适宜的振动频率和振幅，以提高路面的初始压实度。摊铺机必须缓慢、均匀、连续不间断的作业，不得随意变换速度或中途停顿；摊铺机的螺旋布料器应根据摊铺速度保持均匀、稳定旋转，两侧混合料不低于布料器高度的 2/3，以减少混合料离析，提高路面平整度。摊铺速度控制在 2～6m/min 范围内，对改性沥青混合料或 SMA 混合料则应放慢至 1～3m/min。当发现混合料出现明显的离析、波浪、裂缝、拖痕时，应该查明原因并消除。

用机械摊铺的混合料，不宜用人工反复修正。局部机械无法摊铺的部位不可避免用人工找补时，应仔细进行，严防混合料降温过多和离析。应采用自动找平方式控制摊铺高程，下面层或基层采用钢丝引导的高程控制方式，上面采用平衡梁或雪橇式厚度控制方式，中面层根据情况选用其中一种。沥青混合料的松铺系数应根据试铺试压确定。

五、混合料压实与成型

混合料压实是获得高质量、高路用性能沥青路面的关键工序之一，必须要重视混合料压实工作。压实成型的沥青混合料应满足规定压实度和平整度要求。沥青混凝土的压实厚度不宜超过 100mm；沥青稳定碎石混合料最大压实厚度不宜超过 120mm。应配备数量足够的碾压设备，选择合理的压路机组合方式及初压、复压、终压的碾压步骤，以达到最佳压实效果。高速公路铺筑双车道路面的压路机数量不宜少于 5 台。施工温度低、风大、碾压层薄时，压路机数量应适当增加。

压路机应以慢而均匀的速度碾压，不应突然改变压路机行走路线和碾压方向，碾压区的长度应保持大体一致，两端的折返位置随摊铺机前进而不断向前推进，且横向不得在相同的断面上。

（一）初压

混合料摊铺后紧接着进行初压，并保持较短的初压长度，在热量损失较小的情况下尽快使混合料被压实。若摊铺机摊铺后混合料初始压实度较大，经实践证明采用振动压路机或轮胎压路机直接碾压不会出现严重推移现象时，可免去初压，直接进行复压。初压的目的主要是使混合料初步稳定，采用钢轮压路机静压 1 ～ 2 遍，在此过程中，压路机驱动轮面向摊铺机，从外侧向中心碾压，在超高路段则由低向高碾压，在坡道上应将驱动轮从低处向高处碾压。初压之后应检查平整度、路拱，有严重缺陷时进行修整乃至返工。

（二）复压

复压紧跟在初压后进行，且不得随意停顿。碾压长度尽量缩短，保持 60 ～ 80m 左右。采用不同型号压路机组合时，应安排每台压路机都全幅碾压，防止不同部位的压实度不均匀。密级配沥青混合料优先采用总吨位不低于 25t 的重型轮胎压路机进行搓揉碾压，以增加路面密水效果，每个轮胎的压力不小于 15kN，冷态的轮胎元气压力不小于 0.55MPa，轮胎发热后不小于 0.6MPa，且各个轮胎的元气压力相同，相邻碾压带重叠 1/3 ～ 1/2 的碾压轮宽度。混合料粗集料较多、最大粒径较大时，优先选用振动压路机，振动压路机的振动频率宜为 35 ～ 50Hz，振幅宜为 0.3 ～ 0.8mm。碾压浮度较大时采用高频率大振幅，以获得较大的激振力；厚度较小时采用高频率低振幅，避免集料破碎；厚度小于 30mm 的薄沥青层不宜用振动压路机碾压。压路机折返时应先停止振动，相邻碾压带重叠 100 ～ 200mm。三轮钢筒压路机总吨位不应小于 12t，相邻碾压带重叠 1/2 后轮宽，且不小于 200mm。大型的压路机无法碾压的部位采用小型振动压路机或振动夯板压实。

（三）终压

终压采用双轮钢筒压路机或关闭振动的振动压路机进行，主要是为了消除碾压轮迹。终压紧跟在复压后进行。

（四）SMA、OGFC 混合料的碾压

SMA 混合料不宜采用轮胎压路机碾压，以防止沥青结合料搓揉挤压上浮。通常采用振功压路机按"紧跟、慢压、高频、低幅"原则进行碾压。OGFC 混合料采用 12t 的钢筒压路机碾压，碾压过程中保持碾压轮清洁，有混合料粘轮时应立即清除。当采用向碾压轮喷水避免粘轮时，必须控制喷水量且成雾状，不得漫流，防止混合料降温过快造成温度离析。

六、接缝处理与开放交通

沥青路面的各种施工缝，由于压实不足易产生病害，施工时必须十分注意，保证其紧密、平顺。纵缝应采用热接缝。施工时应将已铺混合料部分留下 10 ~ 20 cm 宽暂不碾压，作为后摊铺部分的高程基准面，最后做跨缝碾压以消除缝迹。半幅施工不能采用热接缝时，应加设挡板或采用切刀切齐，摊铺另半幅前必须将缝边缘清扫干净，并浇洒少量粘层沥青。

相邻两幅及上下层的横向接缝应错位 1m 以上。对高速公路和一级公路，中下层的横向接缝可采用斜接缝，在上面层采用垂直的平接缝。其他等级公路的各层均可采用斜接缝。铺筑接缝时，可在已经压实部分上面铺设一些热混合料使之预热软化，以加强新旧混合料的粘接。但在开始碾压前应将预热用的混合料铲除。热拌沥青混合料路面应待摊铺层完全自然冷却，混合料表面温度低于 50℃后，才可开放交通。需提早开放交通时，可洒水冷却降低混合料温度。

第六节　热拌沥青混合料路面施工质量管理和检查

沥青路面施工应根据全面质量管理的要求，建立健全有效的质量保证体系，实行严格的目标管理、工序管理与岗位责任制度。对施工各阶段的质量进行检查、控制、评定，达到所规定的质量标准，确保施工质量的稳定性。施工质量管理包括施工前、施工过程中质量管理与质量控制，以及各施工工序间的检查及工程交工石的质量检查验收。高速公路、一级公路沥青路面应加强施工过程质量控制，实行了动态质量管理。

一、施工前的材料与设备检查

原材料质量符合要求是保证沥青路面质量的重要前提，施工前必须检查各种材料的来源和质量。施工过程中材料来源或规格有变化时，必须对材料来源、质量、数量、供应计划、料场堆放及储存条件等进行检查。检查时应以同一料源、同一次购入并起至生产现场的相同规格品种的集料、沥青为一批进行检查。质量达不到要求的材料严禁使用。正式开工前，各种原材料的实验结果及据此进行的配合比设计和生产配合比设计应向建设单价和质量监理单位报告。

　　拌和厂及沥青路面施工机械和设备的配套情况、技术性能、计量精度等也应在施工前进行检查和调试。各种称量传感器应进行标定并得到监理认可。

二、铺筑试验路

　　高速公路和一级公路在施工前应铺筑试验路段。试验段的长度应根据试验目的确定，宜为 100～200m。试验段最好在直线段上铺筑，如在其他道路上铺筑时，路面结构等条件应相同，路面各结构层的试验可安排在不同的试验段上。热拌沥青混合料路面试验路段分试拌及试铺两个阶段进行，应包括下列试验内容：第一，根据沥青路面各种施工机械相匹配的原则，确定合理的施工机械、机械数量及组合方式。第二，通过试拌来确定拌和机的上料速度，拌和数量与时间、拌和温度等操作工艺参数。第三，通过试铺确定透层沥青的标号与用量、喷洒方式、温度；摊铺机的摊铺温度、摊铺速度、摊铺宽度、自动找平方式等操作工艺；压路机的压实顺序、碾压温度、碾压速度及遍数等压实工艺；以及确定松铺系数和接缝方法等。第四，验证沥青混合料配合比设计结果，提出生产用的标准矿料配合比和最佳沥青用量。第五，建立用钻孔法及核子密度仪法测定密度的对比关系。确定粗粒式沥青混凝土和沥青碎石面层的压实标准密度。第六，检测试验段的渗水系数。第七，确定施工产量及作业段长度，制定施工进度计划。第八，全面检查材料及施工质量。第九，确定施工组织及管理体系、人员、通信、联络以及指挥方式。

　　试验段铺筑应有相关单位参加，及时协商有关事项，明确试验结论。铺筑结束后，由施工单位就试验内容提出完整的试验路施工、检测报告，取得了业主和监理的批复，作为正式施工的依据。

三、施工阶段的质量管理与检查

　　施工单位在施工过程中应随时对施工质量进行自检。监理单位应按规定要求自主进行试验，并对施工单位的实验结果进行质量评定、计算合格率等。当检查结果达不到规定的要求时，应追加检测数量，查找原因并且作相应处理。

水泥混凝土路面是由混凝土面板与基层组成的路面结构，具有刚度大、强度高、稳定性好及使用寿命长等特点，适用于各级公路特别是高速公路及一级公路。水泥混凝土面板必须具有足够的抗折强度，良好的抗磨耗、抗滑、抗冻性能以及尽可能低的线膨胀系数和弹性模量，使混凝土路面能承受荷载应力和温度应力的综合疲劳作用，为行驶的汽车提供快速、舒适、安全的服务。施工时混凝土拌和物应具有良好的和易性。能否达到这些性能要求与混凝土的原材料品质及混合料组成有密切关系，因此，混凝土路面施工时应选用质量符合要求的原材料，混合料组成应满足强度及施工和易性要求，同时尽可能采用先进的施工工艺及方法。

第一节　材料要求及拌和物配合比设计

一、材料质量要求

组成水泥混凝土路面的原材料包括水泥、粉煤灰、粗集料（碎石）、细集料（砂）、水、外加剂、接缝材料以及局部使用的钢筋等。

（一）水泥和粉煤灰

水泥是混凝土的胶结材料，混凝土的性能在很大程度上取决于水泥的质量。通常应选用强度高、干缩性小、抗磨耗性能及耐久性能好的水泥，施工时根据公路等级、工期要求、浇筑方法、路用性能要求和经济性等因素选用合适的水泥。特重、重交通路面宜选用旋窑道路硅酸盐水泥，也可采用旋窑硅酸盐水泥或普通硅酸盐水泥，中、轻交通的路面可采用矿渣硅酸盐水泥；低温条件下施工或有提早开放交通要求的路面，可采用 R 型水泥，除此之外，宜选用普通型水泥。

此外，采用机械化铺筑时，宜选用散装水泥。散装水泥的夏季出厂温度：南方不宜高于 65℃，北方不宜高于 55℃；混凝土搅拌时的水泥温度：南方不应高于 60℃，北方不宜高于 50℃，且不宜低于 10℃。

当采用贫混凝土和碾压混凝土作基层时，可使用各种硅酸盐水泥，不掺入粉煤灰时，宜使用强度等级 32.5 以下的水泥。掺用粉煤灰时只能使用道路水泥、硅酸盐水泥、普通水泥。水泥的抗压强度、抗折强度、安定性和凝结时间必须检验合格。粉煤灰宜采用散装灰，进货应有等级检验报告并应确切了解所用水泥中已经掺入的掺合料种类和数量。路面和桥面混凝土中可使用硅灰或磨细矿渣，使用前应进行试配试验，确保路面和桥面混凝土弯拉强度、工作性、抗磨性、抗冻性的技术指标合格。

进入施工现场以备待用的水泥应有产品合格证及化验单。若对水泥质量有怀疑、水泥出厂期超过 3 个月或水泥受潮时，必须做复查试验，并根据试验结果确定是否使用该批水泥。不同标号、厂牌、品种、出厂日期的水泥，严禁去混合使用。

（二）粗集料

为了保证水泥混凝土具有足够的强度、良好的抗磨耗、抗滑及耐久性能，应选用质地坚硬、洁净、具有良好级配的粗集料，包括碎石、碎卵石及卵石。

粗集料的颗粒组成可采用连续级配，也可采用断级配，但不得使用不分级的统料，应按最大公称粒径不同采用 2～4 个粒级的集料进行掺配。卵石最大公称粒径不超过 19mm；碎卵石最大公称粒径不超过 26.5mm；碎石最大公称粒径不超过 31.5m；钢纤维混凝土与碾压混凝土集料最大公称粒径不宜大于 19.0mm。集料为连续级配的混凝土具有密度大、工作件好、水易产生离析等优点。集料为间断级配的混凝土在相同的强度下水泥用量将减少，但施工时易产生离析现象，必须要采用强力振捣。

（三）细集料

水泥混凝土中粒径在 0.15～5mm 范围的集料为细集料。细集料应尽可能采用天然砂、机制砂或混合砂。细集料应质地坚硬、耐久、洁净，高速公路及一级公路、二级公路以及有抗盐（冻）要求的三、四级公路混凝土路面适用的砂应不低于Ⅱ级，无抗盐（冻）要求的三、四级公路混凝土路面、碾压混凝土基层可使用Ⅲ级砂。特重、重交通混凝土路面宜使用河砂，砂的硅质含量不低于 25%。优质的混凝土应使用密度高、比表面积小的细集料，这样既能保证混凝土拌和物有适宜的工作性，硬化后有足够的强度和耐久性，同时又能达到节约水泥的目的。为提高水泥混凝土的耐磨性能，粒径小于 0.08mm 的颗粒不应超过 3%，细度模数宜在 2.5 以上。

（四）水

用于清洗集料、拌和混凝土及养护用的水，不应含有影响混凝土质量的油、酸、碱、盐类及有机物等。饮用水一般均可使用，非饮用水经化验后满足下列要求的也可以使用：硫酸盐含量小于 2.7 mg/cm3；含盐量不超过 5 mg/cm3；pH 值大于 4。

（五）外加剂

为了改善水泥混凝土的技术性能，可在混凝土拌和过程中加入了适宜的外加剂。常用的外加剂有流变剂、调凝剂及引气剂三大类。加入流变剂可改善混凝土拌和物的流变性能，常用的流变剂有塑化剂、减水剂及硫化剂等。其中最常用的是减水剂，如木质素系减水剂（简称M剂）、萘系减水剂（NF、MF等）、水溶性树脂类减水剂（SM）等。在混凝土拌和物中加入适量的减水剂后，在保持其工作性不变的情况下可显著降低水灰比，在水灰比不变的条件下，可大大提高混凝土拌和物的工作性，从而提高混凝土的强度及抗冻、抗磨等性能。

加入调凝剂可调节水泥的凝结时间。若需要缩短水泥的凝结时间，可在拌和混凝土时加入适量的促凝剂，如水玻璃、碳酸钠、氯化钙、氟化钠等；若需要延缓水泥的凝结时间，可加入适量的缓凝剂，如羟基梭酸盐类（酒石酸等）、无机化合物类（NO3、PO4）等，为了提高混凝土的早期强度，可加入适量的早强剂，常用的早强剂有氯化钙等；在低温季节施工时为了使混凝土迅速凝结、硬化，可以加入适量的速凝剂；为了提高混凝土抗冻、抗渗、抗蚀的性能，可在混凝土拌及物中加入引气剂。

（六）接缝材料

接缝材料用于填塞混凝土路面板的各类接缝，按使用部位的不同，分为接缝板和填缝料两类。接缝板可采用杉木板、纤维板、泡沫橡胶板、泡沫树脂板等做成。接缝板应能适应混凝土路面板的膨胀与收缩，施工时不变形，耐久性良好。

填缝料分为加热施工型和常温施工型两种。加热施工型包括沥青橡胶类、聚氯乙烯胶泥类、沥青玛蹄脂类等。常温施工型包括聚反氯脂焦油类、氯丁橡胶类、乳化沥青橡胶类等。填缝料应与混凝土路面板缝壁黏附力强，回弹性好，能适应混凝土路面的胀缩，不溶于水，高温不溢出，低温不脆裂、耐久性好。

（七）钢筋

素混凝土路面的各类接缝需要设置用钢筋制成的拉杆、传力杆、在板边、板端及角隅需要设置边缘钢筋和角隅钢筋，钢筋混凝土路面和连续配筋混凝土路面则要使用大量的钢筋。用于混凝土路面的钢筋应符合设计规定的品种和规格要求，钢筋应顺直，无裂缝、断伤、刻痕和表面锈蚀和油污等。

二、配合比设计

水泥混凝土路面板的厚度和平面尺寸是以抗折强度为标准进行设计的，因此，所设计的水泥混凝土必须具有足够的抗折强度，同时还应具有良好的耐久性、耐磨性和经济性，混凝土拌和物有良好的和易性。混凝土配合比设计的主要任务包括原材料选择和配合比设计两部分内容。前者是根据路面设计和施工要求，选择技术性能符合要求的原材料。配合比设计则是根据路面对混凝土提出的一系列路用性能上的要求，确定混凝土各组成材料的最佳用量。

混凝土配合比设计的主要工作是确定混凝土的水灰比、砂率及用水量等组成参数。根据混凝土的组成情况可采用四组分法或五组分法进行。确定混凝土配合比的计算可采用经验公式法或正文试验法。对于规模较大的混凝土路面工程，应该采用正交试验法进行配合比设计，这样可用较少的试验次数优选出满足要求的配合比。

（一）水泥混凝土配合比的设计过程

根据以往的设计参数或设计经验，初拟设计配合比，然后进行试拌，通过试验考察混凝土拌和物的工作性。如果测得的工作性低于设计要求，可保持水灰比不变，增加水泥浆用量；如果测得的工作性超过设计要求，可以减少水泥浆用量，或者保持砂率不变，增加砂石用量。每次调整时只加入少量材料，重复试验（时间不超过20min），直到符合要求为止。

进行强度和耐久性试验，并且作必要的调整，得到设计配合比。在混凝土拌和物符合工作性要求的配合比基础上，适当增减水泥用量，配制三组混凝土梁式试件，测定实际密度，养护到规定龄期后测定抗折强度。当实测强度未达到设计要求时，可提高水泥标号、减小水灰比或改善集料级配。根据水泥混凝土拌和物的现场实际浇筑条件、集料情况（级配、含水率等）、摊铺机具和气候条件等，对于配合比进行适当调整，得到施工配合比。

（二）经验公式法设计混凝土配合比

1. 确定混凝土配制强度 f_c：

$$f_c = \frac{f_r}{1 - 1.04C_v} + t$$

公式中：f_c —— 配制 28 天弯拉强度的均值，MPa；

f_r —— 设计弯拉强度标准，MPa；

S—— 弯拉强度试验样本的标准差，MPa；

t—— 保证率系数；

C_v —— 弯拉强度变异系数。

2. 计算水灰（胶）比 $\dfrac{W}{C}$

对于碎石或者碎卵石混凝土：

$$\frac{W}{C} = \frac{1.5684}{f_c + 1.0097 - 0.3595 f_s}$$

对于卵石混凝土：

$$\frac{W}{C} = \frac{1.2618}{f_c + 1.5492 - 0.4709 f_s}$$

公式中：f_s —— 水泥实测 28d 抗折强度，MPa。

高速公路及一级公路路面的混凝土拌和物水灰比（$\frac{W}{C}$）不应大于 0.46，其他公路不应大于 0.5。

3. 计算用水量 W

在水灰比已确定的条件下，确定用水量即确定了混凝土拌及物中水泥浆的用量。水泥浆用量取决于混凝土拌和物的工作要求（一般以坍落度表征）和组成材料的性质（集料最大粒径和表面特征、细集料粗度和含水率等）。混凝土拌和物的用水量 W（kg/m³）可以按下式确定：

对于碎石混凝土

$$W_0 = 104.97 + 0.309 SL + 11.27 \frac{C}{W} + 0.61 S_P$$

对于卵石混凝土

$$W_0 = 86.89 + 0.370 SL + 11.24 \frac{C}{W} + 1.00 S_p$$

公式中：W_0 —— 不含外加剂与掺合料混凝土的单位体积用水量，kg/m3；

SL—— 坍落度，cm；

$\frac{W}{C}$ —— 灰水比，水灰比之倒数；

SP—— 砂率，％。

滑模式摊铺机对混凝土拌和物的品质要求非常严格，骨料的最大集料粒径应小于 30 ～ 40mm，拌和物摊铺时的坍落度应控制在 46cm。为了增加混凝土拌和物的施工和易性，以达到所需的坍落度，常需要使用外加剂。所以掺外加剂品种、数量应先通过试验确定。

（三）正交试验法设计混凝土配合比

正交试验法又称正交设计法，是解决多因素试验问题的数学方法之一，是材料设计的有效方法之一。此方法应用数学中的搭配均衡、整齐可比的正交性原理，以最少的试验次数指明多个影响因素对某一指标的影响规律和各因素的主次关系。对于规模较大的混凝土路面工程，用正交试验法进行混凝土配合比设计，达到用较少的试验次数优选出满足要求的水泥用量、用水量和砂的用量，这样可提高设计效率和效益。例如，用经验公式法考察三因素、三水平的全面试验需要进行 27 次，而用正交试验法只需要 9 次即可，大大减少了试验数量。正交试验法确定水泥混凝土配合比的过程大致如下：

1. 试验设计

用正交试验法设计水泥混凝土的配合比时，应该先进行试验设计，即确定考核指标、影响因素及水平。配合比设计目的是获得强度和施工和易性等指标符合要求的水泥混凝土，因此，止文试验的考核指标应选用坍落度、7d 抗压强度和 28d 抗折强度。影响这些指标的因素主要为水泥用量 C、用水量 W 和砂用量 S 等，这些因素的影响水平根据设计和施工技术规范及设计经验来确定。

2. 试验及数据处理

按正交表列出的因素组合方式进行相应考核指标的试验，每一种因素组合方式都有对应的试验结果。根据考核指标的试验结果和各影响因素的水平数据，通过相关分析建立考核指标与影响因素之间的数学关系，从而找到各因素对考核指标的影响规律。通过正交试验获得考核指标与各影响因素之间的对应关系后，即可用于混凝土配合比设计。设计时将混凝土坍落度、7d 抗压强度（R7）及 28d 抗折强度（F28）这些有明确数值要求的指标代入所建立的关系式，即可以得到设计所需的配合比。

第二节　滑模式摊铺机施工

混凝土路面施工方法包括滑模式摊铺机施工、轨模式摊铺机施工、碾压混凝土施工、三辐轴机组施工和小型机具人工施工。对于高速公路及一级公路混凝土路面、宜采用施工进度快、工程质量高的机械化施工方法。

一、滑模式摊铺机施工特点

随着公路运输交通量的迅猛发展，对于高等级公路路面的内在质量、表面的行驶功能和耐久性等技术要求越来越高。现代高等级公路建设必须依靠大型成套铺装设备和高新技术措施才能使路面基本功能得以实现。滑模摊铺机施工是当今混凝土路面施工的最新技术之一，具有连续铺筑、一次成型、高质高效地完成混凝土路向铺筑的优点。摊铺机铺筑时不需要轨模、摊铺机支承在四个液压缸上，两侧设置有随机移动的固定滑模，摊铺厚度通过摊铺机上下移动来调整。滑模式摊铺机一次通过即可完成摊铺、振捣、整平等多道工序。施工中的各种动作均由电子液压系统控制，精度较高，与传统的水泥混凝土路面施工方法相比较具有非常明显的优势，主要是：

（一）内在质量高

滑模式摊铺机施工的混凝土路面具有较高的密实度，混凝土具有高而稳定的弯拉强度。滑模摊铺机铺筑时采用高频率密集排列的振捣棒振捣及强大的挤压力成型，使

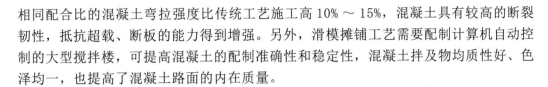

相同配合比的混凝土弯拉强度比传统工艺施工高 10% ～ 15%，混凝土具有较高的断裂韧性，抵抗超载、断板的能力得到增强。另外，滑模摊铺工艺需要配制计算机自动控制的大型搅拌楼，可提高混凝土的配制准确性和稳定性，混凝土拌及物均质性好、色泽均一，也提高了混凝土路面的内在质量。

（二）表面功能好

混凝土弯拉强度的提高就意味着其抗渗、抗冻、抗磨等耐久性也相应得到提高，有利于路面表面抗滑构造深度长期保持，使行车更安全、可靠。

（三）路面动态平整度好

滑模摊铺机铺筑时沿基准线平稳运行，路面直顺度便于调整，可以保证路面具有良好的动态平整度，提高了水泥混凝土路面的行车舒适性。

（四）混凝土拌和物质量稳定

混凝土路面采用滑模摊铺机施工时要求拌和物质量高度稳定，原材料计量精度高，水灰比和水泥用量变化小，总用水量基本无变化，确保路面不出现麻面或倒边等问题，再加上摊铺机完全一致的振捣和挤压，可确保路面质量的均质稳定，不会出现水泥浆或水分在表面积聚的现象，可有效延长路面使用年限。

（五）适应范围广

滑模式摊铺机施工可适应多种类型混凝土路面的施工。包括用预制钢筋支架和 DBI 两种方式铺筑的全缩缝代传力杆的混凝土路面、钢纤维混凝土路面、聚丙烯纤维混凝土路面、耐碱玻璃纤维混凝土路面、钢筋混凝土路面、连续配筋混凝土路面、双钢混凝土特大桥桥面等，对小半径、大坡度等具有特殊几何尺寸的公路也具有良好适应性。

（六）生产效率高、施工进度快

常用的混凝土摊铺机每天平均可完成 8.5m 宽、260nun 厚的高速公路路面 600 ～ 1000m。其间劳动力需要量小。大大地加快了混凝土路面的施工进度，有利于缩短混凝土路面建设周期。

（七）便于提高科技和管理水平

由于滑模式摊铺机施工的机械化程度高，需要上下游设备密切协调配合，施工中的人为干扰因素少，其中材料、机械、组织管理的科技含量高，有利于提高施工队伍管理水平和培养高素质的道路建设人员。

（八）路面使用寿命大幅度延长

根据工程实践验证，在相间的交通量条件和工作条件下，采用滑模式摊铺机施工的混凝土路面比传统工艺施工的路面使用寿命延长 6 年左右。

二、施工准备

采用滑模式摊铺机施工混凝土路面前的准备工作包括技术准备和物质准备等方面。施工前应做好相应的准备工作，避免了施工过程中出现不必要的停顿。

（一）技术准备

施工前，建设单位应组织设计、监理、设计及施工单位进行技术交底。了解设计单位设计意图，明确施工技术要求。

施工单位应根据设计文件、合同文件、现场施工条件及本单位的设备、人员等情况确定混凝土路面施工工艺流程，上报合理的施工组织设计文件，精心编制施工组织计划。开工前施工单位还应对工程参与人员进行岗位培训，明确各自的职责要求及相互关系。

施工放样是采用滑模式摊铺机铺筑混凝土路面的重要准备工作。首先根据设计图纸恢复道路中心线和汉凝土路向边线，在中心线上每隔 20m 设一中桩，同时布设曲线主点桩及纵坡变坡点、路面板胀缝位置等施工控制点，并在路边设置相应的边桩，重要的中心桩要进行栓桩。每隔 100m 左右应设量一个临时水准点，以便复核路面高程。由于混凝土路面一旦浇筑成功就很难拆除，因此测量放样必须经常复核，在浇捣过程中也买进行复核，做到勤测、勤核、勤纠偏，确保混凝土路面的平面位置和高程符合设计要求。

混凝土路面施工前，应对混凝土路面板下的基层进行强度、密实度及几何尺寸等方面的质量检测和相应的整修。基层质量检查项目及其标准应符合基层施工技术规范要求和混凝土路面设计规他要求。对于采用滑模式摊铺机施工的路面，基层宽度应该留有供摊铺机行走的宽度，通常为 50～80cm。

（二）搅拌站建设与材料准备

混凝土路面施工前的物质准备工作包括材料准备及质量检验、混合料配合比试验与调整、机械设备准备等。混凝土路面施工前必须做好各种机械的检修工作，来便施工时能顺利运行。

为缩短运输距离，搅拌站宜设置在铺筑路段的中间位置。搅拌站应能满足原材料储运、混凝土拌和物运输、钢筋加工、供水、动力等工作要求，力求紧凑，减少占地面积。搅拌站应保障水源充足、可靠，满足搅拌、清洗、养生用水的供应。场内水泥、粉煤灰、砂石材料储运应满足以下要求：

1. 水泥、粉煤灰储存与供应

每台搅拌机应至少配备两个水泥储仓，粉煤灰应至少配备一个储仓。备用的袋装水泥和粉煤从应放青公地势较高的位置，严禁受潮或者雨淋。

2. 砂石材料储运

施工前，宜储备 10～15d 的砂石料。砂石料场应建在排水通畅的位置，地坪应做硬化处理，不同砂石材料应分仓堆放，严禁混杂。在低温、雨天、大风天气及日照

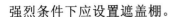

强烈条件下应设置遮盖棚。

3. 搅拌站内原材料运输与混凝土拌和物运输应减少互相干扰

搅拌楼应设厚度个小于200mm的硬铺装层，并且设置排污管道、积水坑或搅拌楼产生的废水回收处理设备。

根据混凝土路面施工进度计划，施工前应分批备好所需的各种材料，并在使用前进行核对、调整，各种材料应符合规定的质量要求。新生产的水泥应至少存放一周后方可使用。路面在浇筑前必须对混凝土拌和物的工作性进行检验并作必要的调整。

（三）运输设备配置

采用滑模式摊铺机施工时，主要工序是混凝土的拌和与摊铺成型，因此，应把混凝土摊铺机作为第一主号机械，拌和机作为第二主导机械。选择的主导机械应能满足施工质量和工程进度要求。拌和机与摊铺机应互相匹配，拌和质量、拌和能力、技术可靠性及工作效率等应能满足要求。在保证主导机械发挥最大效率的前提下，选用的配套机械要尽可能少。

通常情况下，运输设备的运输能力应略大于搅拌能力，由于滑模施工工程量较大，运输距离相对较长，应尽可能采用搅拌运输车，无此条件时对使用自卸汽车，基本能满足施工要求。由于自卸车的倒料一倾而下，增加摊铺机的负荷，会引起摊铺机履带打滑，导致路面高程和平整度合格率降低，因此，实际施工过程中，为了加快施工进度和路面质量，可在滑模摊铺机之前增加一台螺旋布料机，既克服了上述缺点，又可实现二次搅拌，解决运输途中的混凝土水分流失和离析现象。

（四）防滑处理与养生设备的配置

滑模施工作为一种高效的机械化施工工艺，施工进度快，作业面宽，一般日工作量1000m左右，作业面宽8m以上，防滑处理与养生相应要求用高效的设备完成，采用拉毛养生机可连续完成拉毛或拉槽及养生剂的喷洒工作。

（五）通信设备的配置

滑模摊铺系统是快速的现代生产系统，现场要求配置有快速反应能力的无线电联络通信和生产指挥调度系统。

三、施工过程

为提高混凝土路面质量，加速施工进度，必须要制定合理的滑模摊铺的工艺流程。

（一）测量放样，悬挂基准绳

滑模式摊铺机的摊铺高度和厚度可实现自动控制。摊铺机一侧有导向传感器，另一侧有高程传感器。导向传感器接触导向绳，导向绳的位置沿路面的前进方向安装。高程传感器接触高程导向绳，导向绳的空间位置根据路线高程的相对位置来安装。基准绳设置有单向坡双线式、单向坡单线式和双线坡双线式。测量时沿线应每200m增设一水准点，并在控制测量精度、平差后使用。摊铺机摊铺的方向和高程准确与否，取决于导向线的准确程度，因此导向绳经准确定位后固定在打入基层的钢钎上。一般架设传感器的导向绳的长度在 1000m 左右即可满足日间的工作量，导向绳距待摊铺的混凝土路面 1～1.5m 为宜，高度为路面延伸至导向线实测高程加 20cm，导向钢钎间距为 5～10m，在路线曲线段还应进行加密。摊铺前应该复测，以满足施工精度。

（二）摊铺机调整和就位

摊铺机进入摊铺现场安装后，停在起始位置，使左右侧模板前后基本上和导向线平行且前后等距，起动发动机与自动方向调整系统，慢慢向工作方向行驶、按预设模板与导向线的距离，调整前后转向传感器，使前后模板与导向线完全平行。完成方向调整之后，在路面纵横方向各找两个点并打桩成矩形，用细线将纵向桩连接，线的位置与路面设计高程相等，然后将机器移至四根桩内，而前端有一定进料仰角，调整后退至起始位置。滑模摊铺机首次摊铺时应对其摊铺位置、几何参数和机架水平度进行调整和校核，确认无误后方可开始摊铺，其他机构的调整包括：

1. 振捣棒布置

振捣棒下线位置应在最低点以下，棒间横向间距不应该大于 450mm，均匀排列。两侧最边缘振捣棒与摊铺边缘不宜大于 250mm。

2. 挤压板调整

挤压底板前倾角设置为 3C 左右，提浆夯板位置宜在挤压底板前缘以下 5～10mm 之间。

（三）混凝土搅拌

搅拌前应先检查搅拌设备的各机构是否运转正常，并根据实验室提供的配料单将各材料数据输入搅拌设备微机里，在接到前方通知后，进行搅和。拌和时应根据拌和物粘聚性、均质性及强度稳定性试拌确定最佳拌和时间。通常全部原材料放齐的最短纯拌时间不少于 40s，最长总搅拌时间不应超过 240s，具体视搅拌机性能确定。外加剂应以稀释溶液加入，并扣除相应用水量。所生产的拌和物应色泽一致，有生料、干料、离析或外加剂成团的非均质混合物严禁用于路面铺筑。一台搅拌楼每盘出料间的坍落度最大允许偏差为 ±10mm 并适合现场摊铺。

（四）混凝土拌和物运输与机前布料

把搅拌好的混凝土拌和物运到摊铺现场。在运输过程中要保证不漏浆、不变干、不离析、卸料时尽量不要堆积太高。卸料高度不应超过 1.5m。远距离运输或运输桥面、钢筋混凝土路面混凝土拌和物时宜采用混凝土运输车。机前布料尽量使混凝土在全宽方向厚度较均匀，中间可高一点，布料高度一般比成型后的路面高出 6～10cm 为宜。

（五）摊铺机摊铺

启动自动找平和自动转向传感器，向前行驶，当布料器接触到混凝土，根据料的情况进行二次布料，调整计量门位置使料充分进入振动料仓，振动棒完全接触混凝土后启动振动棒，抹平板和左右侧模板把振实的混凝土通过相互挤压后，经过传力杆和连接筋的安装、搓平梁的搓平、超级抹平器抹平，形成混凝土路面。在开始摊铺的5m内，应在摊铺进行中对摊铺出的路面高程、边缘厚度、中线、横坡度等参数进行复核测量。

　　滑模摊铺机应缓慢、匀速、连续不间断地作业。严禁料多追赶，然后随意停机等待、间歇摊铺。摊铺速度应根据拌和物稠度、供料多少和设备性能控制在0.5～3.0m/min之间，一般控制为1.0m/min。拌和物稠度发生变化时应相应改变摊铺速度。正常摊铺时的振捣频率在6000～11000 r/min之间调整，应防止过振、欠振或漏振。摊铺过程中应经常检查振捣棒的工作情况和位置，路面出现拉裂或麻面时应立即停机检查或更换振捣棒，机后出现砂浆带时必须调整振捣棒位置。每天摊铺工作结束时，将两侧尾模板逐渐内收大约1～2cm，以利于第二天摊铺。

（六）对路面进行修整加工

　　为保证质量，对摊铺机摊铺过的路面，应人工检查并及时对有缺陷的部分进行修整抹平，同时还应及时检测路面的平整度和高程。一定时间后，由拉毛养生机对路面进行防滑和养生处理。

（七）摊铺机的第二天摊铺

　　启动自动找平及自动转向传感器，外放尾模板，并将找平机构上调0.5cm左右，按导向线后退，直至计量门与前一天施工的路面齐平，之后执行上述工序，在刚刚开始摊铺段逐渐下调找平机构至原来位置。内收尾模板后进入了正常摊铺作业，工作缝应由专人负责处理。

（八）滑模式摊铺机施工常见问题处理

1.溜肩、塌边

　　解决溜肩和塌边现象，一类方法是采取加长侧向滑模板长度，提高边角混凝土的自稳性；再一种是在滑模后、路面成形即用地板支护。此外，还可改善、调整混凝土施工配合比，提高混凝土拌和物在振捣后骨料间的嵌合稳定性，提高混凝土的拌和精度，最大限度地减小混凝土坍落度的波动，滑模施工常用阴槽模板、提高边角的自稳性；加强边角部分的振捣，但也不能过振；在要求较局的场合，使用跨模施工工艺。

2.欠振、气泡未排尽

　　摊铺机的工作速度一般控制在1m/min左右，因此要求混凝土拌和物在较短时间内振动密实，施工过程中可能会出现欠振和气泡未排尽的现象，影响混凝土路面的耐久性。解决欠振和气泡排不尽的问题，一方面以可调整混凝土配合比的配制指标，引入振动黏度系数；二是调整振动棒的排列方式。

3.混凝土板面沟槽现象

　　在挤平梁的后端，有时会出现混凝土表面大量欠料或产生沟槽现象。主要是由于：一是混凝土拌和物太干，坍落度过小，造成振动出浆困难，表面振动不密实；二是振动仓内料位太低，造成振动仓内补料不足；三是振动棒位置偏移。

4.抹平后表面呈波浪状

经过超级抹平器的作用，有时表面形成波浪状，严重影响了表面平整度。应调整抹平板的挤压力，同时得根据板块的宽度调整抹平板的工作速度。

第三节　轨模式摊铺机施工

轨模式摊铺机施工是由支撑在平底型轨道上的摊铺机将混凝土拌和物摊铺在基层上。摊铺机的轨道与模板是连在一起的，安装时同步进行。轨模式摊铺机施工混凝土路面包括施工准备、拌和与运输混凝土、摊铺与振捣、表面整修以及养护等工作。其中施工准备的内容和要求与滑模式摊铺机施工工艺基本相同。

一、混合料拌和与运输

确保混凝土拌和质量的关键是选用质量符合规定的原材料、拌合机技术性能满足要求、拌和时配合比计量准确。采用轨模式摊捕机施工时，拌和设备应附有可自动准确计量的供料系统；无此条件时，可采用集料箱配合地磅的方法进行计量。各种组成材料的计量精度应不超过下列范围：水和水泥土 $\pm1\%$，粗细集料 $\pm3\%$，外加剂 $\pm2\%$。拌和过程中加入外加剂时，外加剂应单独计量。用强制式搅拌机拌和坍落度为 $1\sim5cm$ 的混凝土拌和物，最佳拌和时间应控制为：立轴式强制拌和机为 $90\sim180s$；双卧轴强制式拌和机为 $60\pm90s$，最短拌和时间不低于低限，最长拌和时间不超过高限的 3 倍。通常采用自卸汽车运输混凝土拌和物，拌和物坍落度大于 $5cm$ 时应采用搅拌车运输。从开始拌和到涣筑曲时间应满足以下要求：用自卸汽车运输时，不得超过 1h；用搅拌车运输时，不得超过 1.5h，若运输时间超过上述时间限制或在夏季浇筑时，拌和过程中应加入适量的缓凝剂。运输时间过长，混凝土拌和物的水分蒸发和离析现象会增加，因此应尽量缩短混凝土拌和物的运输时间，并采取措施防止水分损失和混合料离析。拌和物运到摊铺现场后倾卸于摊铺机的卸料机内，摊铺机卸料机械有侧向和纵向两种。侧向卸料机在路面摊铺范围外操作，自卸汽车不进入路面铺摊范围卸料、没有供卸料机和汽车行驶的通道；纵向卸料机在摊铺范围内操作，自卸汽车后退供料，施工时不可像侧向卸料机那样在基层上预先安设传力杆。

二、混合料摊铺与振捣

（一）轨模安装

轨模式摊铺机的整套机械在轨模上前后移动，并以轨模为基准控制路面的高程。摊铺机的轨道与模板同时进行安装，轨道固定在模板上，然后统一调整定位，形成的轨模既是路面边模又是摊铺机的行走轨道。模板应能承受机组的重量，横向要有足够的刚度。轨模数量应根据施工进度配备并能满足周转要求，连续施工时至少需配备三

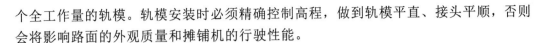

个全工作量的轨模。轨模安装时必须精确控制高程，做到轨模平直、接头平顺，否则会将影响路面的外观质量和摊铺机的行驶性能。

（二）摊铺

轨模式摊铺机有刮板式、箱式及螺旋式三种类型，摊铺时将卸在基层上或摊铺箱内的混凝土拌和物按摊铺厚度均匀地充满轨模范围内。刮板式摊铺机本身能在轨道上前后自由移动，刮板旋转时将卸在基层上的混凝土拌和物向任意方向摊铺。这种摊铺机质量轻，容易操作，易于掌握，使用较普遍，但摊铺能力较小。箱式摊铺机摊铺时，先将混凝土拌和物通过卸料机一次卸在钢制料箱内，摊铺机向前行驶时料箱内的混合料摊铺于基层上，通过料箱横向移动按松铺厚度准确、均匀地刮平拌和物。螺旋式摊铺机由可以正向和反向旋转的螺旋布料器将拌和物摊平，螺旋布料器的刮板能准确调整高度。螺旋式摊铺机的摊铺质量优于前述两种摊铺机，摊铺能力较大。摊铺过程中应严格控制混凝土拌和物的松铺厚度，确保混凝土路面的厚度及高程符合设计要求。一般应通过试铺来确定拌和物的松铺厚度。

（三）振捣与整平

摊铺机摊铺时，振捣机跟在摊铺机后面对拌和物做进一步的整平和捣实。在振捣梁前方设置一道长度与铺筑宽度相同的复平梁，用于纠正摊铺机初平的缺陷并使松铺的拌和物在全宽范围内达到正确的高度，复平梁的工作质量对振捣密实度和路面平整度影响很大。复平梁后面是一道弧面振动梁，以表面平板式振动将振动力传到全宽范围。拌和物的坍落度通常不大于 2.5cm、骨料最大粒径控制在 40mm 以下。当混凝土拌和物的坍落度小于 2cm 时，应采用插入式振捣器对路面板的边部进行振捣，以达到应有的密实度和均匀性。振捣机械的工作行定速度一般控制在 0.8m/min，但随拌和物坍落度的增减可适当变化，混凝土拌和物坍落度较小时可适当放慢速度。

三、表面整修

振捣密实的混凝土表面应进行整平、精光及纹理制作等工序的作业，使得竣工后的混凝土路面具有良好的路用性能。

（一）表面整平

振捣密实的混凝土表面用能纵向移动或斜向移动的表面整修机整平。纵向表面整修机工作时，整平梁在混凝土表向纵向往返移动，通过机身的移动将混凝土表面整平。斜向表面整修机通过一对与机械行走轴线成 10。左右的整平梁做相对运动来完成整平作业，其中一根整平梁为振动梁。机械整平的速度决定于温混凝土的易整修性和机械特性。机械行走的轨模顶面应保持平顺，以便整修机械能顺畅通行。整平时应使整平机械前保持高度为 10～15cm 的壅料，并使壅料向较高的一侧移动，以保证路面板的平整，防止出现麻面及空洞等缺陷。

（二）精光及纹理制作

精光是对混凝土路面进行最后的精平，使混凝土表面更加致密、平整及美观，此工序是提高混凝土路面外观质量的关键工序之一。混凝土路面整修机配置有完善的精光机械，只要在施工过程中加强质量检查和校核，便可保证精光质量。

在混凝土表面制作纹理，是提高路面抗滑性能的有效措施之一。制作纹理时用纹理制作机在路面上拉毛、压槽或刻纹，纹理深度控制在 12mm 范围内；在不影响平整度的前提下提高混凝土路面的构造深度，可提高表面的抗滑性能。纹理应与路面前进方向垂直，相邻板的纹理应相互沟通以利排水。纹理制作从混凝土表面无波纹水迹开始，过早或过晚均会影响纹理质量。

四、养护

混凝土表面整修完毕，应立即进行湿治养护，使混凝土在开放交通时具有规定的强度，尤其在气温较高时，必须保持已浇筑的混凝土表面湿润，以免混凝土表面干裂。在养护初期，可用活动三角形罩棚遮盖混凝土，以减少水分蒸发，避免阳光照晒，防止风吹、雨淋等。混凝土泌水消失后，可在表面均匀喷洒薄膜养护剂。喷洒时在纵横方向各喷一次，养护剂用量应足够，一般为 0.33kg/m3 左右。在高温、干燥、大风时，喷洒后应及时用草帘、麻袋、塑料薄膜、湿砂等遮盖混凝土表面并适时均匀洒水。养护时间由试验确定，以混凝土达到 28d 强度的 80% 以上为准。使用普通硅酸盐水泥时约为 14d，使用早强型水泥约为 7d，使用中热硅酸盐水泥约为 21d。在养护间禁止车辆通行以保护混凝土路面。

五、接缝施工

混凝土路面在温度变化时会产生较大的温度变形，使混凝土板产生胀缩和翘曲等，为消除和减小温度变形受到约束后产生的温度应力，避免混凝土路面出现不规则开裂，必须在混凝土路面的纵横方向上设置胀缝和缩缝。同时，在混凝土路面施工过程中由于各种原因造成路面施工中断会形成施工缝。接缝施工质量的好坏将直接影响到混凝土路面的使用性能及养护维修工作量的大小，所以，各类接缝的施工应做到位置准确、构造及质量符合设计及规范要求。

（一）胀缝施工

胀缝应与混凝土路面中心线垂直，缝壁垂直于板面，宽度均匀一致，缝中不得有粘浆或者坚硬杂物，相邻板的胀缝应设在同一横断面上。胀缝传力杆的准确定位是胀缝施工成败的关键，传力杆固定端可设在缝的一侧或交错布置。施工过程中固定传力杆位置的支架应准确、可靠地固定在基层上，使固定后的传力杆平行于板面和路中线，误差不大于 5mm。铺筑混凝土拌和物时严禁造成传力杆移转，否则，将导致混凝土路面接缝区的破坏。在传力杆滑动端安装长度为 10cm 的套筒、套筒内底与传力杆的间隙为 1～1.5cm，空隙内用沥青麻絮填塞，滑动端涂沥青。

　　机械化施工混凝土路面时，胀缝可在连续铺筑混凝土拌和物的过程中完成，也可在施工终了时完成。施工时用方木、钢挡板以及钢钎固定胀缝板，钢钎间距血。在摊铺机前方，先在路面传力杆范围内铺筑混凝土拌和物，用两个插入式振捣器在胀缝两侧 0.5～1.0m 的范围内对称均匀地捣实。摊铺机摊铺至胀缝两侧各 0.5m 范围内时，将振动梁提起，拔去钢钎，拆除方木和挡板。留下的空隙用混凝土拌和物填充并用插入式振捣器捣实，人工进行粗面，并通过摊铺机的振动修平梁进行最终修平。待接缝板以上的混凝土硬化后用锯缝机按接缝板的位置和宽度锯两条缝，凿除接缝板之上的混凝土和临时插入物，然后用填缝料填满，这种施工方法可确保接缝施工质量，胀缝的外观也较好。

　　先浇筑传力杆以下的混凝土拌和物，用插入式振捣器振捣密实，并注意校正传力杆的位置，然后再摊铺传力杆以上的混凝土拌和物。摊铺机摊铺胀缝另一侧的混凝土时，先拆除端头钢挡板及钢钎，然后按要求铺筑混凝土拌和物。填缝时必须将接缝板以上的临时插入物清除。胀缝两侧相邻板的高差应符合如下要求：高速公路及一级公路应不大于 3mm，其他等级公路不大于 5mm。

（二）横向缩缝施工

　　混凝土面板的横向缩缝一般采用锯缝的办法形成。混凝土结硬后应适时锯缝，合适的锯缝时间应控制在混凝土已经达到足够的强度，而收缩变形受到约束时产生的拉应力仍未将混凝土面板拉断的时间范围内。经验表明，锯缝时间以施工温度与施工后时间的乘积为 200～300 个温度小时或混凝土抗压强度为 5～10MPa 较为合适。也可按表 6-24 的规定或通过试锯确定适宜的锯缝时间，缝的深度一般为板厚的 1/4～1/3。

（三）纵缝施工

　　纵缝施工应符合设计规定的构造，保持顺直、美观。纵缝为平缝带拉杆时，应根据设计要求，预先在模板上制作拉杆置放孔，模板内侧涂刷隔离开、拉杆采用螺纹钢筋制作。缝槽顶面采用锯缝机切割，深度为 3～4cm，并用填缝料灌缝。不切割顶面缝槽时，应及时清除面板上的粘浆。假缝型纵缝的施工应预先用门型支架将拉杆固定在基层上或用拉杆置放机在施工时置入。假缝顶面的缝槽采用锯缝机切割，深 6cm，让混凝土在收缩时能从切缝处规则开裂。

（四）施工缝设置

　　施工中断形成的横向施工缝应尽可能设置在胀缝或者缩缝处，多车道路面的施工缝应避免设在同一横断面上。施工缝设在缩缝处应增设一半锚固、另一半涂刷沥青的传力杆，传力杆必须垂直于缝壁、平行于板面。

（五）接缝填封

　　混凝土养护期满即可填封接缝，填封时接缝必须清洁、干燥。填缝料应与缝壁黏附紧密、不渗水，灌注高度一般比板面低 2mm 左右。当使用加热施工型填缝料时，加热到规定的湿度并搅匀，采用灌缝机或灌缝枪灌缝；气温较低时应用喷灯加热缝壁，使填缝料和缝壁结合良好。

第四节 三根轴机组与小型配套机具施工

水泥混凝土路面采用机械化施工具有生产效率向。施工质量容易得到保证等优点，是我国水泥混凝土路面施工的发展方向。现阶段由于受机械设备、投资等因素的影响，只是在少数比较重要的公路上得到应用，小型配套机具施工仍然是一般公路普遍采用的施工方法。小型配套机具施工需要使用拌和机、运输车辆、振捣器、振动梁、抹面机具及锯缝机等按工序联合作业，这些机具应性能稳定可靠、操作简便、易于维修并能满足施工要求，三辐轴机组施工则是在小型机具施工方法基础上，通过对部分工艺机械进行适当整合，以提高小型机具施工的质量及速度。

机具的配套情况应根据混凝土路面的工程质量、施工进度要求从施工条件等确定，各种机具应能发挥最大效能。应选用拌和质量较好的强制式或锥形反转出料的混凝土拌和机，不重要的小型工程可使用跌落式拌和机。运输拌和物的车辆一般选用中小型机动翻斗车、运距较长时宜选用混凝土搅拌运输车。振捣拌和物的振动板功率应不小于 2.2kW，插入式振捣器功率应不小于 1.1kW。振动梁必须有足够的刚度，长度与一次摊铺振捣的宽度相适应；振动梁上应安装功率不小于 1kW 的振动器两台，当一次铺筑宽度小于 3.5m 时，可只设一台。提浆滚应有足够的刚度，表面光滑平整，长度与振动梁相近。通常用叶片式或磨盘式抹面机抹面，也可用 3m 刮尺与手工工具配合抹面。采用拉毛器、压（切）槽器和滚筒压纹器等进行纹理制作。采用三辐轴机组施工时，摊铺机后应配置一台安插振捣棒组的排式振捣机，防滑沟槽应采用硬刻机制作。小型配套机具施工混凝土路面的一般工序为：施工准备→模板安装→传力杆安设→混凝土拌和物拌和与运输→拌和物摊铺与振捣→接缝施工→表面整修→养护与填缝。其中。施工准备、传力杆安设、混凝土拌和物拌和与运输、接缝施工、表面整修、养护及填缝与轨模式摊铺机施工的方法基本相同。三辐轴机组施工的工艺流程与小型机具施工基本相同，只是其中某些工序用简易机组来完成。

二、模板安装与拆除

（一）模板制作

采用三辐轴机组或小型配套机具施工时，通常应采用具有足够刚度的钢模板，能满足路面施工的要求。用于设置纵缝和施工缝的模板。应该根据设计要求预留传力杆或拉杆的置放孔。模板高度应与面板的设计厚度一致，误差为 2mm。模板之间的接头处应设有牢固的拼接装置，装拆方便。模板的数量应能满足施工周转要求。

（二）模板安装

安装模板的应对基层进行检测，基层的各项技术指标应符合基层施工规范的质量要求。模板的平面位置与高程应符合设计要求、平面位置偏差不大于 5mm，纵向高程偏差不大于 3mm 模板应安装稳固，能承受摊铺、振捣、整平时的冲击和振动作用。模板间的连接应紧密平顺，不得有错缝、错位和不平顺现象。模板接头处及基层与模板之间应填塞紧密以防止漏浆，模板内侧应涂隔离剂。模板安装就位后，要横向拉线，检查混凝土板中部的厚度。测量值小于设计厚度时，应该将高出的基层削平以保证混凝土路面板的厚度。

（三）模板拆除

拆除模板的时间要根据气温和混凝土强度增长情况确定。拆除模板时不得损坏混凝土板边、板角及传力杆和拉杆周围的混凝土。模板拆除后应立即清除黏附的砂浆，冲洗干净，有变形或局部损坏时应及时校正和修理，来备下次使用。

三、混合料拌和与运输

（一）要求

混凝土拌和设备的型号和数量应根据工程量大小、工程进度、运输工具、拌和质量要求等因素确定，必要时应有备用的拌和机和发电设备，以保证混凝土路面施工能连续进行。拌和场内的粗、细集料必须分别堆放，不得混杂，进入拌和机的集料必须准确过磅，使用散装水泥时必须过磅，袋装水泥应抽查质量是否合格，必须严格控制加水量，根据集料的实际含水率和天气情况确定合适的施工配合比。投入拌和机的原材料数量应根据混凝土施工配合比和拌和机容量确定，原材料每盘称量的允许误差应不超过下列规定：水泥 ±2%，水 ±1%，集料 ±3%，外加剂 ±2%。

（二）拌和

拌和前，应先在拌和机内用适量的拌和物或砂浆试拌并排除，然后按规定的施工配合比进行拌和。向拌和机投料的顺序宜有利于拌和均匀，通常为碎（砾）石→水泥→砂。材料进入拌和机后应边拌和边加水，投入外加剂的顺序应根据使用规定确定。应在尽可能短的时间内将混凝土拌和均匀，每盘拌和时间根据拌和机的性能、对混凝土拌和物的稠度要求的规定通过试拌确定，拌和时间不得超过最短拌和时间的 3 倍。

应每天对混凝土拌和物的稠度进行检查。每班不少于两次，如与规定值不符，应查明原因并及时纠正。每台班或拌和 200 m^3 混凝土拌和物，应制作两组抗折强度试验的试件，必要时可增制抗压强度试件。

（三）运输

装运拌和物的储料斗或车厢内壁应平整、光洁、不漏浆，使用前后应冲洗干净。在运输途中混合料明显离析时，摊铺时应重新拌匀。

四、拌和物摊铺、振捣与表面整修

（一）摊铺

混凝土拌和物摊铺前，应对模板和基层等进行全面检查，来保证混凝土面板的几何尺寸等符合设计要求。当混凝土面板的厚度大于 25cm 时，宜分两层摊铺，下层摊铺总厚度的 3/5。摊铺时，料铲应反扣，严禁抛掷和耧耙，防止拌和物离析。

三辊轴机组施工应按作业单元分段摊铺和整平作业，单元长度一般为 20～30m，振捣与整平作业之间的时间间隔不宜超过 15min。三辗轴机组前的混合料宜高于模板顶面 5～20mm 并根据情况及时补料或铲除。

（二）振捣

插入式振捣器与平板式振捣器配合使用时，应先用插入式振捣器振捣。插入式振捣器的移动距离不宜大于作用半径的 1.5 倍，至模板边缘的距离应不大于其作用半径的 0.5 倍。振捣时应避免碰撞模板、钢筋、传力杆及拉杆。平板振捣器纵横振捣时应重叠 10～20cm。振捣器在每一位置的停留时间应足够长，平板振捣器不宜少于 15s，插入式振捣器不宜少于 20s，以便将混凝土拌和物振捣密实。半拌和物停止下沉，不再冒气泡并泛出水泥浆时，混凝土即被振捣密实，但不应过振。振捣时应辅以人工找平，并随时检查模板。如模板发生位移、变形或松动，应及时纠正。振捣作业应在混凝土拌和物初凝前完成。混土分两次摊铺的，振捣上层混凝土拌和物时，插入式振捣器应插入下层拌和物 5cm 以上，以便上下两层形成整体，上层混凝土拌和物的振捣必须在下层拌和物初凝前完成。

（三）整平与提浆

振捣后应立即用振动梁在模板上平移拖振，往返 2～3 遍，使混凝土泛浆整平，赶出水泡。在拖振过程中，凹陷处应该用相同配合比的混凝土拌和物找补，严禁用纯砂浆填补。经振动梁整平后，用提浆滚往返滚浆，并且保持规定的路拱。按设计要求的平整度，用 3m 直尺或刮尺刮平。

（四）表面整修

混凝土整平提浆后，应对板边和接缝进行处理，清除留在表面的粘浆，出现掉边、缺角时应及时进行修补。表面整修宜分两次进行，首先抹面找平，到混凝土表面无泌水时再做第二次抹面。表面整修时严禁在混凝土表面上洒水或撒水泥。可用叶片式或圆盘式抹面机抹面，抹面后混凝土应平整、密实。整修若遇烈日曝晒或干旱大风时，宜设遮阴棚。抹面后沿横坡方向进行纹理制作，纹理构造深度根据面层抗滑要求确定，一般槽深为 23mm，槽宽为 45mm，间距 20mm。混凝上路面板的构造深度（TD）应符合设计要求，纹理制作时，不得影响表面平整度。

五、真空脱水工艺

真空脱水是在经粗平后的混凝土拌和物上覆盖吸垫，通过的真空吸水泵将混凝土中的水分抽吸出，这样可缩短整面、锯缝的工艺间隔时间，加快工程进度。真空脱水工艺适用于厚度不大于25cm的混凝土路面施工。采用真空脱水工艺施工时，混凝土拌和物的坍落度可比不采用该工艺时大，高温季节宜为3～5cm，低温季节宜为2～3cm；混凝土拌和物的最大用水量可增加8～12kg/m3。其他工序如模板装拆、钢筋布置、混凝土拌和、运输与铺筑、接缝施工及养护等工序保持不变。

采用真空脱水工艺施工混凝土路面时，除了应具备前述小型机具外，还需配置真空泵、真空吸垫及抹面机具等。真空泵应真空度稳定，有自动脱水计量装置，配备有效抽速不低于15L/S的主机。吸垫应选用真空度均匀、密封性能好、脱水效率高、操作简便、铺放容易、清洗方便的品种，每台真空泵需要配备的吸垫不少于两块。抹面机具可用叶片式或浮动圆盘式提浆抹光机。

混凝土表面振捣粗平后，即可进行真空脱水。脱水前，应先检查真空泵的空载真空度值应不小于0.08MPa，吸管与吸垫连接后再开机检查。铺放吸垫时应以卷放为宜，避免皱褶，周边与已脱水的混凝土重叠5～10cm。吸垫就位后，连接吸管并开机。在开机抽吸过程中，吸垫四周密封边应用小刷沿用边轻轻扫刷，以利密封。吸垫封严后开始脱水，真空度逐渐升高，最大真空度不宜超过0.085MPa。如果在规定的时间内真空度达不到要求，应及时检查，采取措施解决。达到脱水时间或脱水量要求后，先将吸垫四周掀起12cm，继续抽吸15s，以便吸尽表面和吸管中的余水。真空脱水时不准在吸垫上走动，检漏补修时，应穿软底鞋。吸垫在存放和搬迁时，应避免拖拉或与有尖角的物体接触，以免吸垫出现漏洞。每班工作完毕，应该将吸垫、吸管、真空泵箱内的积聚物清除并冲洗干净。真空吸水后，用功率较小的平板振捣器复振一次，再用振动梁或提浆滚复拉一次，让混凝土表面密实平整。

第五节　施工质量检查与竣工验收

混凝土路面施工质量比符合设计和施工规范要求。为此应加强施工前的原材料质量检验，施工过程中应对每一道工序进行严格的质量检查和控制。对已经完成的混凝土路面进行外观检查，测量其几何尺寸，并根据设计文件进行校核。此外，还要查阅施工记录，包括原材料试验和试件强度资料、配合比及隐蔽构造等，以检查结果作为评定工程质量的依据。

一、施工质量控制

（一）原材料质量检验

施工前应对各种原材料进行质量检验，来检验结果作为判定材料质量是否符合要求的依据。在施工过程中，当材料规格和来源发生变化时应及时对材料进行质量检验。材料质量检验的内容包括材料质量是否满足设计和规范要求，数量供应能否满足工程进度，材料来源是否稳定可靠，材料堆放和储存是否满足要求等。质量检查时以"批"为单位进行，通常将同一料源、同一次购进的同品种材料作为一批，取样方法按试验规程进行。混凝土所用的水泥、粗细集料、水、外加剂、钢材、接缝材料等原材料的质量检查项目和标准应符合第一节所述的有关要求。

（二）施工过程中的质量控制

在混凝土路面施工过程中，应检查混凝土拌和物的配合比是否符合设计要求，对拌和、摊铺、振捣的质量等进行检查，并作好记录。混凝土的抗折强度以养护 28d 龄期的小梁试件测定。以试验结果计算的抗折强度作为评定混凝土质量的依据。强度试验应按下列规定进行：

用正在摊铺的混凝土拌和物制作试件，如果施工时采用真空脱水工艺，则试件亦采用真空脱水工艺成型。每台班成每铺筑 200 m3 混凝土，应同时制作两组试件，龄期分别采用标准养生 7d 和 28d。每铺筑 1000 ～ 2000 m3 混凝土拌和物需增制一组试件，用于检查后期强度，龄期不少于 90d。

当普通硅酸盐水泥混凝土在标准养护条件下养生 7d 的强度达不到 28d 强度的 60%，应分析原因，并对混凝土的配合比做适当调整。铺筑完毕的混凝土路面，应抽检实际强度、厚度。可采用现场钻取圆柱试件测定，并且进行圆柱劈裂强度试验，以此推算小梁抗折强度。

二、竣工验收

混凝土路面施工完毕，施工单位应将全线以 1km 作为个检查段，按随机取样的方法选择对每一检查段的测点，按混凝土面层质量验收和允许偏差的规定进行自检，并向监理部门和建设单位提供全线检测结果及施工总结报告。施工监理单位应会同施工单位一起按随机抽样的办法选择一定数量的检查段进行抽样检查，抽样总长度不宜少于全程的 30%，检查的内容和频度应符合规范规定。检查指标的评定标准为：对于高速公路及一级公路，可考虑 α_l =95% 的保证率；对于其他等级公路可考虑 α_l =90% 的保证率。检查段应不少于 3 个，每段长度为 1km。

混凝土路面完工后，应根据设计文件、交工资料和施工单位提出的交工验收报告，按国家建设工程竣工验收的办法组织验收。验收时应提交设外文件和交工资料、交工验收报告、混凝土强度试验报告、材料检合及材料试验记录、基层检查记录、工程重大问题处理文件、施工总结报告、工程监理总结报告等。路面外观应无露石、蜂窝、麻面、裂缝、啃边、掉角、翘起和轮迹等现象。

第一节　交通工程基本知识

交通工程主要包括交通标志、交通标线、安全防护设施等。

一、交通标志

第一，道路交通标志是用图形符号、颜色和文字向交通参与者传递特定信息，用以管理道路交通的安全设施。该标志一般设置在路旁或道路上方，让交通参与者获得确切的道路交通情报，从而达到交通的安全、畅通及迅速的目的，同时交通标志对道路设施也有装饰和美化作用。

第二，交通标志主要分为六类：警告标志、禁令标志、指示标志、指路标志、旅游区标志和道路安全施工标志。

第三，交通标志的支撑方式有柱式、悬臂式、门式及附着式四种形式。

二、交通标线

（一）道路交通标线

道路交通标线是由标画在路面上的各种线条、箭头、文字，立面标记、突起路标和轮廓标等构成的一种交通安全设施。它可与交通标志配合使用，也可以单独使用。道路标线的作用主要有：

第一，实行分道行驶。

第二，渠化交叉路口的交通流。

第三，指示和预告驾驶员和行人通过标画的交通标线所规定的含义，可以预知道路情况，明确自己和通行道路的权利与方法。

第四，为守法者和执法者提供法律依据。

（二）交通标线按照设置方式

交通标线按照设置方式分为三类：纵向标线、横向标线、其他标线。

（三）交通标线按照功能

交通标线按照功能分为三类：警告标线、指示标线及禁止标线。

三、安全防护设施

第一，防撞设施。

第二，隔离设施。

第三，防眩设施。

第二节　交通标志

一、标志施工的一般要求

（一）标志底板

1. 标志底板材料

主要有四种类型：铝合金板、薄钢板、合成树脂类板材及铝合金型材。

2. 标志底板

标志底板根据设计尺寸在工厂加工成型，并根据设计文件的要求进行加固、拼装、冲孔、卷边。挤压成型的铝合金型材应根据标志尺寸拼装，板面应保持平整。

3. 加工完成

加工完成后，标志板应进行脱脂、清洗及干燥等工序。

（二）标志面

1. 标志面组成材料

标志面组成材料主要由逆反射材料、油漆、油墨、胶黏剂、透明涂料及边缘填缝料等材料制造。

2. 标志面反光膜材料

按照反光膜的不同逆反射原理分为玻璃珠型和微棱镜型；按照反光膜不同的结构分为透镜埋入型、密封胶囊型、微棱镜型三种。按照反光膜的不同，逆反射性能可以分成五级：一级反光膜为微棱镜型反光膜、二级反光膜为密封胶囊型反光膜、三级反光膜为透镜埋人型称之为超工程级反光膜、四级反光膜为透镜埋人型称之为工程级反光膜、五级反光膜为透镜埋人型称之为经济级反光膜，反光膜选择和使用时，应符合下列规定：

第一，标志反光膜应在干净、无尘土、温度不低于 18℃、相对湿度在 20% ~ 50% 的车间内进行粘贴。

第二，版面的形状、颜色、文字、箭头、编号、图形及边框应严格按照现行《道路交通标志和标线》（GB 5768—2009）和设计文件的规定执行。

第三，标志反光膜的逆反射性能应符合设计要求。

第四，反光文字符号应采用电脑刻绘机完成。标志底膜应在专用的真空热敏压贴机或连续电动滚压贴膜机上完成贴膜。文字符号一般采用转移膜法粘贴。

第五，反光膜应尽量减少拼接。当不能避免接缝时，应使用反光膜产品的最大宽度进行拼接，接缝以搭接为主。当需要滚筒粘贴或丝网印刷时，可以平接，其间隙不应超过 1 mm。在距标志板边缘 50 mm 范围内，不得拼接。

3. 丝网印刷

当批量生产版面和规格相同的标志时，可以采用丝网印刷的方法。

4. 包装、储存及运输标志面时，应符合下列规定：

第一，采用丝网印刷的标志面应在油墨干透后才可以包装。

第二，贴上反光膜的标志板应用保护纸进行分隔，并应存放在室内干燥的地方。标志可以分层储存，但应用发泡胶把两块标志分隔，标志也可以竖立储存以减少压力，一些小标志可以悬挂储存。

第三，标志面应有软衬垫材料加以保护，以免搬运中受到刻画或其他损伤。

5. 采用其他标志面材料

采用其他标志面材料时，应符合设计文件的规定。

6. 公路的指路标志应采用汉字

公路的指路标志应采用汉字，根据需要可和其他文字并用。标志采用中、英两种文字时，地名应用汉语拼音，专用名词应用英文。

7. 地点、距离标志

地点、距离标志中，地点应放在最左侧，并由近而远、从上到下排列。如果几个独立的标志板组成一组，则各板的长度应相同。地点、方向标志中，直行标志应设置在最上部，其下为向左、向右可以到达的地点。

8. 当路段运行速度

当路段运行速度与设计速度之差大于 20 km/h 时，宜按运行速度对交通标志的版面规格及视认性加以检验。

（三）钢构件加工

第一，所有钢构件的钻孔、冲孔、焊接均应按现行《公路桥涵施工技术规范》（JTG/T F50_2011）和设计文件的要求在防腐处理之前完成。

第二，所有钢构件在运输过程中不应损伤防腐层。

（四）标志板的运输

第一，标志板的运输、储存和搬运方式应按要求进行，两块标志邻接面之间应用适合的衬垫材料分隔，来避免在运输、搬运过程中磨损标志板面。

第二，标志板应储存在干净、干燥的室内。

（五）标志定位与设置

第一，所有交通标志均应按设计文件的要求确定设置位置。

第二，标志基础的地基承载力应满足设计文件的规定。设计文件中未规定时，地基承载力不得小于 150 kPa。基础的施工应符合现行《公路桥涵施工技术规范》（JTG/T F50-2011）的规定，浇筑混凝土时，应注意准确设置地脚螺栓和底座法兰盘。

第三，公路交通标志的设置，应以不熟悉周围路网体系的公路使用者为设计对象，综合考虑周边路网与公路条件、交通条件、气象和环境条件等因素，制订合理的设置标志，根据各种交通标志的功能和驾驶人员的行为特征进行合理设置。

第四，对二级及以上等级的公路和其他等级的国、省道公路应优先设置指路标志，其他公路或未设置相关指路标志公路，经论证可以设置必要的警告标志。禁令标志应设置在交通法律、法规发生作用的地点附近醒目的位置，并应避免与其他交通标志互相影响。限速标志应根据不同路段的通行能力、车型构成比例、车辆的运行速度等分段进行设置。

第五，在选择路网中指路标志的目的地信息时，应根据路网密度、公路等级、公路功能、目的地知名度等进行统一考虑。不同种类的交通标志信息应互相呼应，不得出现信息中断。

第六，交通标志沿公路纵、横向设置的位置应符合现行《道路交通标志和标线》（GB 5768—2009）的规定。位于高速公路、一级公路侧安全净区内的交通通标志应根据标志结构规格采用解体消能结构或设置护栏加以防护，位在其他公路路侧安全净区内的交通标志宜进行必要的诱导。

（六）标志安装

第一，立柱必须在基础混凝土强度达到设计强度的 80% 之上时才能安装。

第二，路侧柱式标志板可用抱箍固定在立柱上。

第三，悬臂、门架式标志吊装横梁时，应使预拱度达到设计文件的要求。

第四，公路交通标志的任何部分不得侵入公路建筑限界以内。路侧柱式交通标志的安装高度应考虑其板面规格、所在位置的线形特点和地形特征、是否有行人通行等因素，悬臂、门架式等悬空标志净空高度应预留 20-50 cm 的余量。

第五，交通标志安装时，标志板面的法线应与公路中心线平行或成一定角度。路

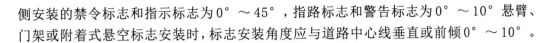

侧安装的禁令标志和指示标志为 0°～45°，指路标志和警告标志为 0°～10° 悬臂、门架或附着式悬空标志安装时，标志安装角度应与道路中心线垂直或前倾 0°～10°。

二、标志的施工方法

标志的一般施工工序为：施工放样→基础开挖→基底夯实→垫层料填充→模板安装及支撑固定→钢筋安装→预埋件安装及固定→基础现浇→现场清理→护脚回填及夯实→护脚硬化→绿化恢复→标志运输→标志安装。

第一，在开始施工前检查人员、材料、设备是否满足施工需求，材料的质量是施工前质量控制的重点，在施工前将用于工程的反光膜、立柱钢材样品及法兰盘、地脚螺栓、连接和紧固件等在监理工程师的见证下取样送检。用于基础施工的砂石、水泥、钢筋等材料要进行标准试验和工艺试验，经过监理工程师批准后才能进场。标志立柱和标志板面的质量检验参照国家和行业相关的标准和规范规定的要求进行。检查内容包括标志板面的外形尺寸、标志底板厚度、标志面的黏结质量和表面缺陷、字符的字体和尺寸、标志面反光膜等级及逆反射系数以及标志立柱的尺寸、表面缺陷以及焊接质量等。

第二，施工放样：标志工程在路基完成后进行施工，施工放样时注意标志的设置位置与路面附属排水工程、通信工程、机电工程、监控设施等是否存在冲突，如果发生冲突应该立刻向监理工程师汇报，经过各方协调处理后才能进行基础施工。标志的基础放样检查内容包括标志的纵横向定位和高程。

第三，基坑开挖：基坑开挖时采取相应的措施避免污染路面，破坏绿化植被。基坑开挖检测内容包括基坑尺寸、基底承载力、基坑夯实情况等。在检查基坑深度时注意将垫层计算在内，检查基坑的宽度、长度时应将模板的安装尺寸计算在内，基坑壁和坑底开挖后应平整垂直，基坑承载力应满足设计文件要求。

第四，模板安装及钢筋布置检查：模板要求密实紧固，钢筋主要检查其规格、尺寸、绑扎质量。钢筋的规格与设计图纸说明应当相符，要求不小于设计值，绑扎要求牢固可靠。

第五，标志预埋件的安装及现浇检查：混凝土的生产按照施工配合比采用搅拌机拌和。现浇时按照规范要求不大于 30 cm 的填充厚度进行振捣。当法兰盘定位后，进行定位检查。法兰盘平面定位满足实测项目的要求。法兰盘地脚螺栓外露长度尺寸误差范围为 0～10 cm，要求安装垂直、牢固，避免出现移位现象。

第六，基础完工后场地清理、恢复和护脚的硬化处理，要求清除干净现场淤泥及杂物，对周边工程无破坏和污染，护脚硬化充分，绿化恢复完善。

第七，标志贴膜：标志采用全反光、部分反光及反光膜的级别，应符合图纸要求。当用反光膜拼接标志图案时，拼接处应有 3～6 mm 重叠部分，定向反光膜应用不剥落的热活性胶粘贴，将反光膜牢固粘贴在标志板上，其表面不得产生任何气泡和污损等缺陷。

第八，标志板的运输：标志板的运输、储存及搬运方式应按要求进行，两块标志邻接面之间应用适合的衬垫材料分隔，以免在运输、搬运过程中磨损标志板面，标志板应储存在干净、干燥的室内。

第九，标志牌的安装定位：所有交通标志都应按图纸的要求定位设置。安装的标志应与交通流方向成直角；在曲线路段，标志的设置角度应由交通流的行进方向来确定。为了消除路侧标志表面产生的眩光，标志应向后旋转50°，以避开车前灯光束的直射。门架标志的垂直轴应向后倾成一角度。对于路侧标志，标志板内缘距土路肩边缘不得小于250 mm，因此需要认真放线定位，严格按照图纸进行。基础位置的确定、开挖以及浇混凝土立模和锚固螺栓的设置等，应该经监理工程师批准后施工。

三、标志的施工要点

在实际施工中，由于标志分布分散，混凝土土方量小，施工组织和管理困难，一般设置在边坡及中央分隔带中；标志施工期间路面工程已经开始施工或处于施工高峰期，与路面排水、通信和机电工程施工交叉影响多，文明和安全施工组织困难。因此在交通标志施工过程中，材料质量、标志基础混凝土强度、标志基础预埋件的安装位置及标志立柱、板面的安装是控制的重点部位，标志的基础施工和安装是施工的关键环节。

四、施工现场管理

第一，熟悉施工图设计文件及相关的技术规范和验收标准。

第二，认真研读审批后的总体施工组织设计，掌握施工总体进度计划，了解施工所需人员、机械设备配置和材料供应计划，以便后期施工进度发生变化时能够及时调整人员、设备和材料的供需计划。

第三，能够落实项目总工及部门负责人的技术和安全交底内容。能够配合项目安全负责人做好安全教育培训工作和落实项目的各种安全管理制度和措施。

第四，具备在工序交接和验收过程中能够配合质量检测部门进行过程现场检测的能力，在施工过程中能够发现质量通病并及时进行处理。

第五，每天施工完毕后做好施工记录和施工日志，能够根据施工完成的工程数量反算材料和机械设备消耗是否满足设计规范和要求，如果发现有偏差及时向上级汇报。

第六，具有一定的协调和沟通能力，能够与相关路面、绿化、通信、监控、机电等施工单位管理人员沟通和协调施工过程中出现的相互干扰和影响问题，并在施工过程中做好对成形路面、绿化、通信、监控等成品保护，避免污染及破坏周边相关设施。

五、质量检验

1. 基本要求

第一，交通标志的制作应符合《道路交通标志和标线》和《公路交通标志和标线设置规范》的规定。

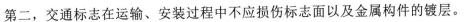

第二，交通标志在运输、安装过程中不应损伤标志面以及金属构件的镀层。

第三，标志的位置、数量及安装角度应符合设计要求。

第四，大型标志的地基承载力应符合设计要求。大型标志柱、梁的焊接部分应符合钢结构焊接规范的质量要求，无裂缝、未熔合、夹渣等缺陷。

第五，标志面应平整完好，无起皱、开裂、缺损或凹凸变形，标志面上任一处面积为 500 mm×500 mm 表面上，不得存在总面积大于 10 mmz 的一个或一个以上气泡。

第六，反光膜应尽可能减少拼接，任何标志的字符不允许拼接。当标志板的长度或宽度、圆形标志的直径小于反光膜产品的最大宽度时，底膜不应有拼接缝。当粘贴反光膜不可避免出现接缝时，应按反光膜产品的最大宽度进行拼接。

2. 外观鉴定

第一，标志板安装后应平整，夜间在车灯照射下，标志板底色和字符应清晰明亮，颜色均匀，不应出现明暗不均的现象，不能影响标志的认读。

第二，标志反光膜采用拼接时，重叠部分不应小于 5 mm。当采用平接时，其间隙不应超过 1 mm。距标志板边缘 50 mm 之内，不应有接缝。

第三，标志金属构件镀层应均匀、颜色一致，不允许有流挂、滴瘤或多余结块，镀件表面无漏镀、露铁等缺陷。

第三节　交通标线施工

一、交通标线的一般要求

（一）材料选择

第一，交通标线涂料按施工温度分为三类：常温型、加热型、热熔型。

第二，标线涂料应满足以下几点要求：鲜明的确认效果、夜间反光性能、施工时干燥迅速、附着力强、经久耐用、施工方便容易、安全防滑、耐候性好、抗污染和变色、经济合理。

第三，交通标线涂料的技术要求应符合现行《路面标线涂料》和《道路交通标线质量要求和检测方法》的要求。

第四，选用标线材料时，应根据标线材料的逆反射值、防滑值、抗污性能、环保性能、与路面的附着力及性价比等综合考虑。

第五，突起路标应符合现行交通行业标准《突起路标》（GB/T 24725—2009）的要求。突起路标与涂料标线配合使用时，应该选用定向反光型，其颜色应与标线颜色一致。

（二）路面标线设置要求

第一，交通标线的分类、定义及颜色应符合现行《道路交通标志和标线》（GB 5768-2009）的有关规定。纵向或横向边续设置的交通标线应该根据需要设置排水孔。

第二，车行道边缘线的宽度应为 15-20 cm，车行道分界线的宽度应为 10-15 cm，路面中心线的宽度应为 10 ~ 15 cm。交通标线的宽度应根据道路的设计速度和路面宽度确定。

第三，位于中央分隔带或路侧安全净区内未加护栏的桥墩、隧道洞口、交通标志立柱等构造物应设置立面标记，颜色为黄黑相间，线宽及间距均为 15 cm。立面标记应向车行道方向以 45°角倾斜。立面标记宜设置为 120 cm 高。

第四，一级以下等级的公路上设置减速丘设施时，应在距其两侧各 30 m 的范围内设置减速丘预告标线。

第五，设置于路面中心线、隧道内的突起路标，应选用双面反光型。

第六，二级及以上等级的公路应采用反光型涂料。无照明设施的三级、四级公路宜采用反光型涂料，有照明设施的三级、四级公路可采用非反光型涂料。

二、路面标线的施工

第一，标线施工顺序：先主线后匝道，先普通标线后特殊标线，分段标线逐段连接，按段自检，确保全线优质完工。

第二，施工方法，先放出基准线后，再大面积进行作业，可以大大提高速度和施工质量，其施工工艺流程如下：

①测放基准点：这是标线施工的首要环节，即根据图纸计算确定所放基准线的尺寸，然后每隔间距 10 ~ 20 m 设间断点，为保证基准点的准确性，可采用经纬仪打点。

②放线：在基准点测放确定后，放线人员据此放出一条临时基准线，而车载放线设备再根据此线放出一条稳定的基准线。

③检测：由专职人员对基准线的尺寸作出测量和记录，据实填写施工记录。

④清扫路面：在喷涂下涂剂前首先要清扫路面，该环节是为清扫路面上的泥土、沙石等，保证下涂剂能牢固、均匀地覆盖于要作业的路面上。

⑤再次清扫路面，此次清扫是为了下一步标线施画做准备，旨在清扫路面上的浮石、沙土，使标线能紧密地和路面结合在一起，又不会产生石子画线的问题。

⑥正式施画前应进行试画，以检验画线车的行驶速度、线宽、标线厚度、玻璃珠撒布量等能否满足要求，调试合格后才能开始正式施工。

⑦标线施画：标线施画是整个标线施工环节中最重要的一环，要严格按照程序操作，同时根据路面和当时的气温条件做好以下几个方面的工作：

a. 涂料温度的控制；

b. 标线接头、收放刀位置的控制；

c. 标线反光效果的控制。

⑧修正：在标线完工后，经过自检，对存在的毛边及质量达不到优良的地方进行

修复。

三、突起路标的施工

（一）突起路标设置要求

第一，隧道的车行道分界线上宜设置突起路标。突起路标可以单独设置成车行道边缘线和车行道分界线。突起路标的壳体颜色、设置位置、间距应符合现行《道路交通标志和标线》的规定。

第二，根据设计文件的要求确定突起路标的设置位置，反射体应面向行车方向。

（二）突起路标施工

第一，突起路标按图纸要求或监理工程师指示的地点设置。设置时路面面层应干燥清洁，无杂屑。

第二，在确定的点位用 AB 组环氧树脂黏结，做到黏胶饱满、安装端正，不斜歪，无缺损、无污染。

第三，路面和突起路标底部应清洁干燥并涂黏结剂。突起路标就位后，应在其顶部施加压力，排除空气，调整就位。

第四，突起路标设置高度，顶部不得高出路面 25 mm，设置间距以及其他规定按图纸要求和监理工程师的指示进行。

第五，降雨天，路湿不安装。

四、轮廓标施工

轮廓标应在具备安装条件时施工，在施工安装前，应对轮廓标的埋设条件、位置、数量进行核对。按行车方向，配置白色反射体的轮廓标应安装于公路右侧，配置黄色反射体的轮廓标应安装于公路左侧，轮廓标不得侵入公路建筑限界以内。

（一）设置

第一，高速公路、一级公路的主线及其互通式立体交叉、服务区、停车区等处的进出匝道应全线连续设置轮廓标，轮廓标在公路前进方向左、右侧对称设置。直线路段设置间距不应超过 50 m，曲线路段和匝道处设置间距不应大于表 7-2 的规定。公路路基宽度、车道数量有变化的路段及竖曲线路段，可适当加密轮廓标的间距。

第二，二级及以下等级公路的视距不良路段、设计速度大于或等于 60 km/h 的路段、车道数或车道宽度有变化的路段，以及连续急弯陡坡路段宜设置轮廓标，其他路段视需要可设置轮廓标，设置间距可按表 7-2 的规定选用。

第三，安装轮廓标时，反射体应面向交通流，其表面法线应和公路中心线成 0°～25°的角度。

第四，各种类型的轮廓标设置高度宜保持一致，轮廓标反射体中心线距路面的高度应为 60～70 cm。有特殊需要时，经论证可以采用其他高度。

（二）柱式轮廓标施工

第一，柱式轮廓标应按设计文件的规定量距定位。

第二，混凝土基础可采用现浇或预制的方法施工，并且应符合现行《公路桥涵施工技术规范》的规定．预制时应按设计文件的规定预埋连接件。

第三，柱式轮廓标安装时，柱体应垂直于水平面，三角形柱体的顶角平分线应垂直于公路中心线，柱体与混凝土基础之间可用螺栓连接。

（三）附着式轮廓标施工

第一，附着于梁柱式护栏上的轮廓标可按立柱间距定位，附着于混凝土护栏和隧道侧墙上的轮廓标应量距定位。

第二，附着式轮廓标应按照放样确定的位置进行安装。反射器的安装角度应符合设计文件的规定。安装高度宜尽量统一，并且应连接牢固。

五、施工现场管理

第一，熟悉施工图设计文件及相关的技术规范和验收标准。

第二，认真研读审批后的总体施工组织设计，掌握施工总体进度计划，了解施工所需人员、机械设备配置和材料供应计划，以便后期施工进度发生变化时能够及时调整人员、设备和材料的供需计划。

第三，能够落实项目总工及部门负责人的技术和安全交底内容。能够配合项目安全负责人做好安全教育培训工作和落实项目的各种安全管理制度及措施。

第四，具备在工序交接和验收过程中能够配合质量检测部门进行过程现场检测的能力，在施工过程中能够发现质量通病并及时进行处理。

第五，每天施工完毕后做好施工记录和施工日志，能够根据施工完成的工程数量反算材料和机械设备消耗是否满足设计规范和要求，如果发现有偏差及时向上级汇报。

第六，有一定的协调和沟通能力，能够与相关路面、通信、监控、机电等施工单位管理人员沟通和协调施工过程中出现的相互干扰和影响问题，并在施工过程中做好对成形路面、通行、监控等成品保护，避免污染及破坏周边相关设施。

六、质量检验

（一）标线

1. 基本要求

第一，路面标线涂料应符合《路面标线涂料》的规定。

第二，路面标线喷涂前应仔细清洁路面，表面干燥，无起灰现象。

第三，路面标线的颜色、形状和标线画法应符合现行《道路交通标志和标线》和设计文件的规定。

第四，路面标线设置位置和规格应符合设计文件的规定。

第五，标线线形应流畅，与公路线形相协调，曲线圆滑，不得出现折线。

第六，反光标线玻璃珠应撒布均匀，附着牢固，反光均匀。

第七，标线涂料表面不应出现网状裂缝，断裂裂缝、起泡、变色、剥落及纵向有长的起筋或拉槽等现象。

2. 外观鉴定

第一，标线施工污染路面应及时清理。每处污染面积不超过 1 000 mm2。

第二，标线线形应流畅，与道路线形相协调，曲线圆滑，不允许出现折线。

第三，反光标线玻璃珠应撒布均匀，附着牢固，反光均匀。

第四，标线表面不应出现网状裂缝、断裂裂缝、起泡等现象。

（二）突起路标

1. 基本要求

第一，突起路标产品应符合《突起路标》的规定。

第二，突起路标的布设及其颜色应符合《道路交通标志和标线》的规定和设计要求。

第三，突起路标与路面的黏结应牢固、耐久，能经受汽车轮胎的冲击而不会脱落。

第四，突起路标应在路面干燥、清洁，并经测量定位后施工。

2. 外观鉴定

第一，突起路标外观应美观，尺寸符合有关规范要求，表面光滑，不得有尖角、毛刺存在，表面无明显的划伤、裂纹。

第二，突起路标纵向安装应成直线，不得出现折线。曲线段突起路标应与道路曲线相吻合，线形圆滑、顺畅。

第三，突起路标黏结剂不得造成路面污染。

（三）轮廓标

1. 基本要求

第一，轮廓标产品应符合《轮廓标》的规定。

第二，轮廓标的布设应符合设计和施工规范要求。

第三，柱式轮廓标的基础混凝土强度、基础尺寸应符合设计要求。

第四，柱式轮廓标安装牢固，逆反射材料表面与行车方向垂直，色度性能及光度性能应与设计相符。

第五，轮廓标安装完成后应与公路线形协调一致，夜间应反光明亮、线形流畅，安装高度宜保持一致。

第六，柱体表面不应有明显的划痕、气泡、裂纹以及颜色不均等缺陷。

第七，钢构件表面防腐处理应满足设计文件的规定。

2. 外观鉴定

第一，轮廓标不应有明显的划伤、裂纹、损边、掉角等缺陷。表面应平整光滑，无明显凹痕或变形。

第二，轮廓标安装牢固，线形流畅。

第三，柱式轮廓标的竖直度不超过±8 mm/m。

第四节　安全防护设施施工

一、防撞设施

防撞设施主要包括缆索护栏、波形梁护栏、桥梁金属及混凝土护栏及插拔式护栏等形式。

（一）缆索护栏施工

1. 施工放样

施工放样应根据现场桥梁、涵洞、通道、路线交叉、隧道等的分布确定控制立柱的位置，并测定控制立柱之间的间距，据此调整端部立柱、中间端部立柱、中间立柱的设置位置。调查立柱下是否存在地下管线、构造物等设施，并且进行适当处理。

2. 立柱设置

端部立柱和中间端部立柱位置，应根据设计文件的要求，将立柱、斜撑及底板焊接成牢固的三角形支架。根据最终确定的立柱位置开挖基坑、浇筑混凝土基础，到达规定高程时，应对三角形支架进行准确定位。基坑开挖、地基检验、地基处理及混凝土的浇筑应符合现行《公路桥涵施工技术规范》（JTG/TF50—2011）的规定。位于桥梁、涵洞、通道、挡土墙等构造物处的端部立柱和中间端部立柱，应根据设计文件的要求进行基础预埋。

中间主柱应定位准确，纵向和横向位置与公路线形一致。位于土基中的中间立柱，可采用挖埋法、钻孔法或打入法施工，立柱高程应符合设计要求，并不得损坏立柱端部；位于混凝土基础中的中间立柱，可以设置在预埋的套筒内，通过灌注砂浆或混凝土固定，或通过地脚螺栓与桥梁护轮带基础相连。

3. 托架安装

中间立柱或中间端部立柱上的托架，应按设计文件规定的托架编号及组合正确安装。

4. 架设缆索

缆索架设按从上向下的顺序进行，在端部立柱和中间端部立柱的混凝土基础达到设计强度的80%以上时，缆索应支放在立柱的内侧，通过中间支架向另一端滚放。用楔子固定或注入合金的方法将一端的缆索锚固在索端锚具上。

根据索端锚具的规格，切断多余的缆索。缆索切断面应垂直整齐，不得松散，按规定的方法锚固在索端锚头上。索端锚具安装到端部立柱或中间端部立柱后，可卸除临时张拉力。缆索调整完毕后，应拧紧各中间立柱、中间端部立柱托架上的索夹螺栓。

（二）波形梁护栏施工

1. 施工方法

护栏安装首先由专人放线、记录、复核，弯道 50 m 为一工作段，用偏角法定位、控制弯曲线。直线段，路侧主柱 400 m 为一工作小段，用经纬仪定位，50 m 为一间距，标程、高程逐根计算。护栏板通过拼接螺栓相互拼接，并且由连续螺栓固定于立柱或托架上，护栏板拼接方向应与行车方向一致。

（1）立柱放样

根据设计文件进行立柱放样，以桥梁、通道、涵洞、隧道、中央分隔带开口、紧急电话开口、路线交叉等控制立柱的位置，进行测距定位。立柱放样时可利用调节间距，并利用分配方法处理间距零头数。应调查立柱所在处是否存在地下管线、排水管等设施，或构造物顶部埋土深度不足的情况。直线段路侧立柱 400 m 为一工作小段，用经纬仪定位，50 m 为一间距，记录高程逐根计算；弯道 50 m 为一工作段，用偏角法定位、控制弯曲线；由专人进行放线、记录、复核。逐点测量，记录高程，重点测变坡点；每公里闭合一次；专人复核里程桩及设计高程与实际高程之差；根据业主提供路段、路面、预留厚度而测定柱高高程。节距控制以中桩高程为起点，终点往中间赶；首次分节，尽量跨越路面流水簸箕，减少非标准板，算出余数，整段消化分配；再次分节，精确定位；特殊节距用非标准板调节。

（2）立柱安装

立柱安装应与设计文件相符，并与公路线形相协调。位于土基中立柱，可采用打人法、挖埋法或钻孔法施工。立柱高程应符合设计要求，并不得损坏立柱端部。采用打人法打人过深时，不得将立柱部分拔出加以矫正，必须将其全部拔出，将基础压实后再重新打人。立柱无法打人到要求深度时，严禁将立柱的地面以上部分焊割、钻孔，不得使用锯短的立柱。采用挖埋法施工时，回填土应采用良好的材料并分层夯实，回填土的压实度不应小于设计规定值。填石路基中的柱坑，应用粒料回填并夯实。采用钻孔法施工时，立柱定位后应用与路基相同的材料回填，并分层夯填密实。在铺有路面的路段设置立柱时，柱坑从路基至面层以下 5 cm 处应采用与路基相同的材料回填并分层夯实，余下部分采用与路面相同的材料回填并压实；位于石方区的立柱，应根据设计文件的要求设置混凝土基础；位于小桥、通道、明涵等混凝土基础中的立柱，可设置在预埋的套筒内，通过灌注砂浆或混凝土固定，或通过地脚螺栓与桥梁护轮带基础相连。立柱安装就位之后，其水平方向和竖直方向应形成平顺的线形，护栏渐变段及端部的立柱，应按设计规定的立柱进行安装。

（3）防阻块、托架、横隔梁安装

防阻块、托架应通过连接螺栓固定于护栏板和立柱之间，在拧紧连接螺栓前应调整防阻块、托架使其准确就位。防撞等级为 SA、SAm 和 SS 的波形梁护栏在安装防阻块时，应同时安装上层立柱，线形应与下层立柱相同。

设有横隔梁的中央分隔带护栏，应在立柱准确定位后安装横隔梁。在护栏板安装前，横隔梁与立柱间的连接螺栓不应过早拧紧。

（4）横梁安装

护栏板应通过拼接螺栓相互连接成纵向横梁，并由连接螺栓固定于防阻块、托架或横隔梁上。护栏板拼接方向与行车方向一致。拼接螺栓必须采用高强螺栓。防撞等级为 SA、SAm 和 SS 的波形梁护栏通过螺栓将上层横梁与上层立柱加以连接，立柱间距不规则时，可以利用调节板、梁进行调节，不得采用现场切割护栏板的方法。所有的连接螺栓及拼接螺栓应在护栏的线性达到规定要求时才能拧紧。

（5）端头安装

各类护栏端头应通过拼接螺栓与护栏板牢固连接，拼接螺栓必须采用高强螺栓。防撞等级为 SA、SAm 和 SS 的波形梁护栏上横梁必须按设计文件的规定进行端部处理。

（6）检查波形梁

检查波形梁的各个端头是否满足图纸设计要求，如发现不能满足设计要求的及时调整或更换，以保证满足设计要求，用钢尺等测量工具，测量波形护栏和立柱，按照《公路波形梁钢护栏》、《公路三波形梁钢护栏》及《公路工程质量检验评定标准》的有关规定进行测量，调整护栏位置，满足规范规定的要求。

2. 混凝土护栏施工

第一，根据现场条件确定并核对混凝土护栏的设置位置，确定的控制点，检测基础承载力是否达到设计规范或设计文件的要求。

第二，现场浇筑混凝土护栏，当采用固定模板法施工时，模板宜采用钢模板，钢模板的厚度不应小于 4 mm。浇筑混凝土前，应按设计文件的要求绑扎钢筋及预埋件，温度应维持在 10-32℃之间。

第三，钢模板涂脱模剂后，可浇筑混凝土。采用滑动模板法施工时，滑模机的施工速度根据旋转搅拌车、混凝土卸载速度以及成型断面的大小决定，可采用 0.5～0.5 m/min。混凝土振捣由设置在滑模机上的液压振动器完成，振动器应能根据混凝土的坍落度无级调速，一边振动一边前进，振动器的数量可根据混凝土护栏断面形状，配置 5 根左右。

第四，两处伸缩缝之间的混凝土护栏必须一次浇筑完成，伸缩缝应与水平面垂直，宽度应符合设计文件的规定，伸缩缝内不得坐浆。混凝土初凝后，严禁振动模板，预埋钢筋不得承受外力。应根据气温和混凝土强度确定拆模时间，一般可在混凝土终凝后 3～5 d 拆除混凝土护栏侧模。拆模时不应损坏混凝土护栏的边角，并应保持模板的完好状况。假缝可在混凝土护栏拆除模板后，按设计文件要求的间距和规格采用切割机切开，并应保证断面光滑、平整。

第五，预制混凝土护栏应采用钢模板，模板长度应该根据吊装和运输条件确定，宜采用固定规格，施工场地应平整、坚实、排水良好、交通方便。每块预制混凝土护栏必须一次浇筑完成，在起吊、运输和堆放过程中，不得损坏混凝土护栏构件的边角，否则在安装就位后，应采用高于混凝土护栏强度的材料及时修补。混凝土护栏的安装应从一端逐步向前推进，护栏的线形应与公路的平、纵线形相协调。拆模时间应根据气温和混凝土达到的强度而定，拆模时混凝土强度不应低于设计强度的 70%。拆模时

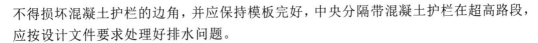

不得损坏混凝土护栏的边角，并应保持模板完好，中央分隔带混凝土护栏在超高路段，应按设计文件要求处理好排水问题。

3．金属桥梁护栏施工

第一，桥梁护栏应在桥梁车行道板、人行道板施工完毕，跨中支架及脚手架拆除后，桥跨处于独立支承的状态时才能施工。对于焊接的金属护栏，在进行防腐处理前应对所有外露焊缝做好磨光或补满的清面工作。桥梁护栏施工前应对所有预埋件的设置位置、强度、腐蚀程度进行检查，不符合要求的必须整改。

第二，立柱放样与预埋件设置应以桥梁伸缩缝附近的端部立柱作为控制立柱，并在控制立柱之间测距定位。立柱间距出现零数时，可用分配的办法使其符合横梁规定的尺寸，立柱宜等距设置。在车行道板或人行道板上应准确地设置套筒或地脚螺栓等预埋件，并采取适当措施，使预埋件在桥梁施工期间免遭损坏。

第三，伸缩缝位置。

①当伸缩缝处的纵向设计总位移小于或者等于 5 cm 时，伸缩缝应能传递横梁60%的抗拉强度和全部设计最大弯矩；伸缩缝处连接套管的长度应大于或等于横梁宽度的 3 倍。

②当伸缩缝处的纵向设计位移大于 5 cm 时，伸缩缝应能传递横梁的全部设计最大弯矩；伸缩缝两侧应设置端部立柱，其中心间距不应大于 2.0 m；伸缩缝处连接套管的长度应大于或等于横梁宽度的 3 倍。

③当伸缩缝处发生竖向、横向复杂位移时，桥梁护栏在伸缩缝处可不连续，但应在伸缩缝两端设置端部立柱，其中心间距不应大于 2.0 m，两横梁端头的间隙不得大于伸缩缝设计位移量加 2.5 cm，横梁端头不得对失控车辆构成危险。

第四，护栏安装。

①横梁和立柱的安装位置应准确。连接螺栓和拼接螺栓开始时不宜过早拧紧，以便在安装过程中充分利用横梁和立柱法兰盘的长圆孔进行调整，使其线形流畅，不应出现局部的凹凸现象。调整完毕后，必须拧紧螺栓。

②横梁、立柱等构件在安装过程中应避免损坏防腐层。安装完成后，应对被损坏的防腐层按规定的方法进行修复。

4．钢筋混凝土墙式和梁柱式桥梁护栏施工

（1）一般要求

①宜采用现场浇筑的方式进行施工，当采用预制件时，护栏与车行道板或人行道板间应按照设计文件的要求可靠连接。

②钢筋混凝土墙式、梁柱式护栏在桥面伸缩缝处应该断开，其间隙不应大于桥面伸缩缝的设计位移量，钢筋混凝土梁柱式护栏在伸缩缝两端应设置端部立柱，护栏伸缩缝内清理干净后，应填满橡胶或沥青胶泥等弹性、不透水的材料。

③端部翼墙应根据设计文件的要求加工模板，设置在桥梁上或路基段的端部翼墙应采用现场浇筑施工方法，并设置预埋件。

（2）施工质量要求

①桥梁护栏的形式、设置位置、构件规格及基础连接应和设计文件相一致，线形应与桥梁相协调。

②护栏伸缩缝的宽度应与桥梁主体结构相一致。

③钢构件应连接牢固，符合设计规范和设计文件的要求。防腐处理表面应光洁，焊缝处不应有毛刺、滴瘤和多余结块，防腐层应均匀。

④钢筋混凝土护栏表面不应出现裂缝、蜂窝、剥落、露筋等缺陷。

⑤桥梁护栏与路基护栏连接应设置符合设计文件要求的护栏过渡段。

5. 插拔式活动护栏施工

（1）一般要求

①插拔式活动护栏的预埋基础应在面层施工前完成，其余部分应在路面施工后安装。插拔式活动护栏应在工厂加工制作。

②插拔式活动护栏基础应根据设计文件放样，并与中央分隔带护栏端头相协调。应调查基础与地下管线是否冲突，经论证可对基础的埋设位置或高程进行适当调整。

③混凝土基础可采用现浇法施工，并应符合现行《公路桥涵施工技术规范》的规定，混凝土浇筑时应按设计文件的规定预埋连接件。基础施工完成后应采取措施，防止杂物落入预埋套管内。

④基础混凝土强度达设计强度的70%以上后，可以将焊接成整体的插拔式活动护栏片插入预埋套管内。

⑤对有防眩和视线诱导要求的路段，应按设计文件要求安装防眩设施和轮廓标。设置反射体时，规格为4 cm×18 cm，可由反光片或反光膜制作，反光等级应为二级以上，颜色和设置高度应与中央分隔带轮廓标保持一致。

（2）施工质量要求

①活动护栏的形式、规格、钢构件的防腐处理应符合设计文件要求。

②插拔式活动护栏的预埋套管应定位精确。

③移动护栏宜与两端护栏齐平，线形与公路保持一致。

④充填式护栏的充填材料和数量应符合设计文件的规定。

⑤有防眩和视线诱导要求的路段应安装相应的防眩设施及轮廓标。

6. 质量检验

（1）缆索护栏

①基本要求：

第一，缆索性能、缆索直径、单丝直径、构造（3股7芯）、锚具及其镀锌质量应符合设计及施工规范的要求，缆索抗拉强度、镀锌质量须经抽检，合格后方可使用。

第二，张拉前应标定拉力测定仪。

第三，立柱埋深不得小于设计值。采用挖埋法施工，立柱埋入土中时，回填土应分层（每层厚度不超过100 mm）夯实；立柱埋入混凝土中时，基础混凝土的几何尺寸、强度等应符合设计要求。

第四，立柱壁厚、外径、长度不小于设计要求。

第五，采用打入法施工时，立柱顶部不应出现明显变形、倾斜、扭曲或者卷边等现象。

②外观鉴定：

第一，缆索护栏金属构件表面不得有气泡、剥落、漏镀及划痕等表面缺陷。

第二，缆索护栏线形应与公路线形协调一致，直线段没有明显的凹凸现象，曲线段应圆滑顺畅。

第三，索端锚具、托架、索夹螺栓应安装到位、固定牢固；托架编号和组合应与缆索护栏的类别相适应；上、下托架位置正确，中央分隔带缆索护栏的托架应两边对称。

（2）波形梁施工质量要求及实测项目

①基本要求：

第一，波形梁钢护栏产品应符合《公路波形梁钢护栏》和《公路三波形梁钢护栏》的规定。

第二，护栏立柱、波形梁、防阻块及托架的安装应符合设计和施工的要求。

第三，为保证护栏的整体强度，路肩和中央分隔带的土基压实度不应小于设计值。达不到压实度要求的路段不应进行护栏立柱打入施工。石方路段和挡土墙上的护栏立柱的埋深及基础处理应符合设计要求。

第四，波形梁护栏的端头处理及桥梁护栏过渡段的处理应该满足设计要求。

第五，所有构件不应因运输、施工造成防腐层的损伤。

②外观鉴定：

第一，焊接钢管的焊缝应平整，无焊渣、突起。构件镀锌层表面应均匀完整、颜色一致，表面具有实用性光滑，不得有流挂、滴瘤或多余结块。镀件表面应无漏镀、露铁、擦痕等缺陷。构件镀铝层表面应连续，不得有明显影响外观质量的熔渣、色泽暗淡及假浸、漏浸等缺陷。构件涂塑层应均匀光滑、连续，无肉眼可分辨的小孔、空间、孔隙、裂缝、脱皮及其他有害缺陷。

第二，直线段护栏不得有明显的凹凸、超伏现象；曲线段护栏应圆滑顺畅，与线形协调一致；中央分隔带开口端头护栏的线形应与设计文件相符。

第三，波形梁板搭接方向应正确，搭接平顺，垫圈齐备，螺栓紧固。

第四，防阻块、托架、横隔梁、端头的安装应与设计文件相符，安装到位，不应有明显变形、扭转、倾斜。

第五，波形梁板和立柱不得现场焊割和钻孔。

第六，立柱及柱帽安装牢固，其顶部应无明显塌边、变形及开裂等缺陷。

（3）混凝土护栏

①基本要求：

第一，混凝土所用的水泥、砂、石、水及外掺剂的质量和规格必须符合有关规范的要求，按规定的配合比施工。

第二，混凝土护栏预制块件在吊装、运输、安装过程中，不得断裂，第三，各混凝土护栏块件之间、护栏和基础之间的连接应符合设计要求。

第四，混凝土护栏块件标准段、混凝土护栏起终点及其他开口处的混凝土护栏块件的几何尺寸应符合设计要求。

第五，混凝土护栏的地基强度、埋入深度应符合设计要求。

第六，混凝土护栏块件的损边、掉角长度每处不得超过 20 mm，否则应予以及时修补。

第七，混凝土护栏的线形应与公路线形相一致，直线段不得出现明显的凹凸，曲线段应圆滑顺畅。

第八，混凝土护栏外观、色泽应均匀一致，不应出现漏石、蜂窝、麻面、裂缝、脱皮、啃边、掉角以及印痕等现象。

第九，混凝土护栏施工时，不得损坏已完工的超高路段纵向排水沟、集水井、盲沟及管线等设施。

②外观鉴定：

第一，混凝土护栏块件之间的错位不大于 5 mm，

第二，混凝土护栏外观、色泽均匀一致，表面的蜂窝麻面、裂缝、脱皮等缺陷面积不超过该面面积的 0.5%。

第三，护栏线形适顺，直线段不允许有明显的凹凸现象，曲线段护栏应圆滑顺畅，与线形协调一致。中央分隔带开口端头护栏尺寸应和图纸相符。

二、隔离设施的施工

（一）隔离栅施工要求

第一，隔离栅遇桥梁、通道时，应在桥头锥坡或端墙处围封；遇尺寸较小、流量不大的涵洞时，可直接跨越。中心线应沿公路用地范围界限以内 20-50 cm 处设置。

第二，应根据设计文件中规定的隔离栅设置位置和实际地形、地物条件确定控制立柱的位置和立柱中心线，在控制立柱间按设计文件规定的柱距定出柱位。

第三，每个柱位均应按设计文件的要求确定高程，并应按实际地形进行调整。

第四，应根据设计文件的规定开挖基坑，场地应进行清理，软基应进行处理。

第五，立柱应根据设计文件的规定设置在现浇混凝土基础或预制混凝土基础内。立柱的埋设应分段进行。可先埋设两端的立柱，然后拉线埋设中间立柱，控制立柱与中间立柱的平面投影应在一条直线上，柱顶应平顺。预制混凝土立柱和基础在运输及装卸时应避免折断或损坏边角。

第六，混凝土基础强度达到设计强度的 70% 以上时，可按下列规定安装隔离栅网片：

①安装无框架卷网时，应从端头立柱开始，沿纵向展开，边铺设边拉紧，挂钩时网片不得变形。

②安装有框架的片网时，网面应平整，框架应整体平顺和美观，框架与立柱应连接牢固。

③安装刺丝网时，应从端头立柱开始。刺钢丝之间应平行，绷紧后应与立柱上的

铁钩牢固绑扎，横向与斜向刺钢丝相交处也应绑扎牢固。

第七，隔离栅网片安装完毕后，应对基础周围进行夯实处理。

（二）隔离栅的施工

1. 立柱放样

严格按照设计要求进行施工放样，首先根据图纸要求确定好隔离栅中心线，然后按设计的柱距、撑距，定出立柱位置，并在每个柱位定出标记。对于安装线内外 1 m 范围内进行清理平整，做到隔离栅安装后顶面平顺。

2. 立柱的基坑开挖

根据已测好的中心线和作出的柱位标记，放石灰线进行挖坑，并达到设计要求，将柱坑基底清理干净，经现场监理工程师检验。

3. 立柱及斜撑浇灌

将立柱及斜撑放入立柱基坑中，检查柱顶高程及立柱顺直度，并用临时支撑固定立柱，检查其竖直度，符合要求后用混凝土浇灌基础坑。

立柱埋设应分段进行，先埋两端的立柱，然后拉线埋设中间立柱，从纵向看，立柱的轴线应在一条直线上，不得出现参差不齐的现象；从高度看，柱顶应平顺，不得出现高低不平的情况。立柱基础混凝土强度达到设计强度 70% 以后，方可安装网片。

4. 网片安装并紧固

网片安装从立柱端部开始，用螺栓固定好，向着另一端延伸，需紧固的必须紧固好，并保持与立柱配合良好，协调一致。

5. 调整、验收

将安装好的网片进行调整，使其平顺、美观，并达到设计要求，进行交工验收。

（三）质量检验

1. 基本要求

第一，隔离栅和防落网用的材料规格及防腐处理应符合《隔离栅》及设计和施工规范的规定。

第二，用金属网制作的隔离栅和防落网，安装后要求网面平整，没有明显翘曲现象。铁刺丝的中心垂度小于 15 mm。

第三，防落网应网孔均匀，结构牢固，围封严实。

第四，金属立柱弯曲度超过 8 mm/m，有明显变形、卷边、划痕等缺陷者以及混凝土立柱折断者均不得使用。

第五，隔离栅起终点应符合端头围封设计的要求。

第六，隔离栅应与公路线形走向一致，顺直、流畅，纵坡起伏自然、美观。

第七，混凝土基础尺寸和埋深、立柱的竖直度和柱间距、网面高度以及混凝土立柱和基础的强度等级应符合设计文件的规定。

第八，安装完成的金属网片不得有明显变形，电焊网不得脱焊、虚焊。

第九，镀锌层表面应均匀完整，着色一致，不得有气泡、裂纹、疤痕、折叠裂缝等缺陷。

第十，混凝土立柱应密实平整，不得有裂缝、翘曲、蜂窝及麻面等缺陷。

第十一，桥梁护网的防雷接地处理应符合设计文件的规定。

2. 外观鉴定

第一，电焊网不得脱焊、虚焊。

第二，镀锌层表面应具有均匀完整的锌层，颜色一致，表面具有实用性光滑，不允许有流挂、滴瘤或多余结块。镀件表面应无漏镀、露铁等缺陷。涂塑层应均匀光滑、连续，无肉眼可分辨的小孔、空间、孔隙、裂缝、脱皮及其他有害缺陷。

第三，混凝土立柱应密实平整，无裂缝、翘曲、蜂窝、麻面等缺陷。

第四，有框架的隔离栅和防落网，网片应与框架焊牢，网片拉紧。整网铺设的隔离栅，端柱与网连接牢固，网面平整绷紧。刺铁丝间距符合图纸要求，刺线平直、绷紧。

第五，隔离栅安装位置应符合图纸规定。安装线形整体顺畅并与地形相协调，围封严实，安装牢固。

三、防眩设施施工

桥梁段或混凝土护栏上设置防眩板、防眩网时，应对预埋件的设置位置、强度和腐蚀程度进行检查，不符合要求的应整改。

防眩设施应按部分遮光原理设计，直线路段遮光角不应小于 8°，平、竖曲线路段遮光角应为 8°～15°。设置防眩设施不应减小公路的停车视距。

（一）设置于混凝土护栏上的防眩板或防眩网安装

第一，防眩板或防眩网可通过混凝土护栏顶部的预埋件及连接件安装在混凝土护栏上。未设置预埋件时，可采取后固定的施工工艺安装。

第二，混凝土护栏强度低于设计强度的 70% 时，不应安装防眩板或防眩网。

第三，防眩板或防眩网下缘与混凝土护栏顶部的间距应符合设计文件的规定。

第四，防眩板或防眩网安装后，不得削弱混凝土护栏的原有功能。

第五，防眩板在施工过程中，不得损坏中央分隔带上通信管道及护栏等。

第六，按图纸要求处理好路段与桥梁上的防眩板的位置和高度，外形上不要有高低不平和扭曲现象。

第七，施工过程中不损伤构件金属涂层，如有损伤，应及时予以修补或抽换。

（二）设置于波形梁护栏上的防眩板或防眩网安装

第一，防眩板或防眩网可通过连接件安装在波形梁护栏上。

第二，防眩板或防眩网安装在波形梁护栏上时，不得削弱波形梁护栏的原有功能。

第三，防眩板或防眩网下缘与波形梁护栏顶面的间距应符合设计文件的规定。

第四，施工过程中不应操作波形梁护栏的防腐层，否则应在 24 h 之内予以修补。

（三）独立设置立柱的防眩板或防眩网安装

第一，施工前，应清理场地、协调与其他设施的关系。

第二，防眩板或防眩网单独设置立柱时，可以根据所在位置将立柱埋入土中、设置混凝土基础或固定于桥梁、通道、明涵等构造物上。设置混凝土础，其强度达到设计强度的 70% 以上时，才能在立柱上安装防眩板或防眩网。

第三，立柱施工时，不得破坏地下管线及排水设施。

（四）质量检验

1. 基本要求

第一，防眩设施的材质、镀锌量应符合《公路防眩设施技术条件》及设计和施工规范的要求。

第二，防眩设施的几何尺寸应符合设计要求。

第三，防眩板的平面弯曲度不得超过板长的 0.3%。

第四，防眩板或防眩网安装完成后，他的设置路段、防眩高度、遮光角应满足设计要求。

第五，防眩板或防眩网整体应与公路线形协调一致，不得有明显的扭曲或凹凸不平。

第六，防眩板或防眩网外观不应有划痕、着色不均等缺陷。防腐层不得有气泡、裂纹、疤痕、端面分层、毛刺等缺陷。

第七，防眩板或防眩网应牢固安装。

2. 外观鉴定

第一，防眩板表面不得有气泡、裂纹、疤痕及端面分层等缺陷。

第二，防眩设施色泽均匀。

第一节 路缘石施工技术

一、人工构筑物施工

道路工程的人工构筑物一般包括小桥、涵洞和挡土墙等。

（一）涵洞分类

1. 按建筑材料分类

可分为砖涵、石涵、混凝土涵、钢筋混凝土涵、其他材料构成的涵洞（如陶瓷管涵、波纹管涵、铸铁管涵、石灰三合土拱涵）等。

2. 按构造形式分类

可分为管涵、盖板涵、拱涵、箱涵。

3. 按洞顶填土情况分类

可分为明涵、暗涵。

4. 按水力特性分类

可分为无压力式涵洞、半压力式涵洞、压力式涵洞及倒虹吸管。

（二）涵洞构造

涵洞由基础、洞身和洞口建筑组成。洞身承受填土压力和荷载，并将其传给基础和地基。洞口建筑连接着洞身和路基边坡形成良好的泄水条件，位于涵洞上游的洞口称作进水口，位于涵洞下游的洞口称为出水口。

1. 洞身构造

（1）圆管涵

圆管涵可分为刚性管涵和四铰管涵。刚性管涵在横断面上是一个刚性圆环，环的厚度随圆管直径大小和填土高度而变，通常在 8～5cm 之间。涵管的钢筋有内外两层，钢筋可加工成一个个的圆圈或螺旋筋。刚性管涵可根据地基土的性质安置在混凝土基础上或砂垫层上。四铰管涵在横断面上有四个铰，位置设在弯矩最大处，即涵洞两侧和顶部、底部。四铰管涵只可布置在天然地基或砂垫层上。四铰管涵的铰用槽榫连接，安装时铰位必须正确。

（2）盖板涵

盖板涵由盖板和涵台（墩）、基础组成，盖板有石盖板、混凝土盖板和钢筋混凝土盖板等。

（3）拱涵

拱涵由拱圈和涵台（墩）、基础组成。

（4）沉降缝

洞身较长的涵洞沿整个长度应分成数段，段与段之间用沉降缝分开，并且将基础也分开，这样可以防止由于荷载分布不均或基底土的性质不同引起的不均匀沉降。沉降缝间填塞浸以沥青的麻絮。对于盖板暗涵和拱涵应再在全部盖板或拱圈顶面及涵台背坡填筑厚 15cm 的胶泥防水层。对于圆管涵应再在外面用涂满热沥青的油毛毡圈裹两道或用热沥青胶合的八层防水纸组成的绑带圈裹一道，之后再在圆管外圈填筑厚 15cm 的胶泥防水层。

2. 洞口建筑构造

涵洞洞口建筑是使涵洞进出水口与路基衔接平顺，调节水流状态，保持水流顺畅，使上下游河床、洞口基础和两侧路基免受冲刷的构造物。

常用的洞口形式有端墙式、八字式、走廊式和平头式四种，端墙式是在洞口端部砌一道垂直于洞身的挡土矮墙；八字式是在洞口设敞开斜置的翼墙，在平面上形成八字形；走廊式是在洞口设置两道平行墙，前端在平面上展开成八字形或流线形；平头式常用于圆管涵。无论采用何种形式，洞口进出水口河床必须要铺砌。

（三）涵洞施工

1. 钢筋混凝土圆管涵施工

圆管涵施工程序如下：施工前的准备工作（包括熟悉图样、现场路勘、编制施工计划、施工交底、测量放样等）→预制管节→开挖基坑和准备基础所需的材料→基础施工→运输与装卸管节→安装管节→洞口施工→接头处理→设置沉降缝→设置防水层→回填涵洞土。

（1）预制管节

非异形、运输能力许可的管节都在工厂预制。预制管节的方法有振动制管器法、离心法、悬辗法及立式挤压法等。

（2）运输与装卸管节

管节混凝土的强度大于设计强度的 70%，并且经检查符合圆管成品质量标准的规定时，管节才允许装运。

（3）安装管节安装管节可根据地形及设备条件采用下列各种办法：

第一，滚动安装法。管节在垫板上滚动至安装位置前，转动 90°，使其与管涵方向一致，略偏一侧。在管节后端用木撬棍拨动至设计位置，然后将管节向侧面推开，取出垫板再滚回原位。

第二，滚木安装法。先将管节沿基础滚至安装位置前 1m 处，旋转°，使与管涵方向一致。把薄铁板放在管节前的基础上，摆上圆滚木 6 根，在管节两端放入半圆形承托木架，以杉木杆插入管内，用力将前端撬起，垫入圆滚木，再滚动管节至安装位置，将管节侧向推开，取出滚木及铁板，再滚回来并以撬棍（用硬木护木承垫）仔细调整。

第三，压绳下管法。当涵洞基坑较深，需沿基坑边坡侧向将管滚入基坑时，可采用压绳下管法。

压绳下管法是侧向下管的方法之一，下管前，应在涵管基坑外 3～5m 处埋设木桩，木桩桩径不小于 25cm，长 2.5m，埋深最少 1m。木桩为用来缠绳，在管两端各套一根长绳，绳一端紧固于桩上，另一端在桩上缠两圈后，绳端分别用两组人或两架卷扬机拉紧。下管时由专人指挥，两端徐徐松绳，管子渐渐由边坡滚入基坑内。大绳用优质麻制成，直径 50mm，绳长应满足下管要求。下管前应检查管子质量及绳子，并且检查绳扣是否牢固，下管时基坑内严禁站人。

2. 拱涵及盖板涵施工

钢筋混凝土拱涵及盖板涵施工既可采用现浇法，也可采用先预制再安装的方法。现浇法施工程序如下：

施工前的准备工作（包括熟悉图样、现场路勘、编制施工组织设计、施工交底、测量放样等）→开挖基坑和准备基础所需的材料→基础施工→涵台（墩）施工→拱圈施工（拱架和支架施工、布置钢筋、灌注混凝土并振捣、养护）→洞口施工→设置沉降缝→设置防水层→涵洞土回填。

拱架和支架的安装和拆除拱架和支架应支立牢固，拆卸方便（可用木楔作支垫），纵向连接应稳定，拱架外弧应平顺。拱架不得超越拱模位置，拱模不得侵入圬工断面。若用土牛拱胎灌筑盖板涵，其土牛填至桥台顶面标高即可，施工方法与拱涵相同。

拱圈圬工强度达到设计强度的 70% 时，即可以拆除拱架，但必须达到设计强度方可填土。当拱架未拆除，拱圈强度达到设计强度的 70% 时，可进行拱顶填土，但应在拱圈达到设计强度后，方可拆除拱架。拆卸拱架时应沿桥涵整个宽度，将拱架同时均匀降落，并从跨径中点开始，逐步向两边拆除。

二、人行道施工

人行道为道路两侧、公园等地供人行走的设施，如有机动车横过地段或机动车停

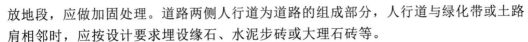

放地段，应做加固处理。道路两侧人行道为道路的组成部分，人行道与绿化带或土路肩相邻时，应按设计要求埋设缘石、水泥步砖或大理石砖等。

人行道按材料分为沥青混凝土、水泥混凝土和各类预制步砖等品种，其中水泥混凝土人行道有一般预制块、连锁砌块和现场浇筑三种，工业废渣压制的锚口步砖、地砖现已基本上取代了混凝土预制块。建筑材料贴面有大理石贴面、瓷砖陶土地面砖（古代所谓的"金砖铺地"，就是指陶土地砖）贴面等。

（一）材料准备与要求

1. 材料准备

施工地段应设置行人及车辆的通行与绕行的标志；对所用材料进行质量检验，合格后方可进场；应设置现场安全措施；所用砂石材料应分别堆放，并应采取防雨、防人为损耗措施；路面砖码放时应轻拿轻放，码放整齐，并且按批量、颜色、块形、厚度、抗压强度分别堆放。

2. 材料要求

沥青混凝土人行道应采用细粒或微粒式沥青混凝土。现浇混凝土人行道，混凝土的抗折强度应不低于 3.5MPa，粗骨料尺寸不得大于厚度的 1/2。

一般水泥步砖的抗折强度应不低于 3.5MPa，抗压强度一般不低于 25MPa，表面制花纹分格，以利排水和防滑，其规格、尺寸按设计要求确定，步砖要求大小均匀、颜色一致，无蜂窝、露石、脱皮、裂缝等现象，无缺边掉角，顶面均匀细密，其尺寸允许偏差要符合检验规范要求。现在的水泥步砖，多用细粒干硬混凝土压制，表面为有色水泥砂浆。

水泥混凝土连锁砖必须整齐统一，抗压强度通常不低于 40MPa，要求各面平整，无缺边掉角，表面颜色光泽一致，无蜂窝麻面；利用多种异形表面在铺砌时相互连锁的要求稳定。建筑材料贴面，尺寸形状按设计要求确定，要求表面平整、色泽一致，无缺边掉角。

（二）基槽施工

按设计图样实地测高程桩与放线，人行道直线段，一般为 10m 一桩，曲线段适当加密，并在桩上标出面层设计标高，或者在建筑物上画线标明设计标高。若人行道外侧已按标高安装有站石，则以站石顶面标高为准，按设计横坡放样。

新建道路，可将土路床施工至人行道基槽标高，不必反开挖；路堑开挖接近基槽标高时，应适当预留厚度，找平碾压达到设计压实度后再进行检整。槽底软土应换填或用石灰稳定处理。开挖基槽前要对地下管网进行全面调查，并且采取相应的保护措施。雨、冬期施工，必须做好相应的排水、防冻措施。

（三）基层施工

人行道基层有石灰土基层、石灰水泥稳定石屑基层、水泥稳定碎石基层、素混凝土基层等。沥青混凝土面层人行道一般采用石灰水泥稳定石屑、水泥稳定碎石等半刚性基层材料，以减少反射裂缝；水泥混凝土人行道多采用了石灰土基层、石灰水泥稳定石屑、水泥稳定碎石等基层材料；建筑材料贴面的人行道一般采用素混凝土基层。

（四）面层施工

1. 施工准备

施工前根据设计图样定位放线及测设高程桩；对基层表面进行复查，不符合要求的应进行修整；检查进场材料的质量及规格，不符合要求的禁止使用。

2. 路缘石的施工

已经安装有路缘石的道路，复核其高程是否达到设计要求，不符合要求的进行调整；未安装路缘石的道路，根据设计图样，设立路缘石基准点，测设路缘石基准线，根据路缘石基准点及基准线安装路缘石。

3. 水泥步砖面层施工

根据平面设计图，在路缘石边沿设置人行道步砖基准点，通过基准点，应设两条相互垂直的基准线，其中一条基准线与路缘石基准线的夹角宜为0°或45°。在两个或两个以上步砖基准点之间铺筑步砖时，宜设间距为5～10m的纵横平行步砖基准线。根据基准点及基准线，用经纬仪定出包括缝宽的方格，并且在角桩上标明该点面层设计标高，用对角线控制步砖铺砌的表面质量。

先修整基层，对小于 $2m^2$ 的凸凹不平处，当凹陷深度小于等于1cm时，可用砂浆填补，大于1cm时，应将基层刨松5cm，用基层材料填平拍实，或用细石混凝土填补，填补前应把坑槽清理干净，表面适当湿润；基层的凸处要铲平，如铲平后人行道基层厚度（据土基顶部验收高程测算）小于设计厚度的90%时，则返工重新铺筑基层。

基层修整合格，验收后再清理干净并洒水湿润，用1：3石灰砂浆或1：3水泥砂浆，在人行道基层上坐浆铺砌步砖。铺砖时，按控制桩高程，在方格内由第一行砖位纵横挂线，根据标线按标准缝宽铺筑第一行样砖，然后纵线不动，横线平移，依次按照样砖铺砌。

铺步砖，接缝的直线要通，曲线要顺。扇形平面上铺步砖，要用电锯切割异形步砖相配，也可按直线顺延铺筑，然后用与预制步砖颜色相同的水泥砂浆补齐并刻缝。砌筑时，步砖要轻拿轻放，用木锤或橡胶锤轻锤击实砌稳，如砌不平，应将步砖拿起，用砂调整重新铺筑，不准在砖底塞灰或用硬料支垫，必须让步砖平铺在密实的砂浆上并稳定无动摇、无空隙。

灌缝一般采用1：3水泥细砂干浆，先在步砖表面均匀撒铺一层砂浆，然后用扫帚或板刷将砂浆扫入缝中，然后可用小型振动碾压机振实或浇水灌实，灌缝要反复进行几道，直到缝隙饱满为止。施工完毕后，面上的砂浆要清扫干净，用扫帚扫出步砖本色，灌缝完毕后应及时洒水养护。在铺砌过程中，质检员应跟踪检查，发现不符合检验规范要求的部位，及时督促修整。

4. 建筑材料贴面施工

建筑材料贴面施工准备和砂浆铺筑可参见水泥步砖铺筑方法。贴面材料在铺砌时，先将贴面材料在砂浆上铺平，调整到位，凭借手感判定底面确实贴合，再将贴面材料拿起，在材料底面用水泥净浆抹匀后重新就位，用橡胶锤敲击稳定，用直尺检查确定表面合格后，再续铺下一块贴面板。用大理石贴面时，每隔 20m 应设伸缩缝。铺砌完毕后要用 1 ∶ 1 水泥砂浆勾缝，并洒水养护。铺砌过程中，要保持表面清洁，以免砂浆或水泥浆污染。

第二节　人行道施工技术

一、概述

（一）侧石

侧石是指位于道路两侧或分隔带、中心岛四周，高出路面，分隔车行道与人行道、车行道与分隔带、车行道与中心岛、车行道与安全岛等，以维护交通安全的设施。

侧石主要有直线形和弧形两种。直线形主要用于直线段和大半径曲线上，弧形主要用于小半径曲线上。侧石抗压强度通常不得低于 C30 级。

（二）缘石

缘石是指位于道路车行道与路肩之间，高级路面与低级路面之间、预留路口与沥青路面接头处，顶面与路面齐平，以维护路面边部不被损坏的设施。缘石的抗压强度一般不得低于 C_{30} 级。

二、施工

（一）路缘石的基础施工要求和测量放线

路缘石基础应与路基同时填挖和碾压，应该按测量设定的平面与高程位置刨槽、找平、夯实后安装路缘石。

核对道路中心线无误后，进行路面边界的放样，确定侧石顶面标高；路缘石安装控制测设，直线段桩距为 10 ～ 15m，曲线段为 5 ～ 10m；路口及分隔带、安全岛等圆弧为 1 ～ 5m；应用经纬仪、水准仪测设。当道路进行改建时，道路改建翻排侧平石，应做好原有雨水口标高调整，并与原有侧平石衔接平顺。

（二）侧石的选用和施工

侧石长度在直线段采用 80 ～ 100cm 长；曲线半径大于 15m 时采用长度为 100cm 或 60cm 的侧石；曲率半径小于 15m 或圆角部分，可以视半径大小采用长度为 60cm 或 30cm 的侧石。

侧石施工应根据施工图确定的平面位置和顶面标高所放出的样线执行，但对于人行道斜坡处的侧石，一般放低至比平石高出约 2 ～ 3cm，两端接头（与正常侧石衔接处）则应做成斜坡连接。

（三）安装路缘石

钉桩挂线后，沿基础一侧把路缘石依次排好。侧石和平石的垫层用 1：3 石灰砂浆找平，虚厚约 2cm，缘石可不用石灰砂浆铺底，可用松散过筛的石灰土代替找平基础，按照放线位置安砌路缘石，并采用 M10 水泥砂浆灌缝。曲线部分应按控制桩位进行安砌。路缘石应以干硬性砂浆铺砌，砂浆应饱满、厚度均匀。路缘石砌筑应稳固、直线段顺直、曲线段圆顺、缝隙均匀。路缘石调整块应用机械切割成形或以现浇同级混凝土制作，不得用砖砌抹面方式作路缘石调整块。无障碍路缘石、盲道口路缘石应按设计要求安装。雨水口处的路缘石应和雨水口配合施工。

（四）回填石灰土

1. 侧石

在侧石安装前要按照侧石宽度误差的分类分段砌筑，使顶面宽度统一达到美观。安装后，按线调整顺直圆滑，侧石里侧用长木板大铁楔背紧，外侧后背用体积比为 2：8 的石灰土，也可以利用修建路面基层时剩余石灰土，回填夯实里侧缝用体积比为 2：8 的石灰土夯填。侧、缘石两侧同时分层回填，在回填夯实过程中，要不断调正侧、缘石线，使之最后达到顺直圆滑和平整的要求，夯实后拆除两面铁楔及木板。夯实灰土，外侧宽度不小于 30cm，里侧与路面基层接上。

夯实工具可采用小型夯实机夯实，每层厚度不大于 15cm。若侧石里侧缝隙太小，可用铺底砂浆填实；如果侧石埋入路面基层太浅，夯填后背时易使侧石倾斜，此时靠路一侧可用体积比为 1：3 的石灰炉渣，加水拌和拍实成三角形，使侧石临时稳固。设计采用混凝土后，要按照设计要求的强度等级、现场浇筑捣实，要求表面平整。

2. 缘石

在缘石安装后，人工刨槽的槽外一侧沟槽用体积比为 2：8 的石灰土分层填实，宽度不小于 30cm，层厚不大于 15cm，也可利用路面基层剩余的路拌石灰土填实。外侧经夯实后与路缘石顶面齐平，内侧用上述同样材料分层夯实，夯实之后要比缘石顶面低一个路面层厚度，待油面铺筑后与缘石顶面齐平。

夯实工具可采用洋镐头、铁扁夯等。灰土含水量不足时，要加水夯实。在夯实两侧石灰土过程中，要不断调整缘石线型，保证顺直圆滑，机械刨槽时，两侧用过筛体积比为 2：8 的石灰土夯实或石灰土浆灌填密实。

（五）勾缝

路面完工后安排侧石勾缝，勾缝前要先修整路缘石，调整至顺滑平整，其位置及高程符合设计要求方可勾缝，可用 M10 水泥砂浆勾缝，勾缝要饱满密实，可为平缝或凹缝，平石不得阻水。路缘石勾缝养护期要在 3d 以上，养护期间不得碰撞。

（六）刨槽与处理

1. 人工刨槽

按照桩的位置拉小线或打白灰线，以线为准，按要求宽度向外刨槽，通常为一平铣宽。靠近路面一侧，比线位宽出少许，通常不大于 5cm，不要太宽以避免回填夯实不好，造成路边塌陷。刨槽深度可以比设计加深 1～2cm，来确保基础厚度，槽底要修理平整。

2. 机械刨槽

使用侧、缘石刨槽机时，刀具宽度应较侧、缘石宽出 1～2cm，按照线准确开槽，深度可以比设计加深 1～2cm，以确保基础厚度，槽底要修理平整。如果在路面基层加宽部分安装侧、缘石，则将基层平整即可，免去刨槽工序。铺筑石灰土基层侧、缘石下石灰土基础通常在修建路面基层时加宽基层，一起完成。若不能一起完成而需另外刨槽修筑石灰土基础时，则必须用体积比 3∶7 的石灰土铺筑夯实，厚度至少15cm，压实度要求得不小于 95%。

第三节　交通安全设施施工技术

公路交通是我国交通体系中重要的构成部分，在实际交通网络中占据重要地位。随着公路交通建设进程的推进，交通安全问题也成为大众关注的重点。做好公路交通安全设施施工，不断提高公路交通安全设施工程施工技术水平，对于保障人们的出行安全具有重要意义。

一、公路交通安全设施工程施工面临的问题分析

（一）人为因素的干扰

在具体公路交通施工建设中，相关工作人员的素质水平较低。这种素质水平低，不仅表现在思想意识层面，还包括专业技能层面。第一，从思想意识层面，其对于安全设施施工的重要性没有清晰认识，导致在施工中责任意识不强，出现马虎施工等问题。不能充分利用安全设施的作用，达不到基本的安全施工要求。第二，专业技能不达标，施工人员的专业技能直接影响到工程建设的质量，如果专业技能水平较低，则会导致施工粗糙，很多细节方面不能进行精细化处理，埋下了极大施工隐患。

（二）安全设施之间缺乏统一协调

安全设施包含种类较多，有交通标线、交通标识、护栏、防眩设施以及监控系统等。在具体的施工中，安全设施之间常常缺乏联系性，缺乏统一协调的意识。例如，如果公路围栏没有前后连贯联动，则车辆在行驶过程中的危险指数就会增加，不能做

到安全驾驶的保障。

（三）缺乏人性化设计

在公路交通安全设施建设中，还要注意人性化元素的融入，不可过于冷冰冰。当前，不少公交道路上会有警示标识，以此提醒驾驶员安全驾驶，遵守交通规则等。但是有些标语过于理论化，导致司机不能真正理解，或者说不能有所触发。另外，安全设施的施工建设中要考虑到司机的需求，在重要位置做好标语提示，降低安全事故发生的概率。

（四）自然环境因素的不利影响

当前，公路交通建设穿越的地区地形复杂，很容易受到自然因素的影响，安全设施的完整性等都难以保证。一旦公路交通穿越的地区发生泥石流等地质灾害，那么安全设施就会受到不同程度的损害，无法完全发挥安全防护的作用，很容易导致安全事故的发生。考虑到自然环境的作用，公路交通在进行安全设施建设时要进行全方位的考虑，做好自然灾害的防御措施，真正地做好安全设施施工建设。

二、做好公路交通安全设施工程施工的重要意义

公路交通安全设施工程施工的重要意义在于减少安全事故发生，保障人们的生命财产安全，促进社会的稳定。随着经济活动的繁荣，人们的出行越来越普遍，公路交通是人们出行选择的主要方式。在公路交通建设中注重安全设施施工建设，可以进一步提高公路建设的安全性，对于人民出行的安全有所保障。

三、公路交通安全设施工程施工技术要点分析

（一）交通标志施工技术

交通标志类型较多，在公路交通安全施工工程中呈现多样化的特点。其工程施工较为分散化，且结构相对复杂。在进行交通标志施工中，要注意按照一定的流程标准进行，不能偷工减料。第一，在正式开工前要进行准备，基于对施工现场的实际考察，进行设计方案的优化调整。这样方案在具体施工应用中更加具有贴合性，保证了施工的顺利进行。第二，要关注现场施工的环境状况，进行标志放样工作时要注意周围是否有杂物的干扰，包含一些枯枝落叶、排水管道等障碍物。第三，交通标志的前期施工要考虑到后期的养护工作，做好数据信息的参考，严格按照相关规定的标准进行，例如底破比为 1：1.5 等。第四，根据不同公路建设的实际情况进行标志平面尺寸设计，避免位置的偏离，高度的不适等问题出现。第五，做好版面强化工作，延长交通标志的使用寿命。在版面制作过程中，可适当使用焊接等技术，进一步提高生产效率，节省工作时间，创造经济效益。最后，施工人员要做好步骤的衔接工作，保证工程的顺利推进。

（二）技术化

我国对于农村公路的养护，多是使用经验比较丰富的人员，对农村公路的性能进行优化与问题解决，而对于农村公路实际养护时的质量，技术还有着较大的发展空间，缺乏先进的技术设备与技术进行性能优化。从此方面而言，未来农村公路的养护，会注重于技术方面的提升，使得农村公路能够在先进的技术支持下，公路使用性能能够不断地加强，稳定性和防渗可以显著改进。进而可以最大程度保障农村公路养护时的水平，减少各种农村公路的潜在安全隐患。

（三）钢护栏施工技术

钢护栏工程施工是公路交通安全设施施工的重要施工组成，同时施工技术要求较高，具有一定的难度。第一，要选择合适的施工团队，保证钢护栏施工的质量水平。为了推进工程进度，可以进行多支施工小组的组建，同时施工，共同推进工程继续。第二，钢护栏的施工要严格按照施工标准，不能进行某些必要步骤的遗漏，严格按照立柱放样、防阻块、立柱打桩、护栏板线形调整、护栏板安装及断头安装（部分）进行施工。同时，在具体施工中要做好同步施工。第三，施工队伍在前期也要进行一系列的工作准备，包括图纸设计，原材料质量的检测等，力求图纸设计合理化，原材料质量标准化。对于一些特殊位置的仪器摆放，要参考相关数据，做好精确性，保证位置合理性，具体的钢护栏施工流程较为复杂。

（四）交通标线

施工在公路交通安全设施建设中，不能忽视交通标线的建设。标线能够起到对道路功能的划分，是驾驶员行驶过程中重要的参考标准，可以提高驾驶员的行车效率，保证行车的流畅有序。在进行交通标线施工时，同样也有很多的注意要点。首先，要进行涂料的选取和制作，一般情况下，公路标线选择热熔型的涂料，并且外撒玻璃珠或者内掺，总之就是避免后期标线的模糊化。在当前一些交通道路检查过程中，常常会发现交通标线模糊化的情况。这种模糊化的交通标线会增加驾驶员道路判断的难度，也极容易产生矛盾纠纷，甚至严重的交通事故。其次，在进行交通标线施工时，要提前做好路面的卫生清理工作，去掉一些杂志或者障碍物的干扰。例如借助汽车蒸馏水进行道路清洁，合理的高温度下进行涂料的加工使用。同时，在具体的施工过程中，要注意交通范围的划定，避免被来往车辆破坏。若说工作面积较大，可以采取相应的警示，做好施工安全的保障。

（五）隔离栅施工

作为一种重要的安全设施，隔离栅施工也是保证车辆行驶安全的重要交通安全设施。隔离栅一般由装饰网和针刺构成，同时也会进行一定的防腐处理，避免因外观对司机视线产生严重干扰。在具体施工中，要进行地形的调整修补，再集合施工图纸进行现场放样。另外，注意隔离栅的间隔，通常在 3 m 左右。

综上所述，农村公路的建设，对于偏远地区的农村经济发展，具有十分良好的促进作用，其能够使农村能够在公路基础设施的支持下，根据地方特色，打造出符合农村发展的经济规划战略，进而实现农村经济水平的有效增长。因而，为了有效发挥农村公路的各项优势，必须要在公路工程实际使用过程中，重视于农村公路的养护工作，并同时做好农村公路养护发展趋势的分析工作，来积极推进农村公路养护发展趋势的有效转变，实现农村经济水平的高效化提升。

随着经济发展水平的提高，公路交通建设也进入了新的发展时期。当前，为了满足人们的生产生活等各种出行的需要，各地区的公路交通建设数量不断增加，规模也在逐渐扩大。做好交通安全建设也成为燃眉之急，推进交通安全设施建设工程可以有效提高道路安全水平。

四、收水井的施工

道路的收水井又称雨水口，是路表水进入雨水支管的构筑物。其作用是排除路面地表水。收水井应按设计图要求，与道路工程配合施工，在施工中应采用图5-23所示的通用图施工。雨水井井型一般采用单算式和双算式及多算式中型或大型平算收水井。收水井为砖砌体，所用砖材不得低于MU10。铸铁收水井格栅，井框必须完整无损，不得翘曲。井身结构尺寸、井算、井框的规格尺寸必须符合设计图样要求。

（一）施工前准备

雨水口的位置应按照道路设计图要求，正确放样定位。应按照设计要求，选择（或预制）雨水口的井圈。应按照雨水口的位置和设计要求来确定雨水支管的槽位。施工中应对收水井及雨水口加盖以保证安全。在施工前要复核样桩标高，来控制挖土面、垫层面和基础面。

（二）砌筑雨水口的要求

雨水管端应露出井内壁，其露出长度不应大于2cm。雨水口井壁应表面平整，砌筑砂浆应饱满，勾缝应平顺。穿井墙的雨水管，管顶应砌砖券。井底应采用水泥砂浆抹出雨水口泛水坡。

（三）雨水口基础的施工方法

按道路设计边线及支管位置，定出雨水口中心线桩，雨水口长边必须重合道路边线（管道部分除外）。按设计确定的雨水口位置及外形尺寸，开挖雨水口槽，在开挖雨水口支管槽时，支管每侧留有30cm的肥槽，控制设计标高。检查槽深槽宽，清平槽底，槽底要进行素土夯实，当为松软土质时，要换填石灰土，并要及时浇筑混凝土基础。当采用预制雨水口时，如果槽底为软土质，就应换填石灰土后夯实，并要按照预制雨水口底的厚度校对层高，宜低于20～30mm。

（四）底板施工

浇筑厚为10cm的CIO水泥混凝土基础底板，如果基底土质软，可以打一步15cm厚的8%石灰土后，再浇筑混凝土底板，捣实、养护达一定强度后再砌井体。如果遇有特殊条件带水作业，经过设计人员同意后，可码坯砖并灌水泥砂浆，并将面上用砂

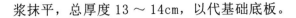

浆抹平，总厚度 13 ～ 14cm，以代基础底板。

（五）井墙的砌筑

在基础上放出井墙位置线，并安放雨水管。管端面露于井内，其露出长度不得大于 2cm，管端面应完整无破损。当侧石内有 50cm 宽平石，且使用宽度不大于 50cm 雨水口框时，应与平石贴路面一侧在一直线上。在砌筑井墙时，要求灰浆饱满，并且随砌随勾缝。雨水管与井墙之间应砂浆饱满，管顶应发两皮砖，井墙砌至要求标高。雨水井内应保持清洁，砌墙时应随砌随清理，砌筑完成后应及时加盖，以保证安全。井底要用水泥砂浆抹出雨水口泛水坡。

五、雨水支管的施工

雨水支管是将收水井内的集水流入雨水管道或合流管道检查井内的构筑物。雨水支管必须按照设计图样的管径和坡度埋设，管线要顺直，不能有拱背、洼心等现象。雨水支管排管时应以管内底标高为准，排管从下游开始向上游排设，承口向上，插口向下，接口对齐不得错位。用水平尺校正坡度，用管边放样的直线校正管中心线位置，然后用稳管垫块稳定管道，浇筑管道两侧的管座混凝土。

（一）挖槽

由测量人员按照设计图上的雨水支管位置、管底高程定出中心线桩撅并且标记高程。依据开槽宽度，撒开槽灰线，槽底宽一般采用管径外皮之外每边各加宽 3.0cm。

按照道路结构厚度和支管覆土要求，确定在路槽或一步灰土完成后反开槽，开槽原则是能在路槽开槽就不在一步灰土反开槽，避免影响结构层整体强度。挖至槽底基础表面设计高程后挂中心线，检查宽度和高程是否平顺，修理合格之后再按基础宽度与深度要求，立槎挖土直至槽底作成基础土模，清底至合格高程即可打混凝土基础。

（二）四合一法施工

1. 基础

浇筑强度为 C10 水泥混凝土基础，将混凝土表面作成弧形并进行捣固，混凝土表面要高出弧形槽 1 ～ 2cm，靠管口部位应铺适量 1∶2 水泥砂浆，以便稳管时挤浆使管口与下一个管口黏结严密，以防止接口漏水。

2. 铺管

在管子外皮一侧挂边线，以控制下管高程顺直度与坡度，要洗刷管子保持湿润。将管子稳在混凝土基础表面，轻轻揉动至设计高程，注意保持对口和中心位置的准确。雨水支管必须顺直，不得错口，管子间留缝要小于等于 1cm，灰浆若挤入管内用弧形刷刮除，如果出现基础铺灰过低或揉管时下沉过多，应将管子撬起一头或起出管子，铺垫混凝土及砂浆，且重新揉至设计高程。

支管接入检查井一端，如果预埋支管位置不准时，按正确位置、高程在检查井上凿好孔洞拆除预埋管，堵密实不合格空洞，支管接入检查井后，支管口要与检查井内壁齐平，不得有探头和缩口现象，用砂浆堵严管周缝隙，并且用砂浆将管口与检查井内壁抹严、抹平、压光，检查井外壁与管子周围的衔接处，要用水泥砂浆抹严。靠近收水井一端在尚未安收水井时，应用干砖暂时将管口塞堵，以避免灌进泥土。

（三）八字混凝土

当管子稳好捣固后按要求角度抹出八字。

（四）抹箍

管座八字混凝土灌好后，立即用 1∶2 水泥砂浆抹箍。抹箍的材料规格，水泥用强度等级 32.5 以上水泥，砂用中砂，含泥量不大于 5%。接口工序是保证质量的关键，不能有丝毫马虎。抹箍前先将管口洗刷干净，保持湿润，砂浆应随拌随用。抹箍时先用砂浆填管缝压实略低于管外皮，如砂浆挤入管内用弧形刷随时刷净，然后刷水泥素浆一层宽 8～10cm，再抹管箍压实，并用管箍弧形抹子赶光压实。为确保管箍和管基座八字连接一体，在接口管座八字顶部预留小坑，当抹完八字混凝土立即抹箍，管箍灰浆要挤入坑内，使砂浆与管壁黏结牢固。管箍抹完初凝之后，要盖草袋洒水养护，注意勿损坏管箍。

（五）包管加固

凡支管上覆土不足 40cm，需上大碾碾压者，应作 3600 包管加固。在第一天浇筑基础下管，用砂浆填管缝压实略低于管外皮并做好平管箍后，于次日按设计要求打水泥混凝土包管，水泥混凝土必须插捣振实，注意养护期内的养护，完工之后支管内要清理干净。

（六）支管沟槽回填

回填要在管座混凝土强度达到 50% 以上方可进行。回填要在管子两侧同时进行。雨水支管回填要用 8% 灰土预拌回填，管顶 40cm 范围内用人工夯实，压实度要与道路结构层相同。

六、检查井的施工

（一）检查井施工要点

施工前先熟悉图样，确定检查井的尺寸、样式。砌筑检查井，应该在管道安装后立即进行。砌井前检查基础尺寸和高程。基础清理干净后，先铺一层砂浆，再进行墙体砌筑，砌砖时每砌完一层，要灌一次砂浆，使缝隙内砂浆饱满，上下两层砖间竖向要错缝。所用砂浆与砖的强度要求由设计确定。

井壁与混凝土管相接部分，必须用砂浆坐满，在混凝土管上砌砖，以防漏水，管外壁接头处要提前洗刷干净。井身上部收口按设计标准图集所要求坡度砌筑。砌井也应边砌边完成井内砂浆抹面。支管或预埋管按设计要求标高、位置、坡度安装好，做法同主管。护底、流槽、爬梯应与井壁同时砌筑。一般污水检查井要求内外抹面，雨水检查井只要求内部抹面，外壁要用砂浆搓缝。应边砌边进行内部抹面。检查井完成后要将井内杂物清理干净，如还不能立即安装井座、井盖，应该设防护或警示标志，防止发生杂物落入和安全事故。

（二）检查井的构造

检查井主要有圆形、矩形和扇形三种类型，普通圆形检查井构造，从构造上看三种类型检查井基本相似，主要由井基、井身、井盖、盖座、爬梯等几分部分组成。

1. 井基

井基包括基础和流槽。按照土壤及水文地质条件，采用灰土、碎砖、碎石或卵石作垫层。上铺混凝土或砌砖基础。基础上部按上下游管道管径大小砌成流槽。检查井底各种流槽平面。

2. 井身

检查井身的材料应采用砖、石、混凝土或钢筋混凝土。我国目前则多采用砖砌，以水泥砂浆抹面。井身在构造上分为工作室、渐缩部分及井筒三部分，工作室的平面形状有圆形、矩形和扇形。

3. 井盖、盖座

盖在井筒上面，井盖座在盖座上，井盖和路面、人行道安装平整，防止行人车辆掉入井内和其他物品落入井内。一般用铸铁制作，也有用混凝土制成的。

4. 爬梯

供工作人员上下井用，用铸铁制作，也有用砖砌的脚窝，交错地安装在井壁上。

第四节　其他附属工程施工技术

随着建设行业的不断发展，附属工程成为施工工程的重要组成部分，在城市道路中，附属工程施工质量的好坏直接关系到施工工程的整体质量，所以制定切实可行的施工方案，保证附属工程施工质量意义重大。

侧平石是设在路面边缘的界石，也称为道牙或缘石。它在路面上是区分车行道、人行道、绿地、隔离带和道路其他部分的界线，起到保障行人、车辆交通安全和保证路面边缘齐整的作用。一般侧平石排砌在车行道与人行道，路肩或绿化带的分界处。侧石平均高出车行道边缘 15 cm，对人行道等起着侧向支撑作用。

人行道设置在城市道路的两侧，起到保障行人交通安全及保证人车分流的作用。人行道面常用预制人行道板块铺筑而成，这是一种最常见的铺筑形式。一般由人工挂线铺砌，常垫层在车行道铺筑完毕后进行。人行道基层多采用石灰稳定土，在其上铺砌预制块。这就要求基层具有良好的平整度，以保证人行道的铺砌路基质量。当然，也有现浇水泥混凝土人行道施工的铺筑形式，其工程特点是结构层较薄、地面障碍多、不易机械化施工。

一、附属工程施工的准备工作

（一）施工组织

主要是建立和健全施工组织管理机构，制定施工管理制度，明确施工任务，组织施工队伍，确立施工应达到的目标等。还要和有关单位及个人签订协议，在动工前将各种拆迁及征用土地等程序处理完毕。

（二）施工现场布置

首先是划定施工范围，进行必要的动拆迁，达到"三通一平"。其次是进行设计技术交底和交桩，定额交底，任务交底，申请接电接水。

（三）材料准备

材料、机具设备的准备及"三通一平"，包括各种材料与机具设备的购置、采集、调配、运输和储存，临时道路及工程房屋的修建、供水、供电、通讯以及必需的生活福利设施的安装及建设等。

（四）土基与基层的检查与整修

土基与基层检查与验收应按竣工验收规范要求进行，其检查与验收的项目主要包括：土基与基层有关工程的位置、标高、断面尺寸、压实度或砌筑质量等。要求其应满足容许误差的范围，凡不符合要求的工程应分析原因，接受教训，并采取相应的措施予以纠正，必要时返工重建。这里要特别指出的是，在土基与基层施工过程中每当一部分工程完成时，应按施工标准及技术规范的要求进行检查与验收。中间验收的目的在于检查工程质量，及时发现存在的问题，研究并分析采取措施，这是道路附属工程达到合格或优良业绩的保证。

二、侧平石施工

（一）备料及施工放样

根据施工路段的长度及线形，计算出各种长短侧平石及垫层、基础、灌缝材料的需要量，进行备料准备工作。并同时做好侧石平面位置和侧石标高的测放。

（二）开槽设计

开槽根据设计，定出槽底标高，进行开槽。垫层按照设计厚度铺垫并加夯实。排砌侧石校核样桩位置及标高，标上侧石顶面标高，用一道麻线控制顶面，另一道麻线控制侧面。按设计高度，在垫层上铺基础材料，拍实刮平，使基础表面离标高麻线的距离相当于侧实高度，将侧石轻放于基础上。

（三）排砌平石

根据设计的侧平石高差，用粉袋或墨斗标出平石的顶面及底面线。按挑水点（分水）及进水口的高，铺砌平石基础及平石，以符合"锯齿形"要求。同时，平石靠路一边尽量排成一直线，使其与路中线纵坡一致，而且平石横坡在进水口处应较大。

（四）灌缝

侧平石排砌 10 ～ 20m 后，应用（1∶2）～（1∶3）砂浆灌入接缝，灌缝后要整齐勾缝。

（五）养护

侧平石在灌缝整齐勾缝之后，应进行湿治养护工作，使它能在很好的湿度条件下，起凝结作用，以避免混凝土在形成强度之前过分收缩而裂缝。当灌缝表面已有相当硬度（手按无痕）时，可用湿草包或湿麻袋覆盖，同时浇水，通常养护期为 3 ～ 7 d。

三、预制块人行道施工

施工放样根据设计标高和宽度，定出边桩和边线，在桩之上划出面层标高，桩距直线段 1 根 /10m，曲线段加密。侧石顶面作为和行道外侧标高控制点，根据设计宽度和横坡，算出横向高差值，测设出内侧控制点。根据设计测设出树穴位置。整理土基，挖、填按"路基施工"中方法和要求进行；压实采用小型机械或铁夯。

垫层用细粒料拍实刮平，控制好厚度，垫层应超前面层 1m 以上，不得随铺随砌。预制块人行道铺板一般采用"挂线定位法"，步骤为：第一，以一条横缝为基准线，在人行道内边线，用铁钎拉出放样麻线，沿放样麻线，每隔一块板宽度（50 cm），钉铁钎一根，用麻线在横向上拉出，其中铁钎一端高度与放样麻线相平，另一端骑跨在侧石外侧，平行于基准横缝后用垂球张紧。第二，在麻线与侧石顶面之间垫一块5mm 的垫块。第三，用丁字镐铺板，轻击板以使预制板平整稳实，并使高度与挂线齐平。第四，在人行道转角处，记扇状空隙用现浇水泥混凝土补平。在里弄，工厂等进出口路面同人行道的接头，应用牛腿式侧石做成斜坡式。出口处侧石应比平石高出 2cm，以利排水。第五，扫缝，预制板铺砌完毕并合格后，用垫层材料扫缝。

四、挡土墙的分类

根据挡土墙在路基横断面上的位置不同分类可分为路肩式挡土墙、路堤式挡土墙、路堑式挡土墙。根据挡土墙所采用的材料和结构形式不同分类可分为石砌重力式挡土墙、石砌衡重式挡土墙、悬臂式钢筋混凝土挡土墙、扶壁式钢筋混凝土挡土墙、锚杆式挡土墙、锚定板式挡土墙、桩板式挡土墙、垛式挡土墙、加筋土挡土墙、现浇半重力式钢筋混凝土挡土墙、柱板式挡土墙等。

（一）路肩式挡土墙

路肩式挡土墙是指墙顶置于路肩。

（二）路堤式挡土墙

路堤式挡土墙是指挡土墙支撑路堤边坡，墙顶以上还有一定填土高度。

（三）路堑式挡土墙

路堑式挡土墙是指挡土墙用于稳定路堑边坡。

五、挡土墙的特点

（一）石砌重力式挡土墙

1. 主要特点

石砌重力式挡土墙主要是依靠挡土墙本身的自重来阻止墙后填土的侧向推力以保持挡土墙的稳定。

在石料来源不缺乏的地区，可采用浆砌或干砌片（块）石砌筑，而在石料缺乏的地区，也可用混凝土、钢筋混凝土或砖来修筑。由于这种石砌重力式挡土墙结构简单，可就地取材、施工方便，因此，得到广泛的应用。

2. 适用范围

产有石料的地区。地基条件良好，地震烈度不太高的地区。挡土墙的墙高在 6m 以下时，可采用于砌，其他情况需采用浆砌，不遭受河水冲刷的地段。

（二）石砌衡重式挡土墙

1. 主要特点

此种挡土墙是在上墙和下墙之间的墙背增设一个衡重台，利用衡重台上填土的重量、向下产生的作用力和整个挡土墙重心向后移动，以增加挡土墙的稳定性，同时还可以节约断面尺寸。另外，挡土墙的墙面陡直，衡重台以下的一墙背向后倾斜，可减少基础的开挖量。

2. 适用范围

在山区，地形较为陡峻处的路肩挡土墙或路堤挡土墙。也能够用于路堑挡土墙（同时，还兼有拦挡坠石的作用）。

（三）悬臂式钢筋混凝土挡土墙

1. 主要特点

悬臂式钢筋混凝土挡土墙是薄壁式挡土墙的一种。这类挡土墙是由立壁和底板两部分组成，底板又由趾板和踵板组成，位于立壁前面的是趾板，位于立壁后面的是踵板，踵板的作用是承受上部土的重量以保持挡土墙的稳定性；趾板的作用是提高抗倾覆的能力和减少地基的应力。立壁是一个悬壁构件，它的作用是抵御墙后的侧向土压力。当挡土墙超过 6m 时，在立臂的下部会产生较大的弯矩，导致钢筋和混凝土的用量过大、不经济。

2. 适用范围

缺乏石料的地区。高度在 6m 以下的路肩挡土墙和路堤挡土墙，地基情况较差时。

（四）扶壁式钢筋混凝土挡土墙

1. 主要特点

扶壁式钢筋混凝土挡土墙属于钢筋混凝土结构，主要由墙面板（立壁）、墙趾板、墙踵板和扶肋（扶壁）组成，要沿悬臂式挡土墙的墙长，每隔一定距离增设扶肋，把墙面板与墙踵板连接起来。适用对象是缺乏石料的地区和地基承载力较低的地段，墙较高（高度大于 6m）时，较悬臂式挡土墙经济。

2. 适用范围

当构件进行预制装配时，可使用于路堑挡土墙。必须具备钻孔机、压浆泵等设备。当挡土墙较高时，能够进行分级修建，可用于路堤挡土墙或路肩挡土墙。

（五）加筋土挡土墙

加筋土挡土墙是指由墙面板、拉筋、填土和基础四部分组成，借助于拉筋与填土间的摩擦作用，把土的侧压力传给拉筋，从而稳定土体。既是柔性结构，可承受地基较大的变形；又是重力式结构，可以承受荷载的冲击、振动作用。施工简便、外形美观、占地面积少，而且对地基的适应性强。主要适用在缺乏石料的地区和大型填方工程。

（六）锚杆式挡土墙

锚杆式挡土墙是指由钢筋混凝土立柱和挡土板以及锚入稳定地层（岩层或土层）中的钢制锚杆所组成。由钢制锚杆拉住立柱，立柱挡住挡土板，由挡土板抵御侧向土压力的作用。此种挡土墙属于轻型挡土墙，所以需要的圬工数量少，可节约建筑材料。所采用的构件可以提前预制，然后到工地安装。若是高挡土墙，还可分级进行修建。

（七）垛式挡土墙

垛式挡土墙又称框架式，用钢筋混凝土预制杆件纵横交错拼装成框架，内填土或石，以此抵抗土体的推力。垛式挡土墙施工简便、快速，填料可就地取材，由于杆件纵横装配，因此整体性差，但是损坏后易修复；基底承载力要求较低，容许地基产生一定的变形。适用于缺乏石料地区的路肩墙和路堤墙，建筑高度通常不受限制。

六、挡土墙的施工

（一）石砌重力式挡土墙的施工

石砌重力式挡土墙是应用最广泛的挡土墙形式，一般由墙身、基础、排水设施和沉降缝等部分组成。石砌重力式挡土墙施工中，主要材料片石或块石要符合规范要求，砂浆强度应不低于 M5。砌筑顺序要分层进行，砌筑工艺常采用坐浆法和挤浆法。伸缩缝每隔 10～15m 设置一道，并应设置为垂直通缝。各层之间的垂直灰缝应相互交错，水平灰缝应平行。所有砌缝要求做到砂浆饱满密实。

1. 石砌重力式挡土墙的构造

石砌重力式挡土墙，一般由墙身、基础、排水设施与沉降缝等部分组成。

（1）墙身

按照墙背倾斜方向的不同，墙身断面形式可分为仰斜式、垂直式、俯斜式、凸形折线式和衡重式等。墙面一般为平面，其坡度取决于墙背坡度和墙趾处地面的横坡度。墙顶可以采用浆砌或干砌圬工，墙顶最小宽度，浆砌时应当不小于50cm；干砌时应不小于60cm，干砌挡土墙的高度一般不应大于6m。浆砌挡土墙墙顶应用砂浆抹平，或用较大石块砌筑，并勾缝。干砌挡土墙顶部50cm厚度内，要用砂浆砌筑，以确保稳定。

（2）基础

挡土墙大都是直接砌筑在天然地基上的浅基础。当地基承载力不足且墙址处地形平坦时，为减少基底应力和增加抗倾覆稳定性，可将墙趾部分加宽成台阶或墙趾墙踵同时加宽，形成扩大基础。挡土墙基础设置在岩石上时，要清除表面风化层，基础嵌入基岩深度不应小于0.15~0.6m。墙前地面倾斜时，墙趾前要留出足够的襟边宽度，以防止地基剪切破坏，襟边宽度可取嵌入深度的2~3倍。

（3）排水设施

浆砌挡土墙要根据渗水量在墙身的适当高度处设置泄水孔，泄水孔尺寸和间距应符合相关设计要求。最下排泄水孔的底部应高出地面0.3m；当为路堑墙时，出水口应高出边沟水位0.3m。为防止水分渗入地基，在最下一排泄水孔的底部应设置30cm厚的黏土防水层，在泄水孔进口处应设置粗粒料反滤层，来避免堵塞孔道。干砌挡土墙因墙身透水可不设泄水孔。

（4）沉降伸缩缝

在挡土墙中通常把沉降缝与伸缩缝合并在一起，称为沉降伸缩缝。挡土墙每隔10~15m设置一道沉降伸缩缝，缝宽一般为2~3cm。浆砌挡土墙的沉降伸缩缝内可用沥青麻筋或沥青木板等材料，沿墙内、外、顶三边填塞，填深在15cm以上，当墙背为填石且冻害不严重时，可仅留空隙，不嵌填料，对于干砌挡土墙，沉降伸缩缝两侧应选平整石料砌筑，使其形成垂直通缝。

2. 石砌重力式挡土墙的施工要点

（1）材料要求

①片石

片石质地均匀、无裂缝、不易风化。抗压强度不低于25MPa。在地震区及严寒地区，不能低于30MPa。应具有两个大致平行的面，他的厚度不应小于15cm，其中一条边长不小于30cm，体积不小于0.01m3。

②砂浆

砂浆一般用水泥、砂和水拌和而成，也可用水泥、石灰、砂与水拌和或石灰、砂与水拌和而成。它们分别简称为水泥砂浆、混合砂浆和石灰砂浆。砂浆强度等级代表其抗压强度。拌制砂浆必须符合设计要求，一般不得低于M5。勾缝用砂浆应比砌筑用增高一级。

（2）施工工艺及要求

①准备工作

浆砌前应做好一切准备工作，主要包括工具配备、按照设计图样检查和处理基底、放线、安放脚手架、跳板等施工设施、清除砌石上的尘土、泥垢等。

②砌筑顺序

砌筑时以分层进行为原则。底层极为重要，它是以上各层的基石，若底层质量不符合要求，就会影响以上各层。较长的砌体除分层外，还要分段砌筑，两相邻段的砌筑高差不应超过1.2m，分段处应设在沉降伸缩缝的位置。分层砌筑时，先要角石，后边石或面石，最后才填腹石。

③砌筑工艺

浆砌原理是利用砂浆胶结片石，使之成为整体，常用坐浆法和挤浆法等方法砌筑。

第一，坐浆法。此法也称为铺浆法，砌筑时先在下层砌体面上铺一层厚薄均匀的砂浆，压下砌石，借石料自重将砂浆压紧，并在灰缝上加以必要的插捣和用力敲击，使砌石完全稳定在砂浆层上，直至灰缝表面出现水膜。

第二，挤浆法。除基底为土质的第一层砌体外，每砌一块石料，要先铺底浆，再放石块，经左右轻轻揉动几下后，再轻击石块，使灰缝砂浆被压实。在已砌筑好的石块侧面安砌时，要在相邻侧面先抹砂浆，后砌石，并向下及侧面用力挤压砂浆，使灰缝挤实，砌体被贴紧。

④砌筑要求

砌体外圈定位行列与转角石应选择表面较平、尺寸较大的石块，浆砌时，长短相间并与里层石块咬紧，上下层竖缝错开，缝宽要不大于3cm，分层砌筑要将大块石料用于下层，每处石块形状及尺寸要合适。竖缝较宽者可塞以小石子，但不能在石下用高于砂浆层的小石块支垫。排列时，要把石块交错、坐实挤紧、尖锐凸出部分敲除。

⑤砌缝要求

第一，错缝。砌体在段间、层间的垂直灰缝应互相交错，压叠成不规则的灰缝叫错缝。每段上、下层及段间的垂直距离在8cm以上。

第二，通缝。指砌体的水平灰缝，是砌体受力的薄弱环节，其承压能力较好，受剪、抗拉、受扭的能力极差，砌体最容易在此损坏，所以砌体对通缝要求较高，不仅要求砂浆饱满密实，成缝时还不允许有干缝、瞎缝及大缝。

第二，勾缝。包括平缝、凹缝和凸缝等。勾缝具有防止有害气体和风、雨、雪等侵蚀砌体内部，延长构筑物使用年限及装饰外形美观等作用-设计无特殊要求时，勾缝应采用凸缝或平缝，勾缝应用1：1.5～1：2的水泥砂浆，要嵌入砌缝内约2cm。勾缝前，要先清理缝槽，用水冲洗湿润，勾缝要保持砌后的自然缝，不需有狭缝、丢缝、裂纹和黏结不牢等现象。

（二）加筋土挡土墙的施工

1. 加筋土挡土墙的构造

加筋土挡土墙由面板、拉筋、填料和基础四个部分组成。

（1）面板

面板的主要作用是防止填料从拉筋间挤出。其强度只要满足构造要求及运输堆码中的受力要求即可。我国一般采用混凝土或钢筋混凝土作面板。面板形式有矩形、十字形、T形、L形、槽形、六边形等多种形式。面板的混凝土强度等级一般为C20，面板与拉筋的连接可采用预留孔或预埋件处理，面板四周要设定企口搭接，上下面板的联结应采用钢筋插销装置。

（2）拉筋

拉筋的作用是与填土产生摩擦力并承受结构内部的拉力。因此，要求拉筋具有足够的抗拉强度，不易脆断，且柔性好，延伸率低，同时与填土能产生较大的摩擦力，而且抗老化、防腐。常用的拉筋主要有扁钢带、钢筋混凝土带和聚丙烯土工带。

（3）填料

填料为加筋土结构的主体材料。选择填料的原则是容易压实、能保证填料与加筋之间有足够的摩擦力，并且对拉筋无腐蚀性。填料可以就地取材，砂类土、砾石类土、碎石土、黄土、中低液限黏土及满足质量要求的工业废渣均可作填料。

（4）基础

加筋土挡墙的基础是指墙面板下的基础，其主要作用是便于安砌墙面板。因此，这种基础可以做得很小，其断面视地基、地形条件而定，通常用宽大于0.3m，高大于0.15m的条形基础即可。

2. 加筋土挡土墙的施工要点

加筋土挡土墙施工前要核对道路、桥梁设计图样，测量人员按照道路、桥梁的施工中心线、高程控制点进行挡土墙平面与高程控制测量及施工测量。

对加筋挡土墙的施工要求主要包括：第一，加筋土土料按照设计规定选土，就近取土。不能用白垩土、硅藻土和腐殖土。施工之前要对所用土料进行物理、力学试验。砂类土、砾类土力学性能稳定，受含水量影响较小，因此加筋土料选择时应优先选用。第二，按照设计规定选择筋带材料，施工前对筋带材料进行拉拔、直剪、延伸复测试验，其指标符合设计规定后方可使用。采用钢质拉筋时，应按设计规定做防腐处理。第三，控制加筋土的填土层厚度和压实度。每层虚铺要不大于25cm，压实度要符合设计规定，并要大于95%（重型击实）。靠近墙面板1m范围内，应使用小型机具夯实或人工夯实，不得使用重型压实机械压实。第四，当填土中设有土工布时，土工布搭接宽度为30～40cm，并按照设计要求留出折回长度。第五，挡土墙板缝在填土前，要贴铺土工布，土工布必须超出缝边30cm以上，且贴铺平整和牢固。第六，安装预制挡土墙板前，应进行测量定线。安装挡土墙板，要向路堤内倾斜，其垂直度应控制在约1%，并设测斜观测点。第七，预制板安装后，经校测无误，浇筑基础槽口混凝土。第八，加筋土填土开始后，按设计要求铺土工布、筋带并做记录；铺土碾压，每层应测压实度。并按照施工方案观测挡土墙板位移，做记录。

（三）薄壁式挡土墙的施工

1. 薄壁式挡土墙的构造

悬臂式挡土墙由立壁（墙面板）和墙底板（包括墙趾板和墙踵板）组成，有三个悬臂，即立壁、墙趾板及墙踵板。扶壁式挡土墙由立壁（墙面板）、墙趾板、墙踵板以及扶肋（扶壁）组成。

2. 薄壁式挡土墙的施工要点

（1）测量放线

严格按照道路施工中线、高程点控制挡墙的平面位置和纵断面高程。

（2）挡墙基槽开挖

开挖时不得扰动基底原状土，若有超挖，应回填原状，并按照道路击实标准夯实。确保基槽边坡稳定，防止塌方。做好排降水设施，保持基底干槽施工。对土坑、树坑应回填砂石、石灰土并夯实，以免基底不均匀沉降。对基底淤泥、腐殖土应清理干净，回填性能较好的土或石灰土并夯实。

（3）挡墙基础模板在垫层（找平层）上支安模板

模板必须牢固，不得松动、跑模和下沉。模板拼缝严密不漏浆，模内保持清洁。

（4）挡墙钢筋成型

钢筋表面应当清洁，不得有锈皮、油渍、油漆等污垢。钢筋必须调直，调直后的钢筋表面不得有使钢筋截面积减少的伤痕。钢筋弯曲成型后，表面不得有裂纹、鳞落或断裂等现象。所使用钢筋的种类、等级、规格、直径以及各部尺寸经抽样检验均应符合设计要求。

绑扎成型时，绑丝必须扎紧，不得有松动、折断、位移等情况，绑丝头必须弯曲背向模板。焊接成型时，焊前不得有水锈、油渍，焊缝处不得咬肉、裂纹、夹渣，焊药皮应敲除干净。绑扎或焊接成型的网片或骨架必须稳定牢固，杯槽部位的钢筋在浇筑混凝土时不得松动和变形。

（5）浇筑挡墙混凝土基础

混凝土配合比要符合设计强度要求。混凝土要振捣密实，杯槽部位更应加强振捣。预埋件按设计位置与基础钢筋焊牢，以避免振捣混凝土时发生变形或者位移。

（6）挡墙板安装

当基础混凝土强度达到设计强度标准的75%后，才可安装挡土墙板。符合设计强度要求，外观没有缺楞、掉角、裂缝的墙板，方可安装。悬臂式墙板嵌入杯槽内，填实高强度细粒式混凝土，其强度不小于30MPa，并将墙板预埋钢板或钢筋与基础预埋件焊接牢固，焊接完成后进行复测，并对焊缝做检查，合格后填写验收记录单，进行防腐处理后，才能浇筑混凝土。扶壁式墙板就位后，即刻将墙板预埋件与基础预埋件焊牢后，同样封上混凝土。墙板间灌缝混凝土一定要振捣密实，两侧夹板卡牢，不得漏浆。板缝用原浆勾缝，要密实、平顺、美观。

（7）浇筑挡土墙顶混凝土

测量人员按道路纵断面高程控制模板的高程。模板内侧压紧薄泡沫塑料条，严禁跑浆。浇筑前，将墙顶凿毛并刷素浆，有利混凝土上下结合。

（8）墙帽与护栏安装

墙顶帽石坐浆饱满，安装牢固，护栏和帽石联结稳固，防锈漆涂刷均匀，且颜色一致。

第一节　进度控制概述

一、进度控制原理

工程项目的进度控制是指为了实现项目最优的进度目标，对于工程建设进度所进行的计划、执行、检查和调整等系列活动。

在公路工程项目建设过程中，能否使其在预定的时间内交付使用，直接关系到业主和施工企业投资效益的发挥。进行公路工程项目的进度控制是进行项目管理的中心任务和重要环节，它包括计划、执行、检查和调整等基本控制要素。

在进度控制过程中，首先针对公路工程项目各阶段的工作内容、工作程序、持续时间和衔接关系编制进度计划；在计划执行过程中检查实际进度是否按计划要求进行；当实际进度与计划进度出现偏差时要进行原因分析，对计划进行及时调整（包括采取补救措施、修改原计划等），让后续计划在下一循环中达到预定的目标。如此循环往复，直至工程竣工，交付使用。

（一）项目进度计划

公路建设项目进度计划是项目进度控制的依据。它是指公路建设项目各阶段开始前，根据各项活动的先后关系、技术经济特点、组织措施、资源消耗、约束条件等，对其各建设活动在开始与完成时间上进行的规划活动，公路项目进度计划根据使用考、编制范围、对象等的不同，分为下列几种：

1. 业主进度计划

业主进度计划是宏观进度计划，实现项目进度目标。包括了：公路工程项目前期工作计划、公路工程项目建设总进度计划、公路工程项目年度计划。

2. 监理咨询单位进度计划

监理咨询单位进度计划是根据业主要求，实现项目的总进度计划、总进度分解计划、各子项目进度计划。

3. 设计单位进度计划

设计单位进度计划是根据业主要求，实现设计准备工作计划、设计总进度计划和设计工作分专业进度计划。

4. 施工单位进度计划

施工单位进度计划是根据业主要求，从编制的范围与对象看，实现施工准备工作计划、施工总进度计划、单位工程进度计划、分包工程进度计划、分部和分项工程进度计划；从编制计划时间的长短看，实现施工项目年、季、月及旬进度计划。

（二）编制公路工程进度计划应遵循的基本原则

第一，保证目标工期的实现；

第二，投资效果的尽早实现；

第三，尽量使基本建设活动均衡与连续。

项目进度控制在项目进度计划阶段的实质体现在：一是制订分级控制进度计划，即将上级计划细化为项目总进度计划（总控制）、项目分阶段进度计划（中间控制）和项目分阶段的各子项进度计划（详细控制）；二是需对这些计划进行优化，来提高项目进度计划的有效控制程度。

二、进度控制目标

公路工程项目的施工进度控制目标是施工项目生产部在生产副经理指导组织下，根据工程项目的规模、工程量与工程复杂程度，建设单位、施工单位对工期和项目投产时间的要求、资金到位计划和实现的可能性，主要设备进场计划，交通部颁布的"公路工程建筑安装工程工期定额"，工程地质、水文地质、建设项目所在地区的气候等因素，进行科学分析后，根据施工合同确定的开工日期、总工期和竣工日期明确计划开工日期、计划竣工日期及项目分期分批的开工、竣工日期。

项目的最佳工期是由多因素组成的工期指标和奋斗目标，必须以整个系统的全面完成为条件。并非所有的工程工期都是越短越好，不可一味地追求缩短工程工期而导致工程建设项目的投资增加。

合同工期确定后，施工进度控制的任务就是根据进度总目标从不同角度将进度总目标进行层层分解，确定实施方案，形成施工进度目标控制体系，作为实施进度控制的依据，在施工过程中进行控制和调整，以实现进度控制的目标。

施工进度目标控制体系包括公路建设项目建成交付使用的日期总目标、各单项工

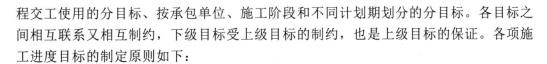

程交工使用的分目标、按承包单位、施工阶段和不同计划期划分的分目标。各目标之间相互联系又相互制约，下级目标受上级目标的制约，也是上级目标的保证。各项施工进度目标的制定原则如下：

（一）按项目组成分解，确定各单项工程开工及竣工日期

各单位工程的进度目标在工程项目建设总进度计划及工程建设年度计划中都有体现。施工阶段应进一步明确各单项工程的开工和交竣工日期，以确保施工总进度目标的实现。

（二）按承包单位分解，明确分工条件和承包责任

在一个单项工程中有多个承包单位参加施工时，应按承包单位将单项工程的进度目标分解，确定出各分包单位的进度目标，列入分包合同，以便落实分包责任，并根据各专业工程交叉施工方案和前后衔接条件，明确不同承包单位工作面交接的条件和时间。

（三）按施工阶段分解，划定进度控制分界点

根据工程项目的特点，可将其施工分成几个阶段，如公路工程项目可分为路基工程、路面工程、桥梁工程、隧道工程、互通立交工程、沿线设施及交通工程等。每一阶段的起止时间都要有明确的标志，特别是不同单位承包的不同施工段之间，更要明确划定时间分界点，以此作为形象进度的控制标志，进而使单项工程施工目标具体化。

（四）按计划工期分解，组织综合施工

将工程项目的施工进度控制目标按年度、季度、月（或旬）进行分解，并用实物工程量、货币工作量及形象进度表示，将更有利于项目管理者明确对各承包单位的进度要求。同时，还可以据此监督其实施，检查其完成情况。计划期愈短，进度目标愈细，进度跟踪就愈及时，发生进度偏差时也就更能有效地采取措施予以纠正。这样，就形成一个有计划有步骤的协调施工、长期目标对短期目标自上而下逐级控制、短期目标对长期目标自下而上逐级保证，逐步趋近进度总目标的局面，最终达到工程项目按期竣工交付使用的目的。

确定施工进度控制目标的主要依据有：工程建设总进度目标对施工工期的要求；工期定额、类似工程项目的实际进度；工程难易程度和工程条件的落实情况等。

在确定施工进度分解目标时，还要考虑下列几个方面：

第一，对于大型工程建设项目，应根据尽量提供单位工程的原则，集中力量分期分批建设，以便尽早投入使用，尽快发挥投资效益。这时，为保证每一单位工程能形成完整的生产能力，就要考虑这些单价工程交付使用所必需的全部配套项目。因此，要处理好前期动用和后期建设的关系、每期工程中主体工程与辅助及附属工程之间的关系、地下工程与地上工程之间的关系、场外工程和场内工程之间的关系等。

第二，合理安排土建与设备的综合施工。要按照它们各自的特点，合理安排土建施工与设备基础、设备安装的先后顺序及搭接、交叉或平行作业，明确设备工程对土

建工程的要求和土建工程为设备工程提供施工条件的内容及时间。

第三，结合本工程的特点，参考同类工程建设的经验来确定施工进度目标。避免只按主观愿望盲目确定进度目标，从而在实施过程中造成进度失控。

第四，做好资金供应能力、施工力量配备、物资（材料、构配件、设备）供应能力与施工进度需要的平衡工作，确保工程进度目标的要求而不使其失控。

第五，考虑外部协作条件的配合情况。包括了施工过程中及项目竣工动用所需的水、电、气、通信线路及其他社会服务项目的满足程序和满足时间。它们必须与有关项目的进度目标相协调。

第六，考虑工程项目所在地区地形、地质、水文、气象等方面的限制条件。

三、进度控制程序

一般来说，进度控制随着工程项目的进程而展开，由于进度控制的总程序与建设程序的阶段划分相一致。在具体操作上，每一建设阶段的进度控制又按计划、实施、监测及反复调整的科学程序进行。

进度控制的重点是项目施工准备和施工阶段的进度控制。因为这两个阶段时间最长、影响因素最多、分工协作关系最复杂、变化也最大。但前期工作阶段所进行的进度决策又是实施阶段进度控制的前提和依据，其预见性和科学性对整个进度控制的成败具有决定性的影响，进度控制总程序如下：

（一）项目建议书阶段

项目建议书阶段，通过机会研究和初步可行性研究，在项目建议书报批文件中提出项目总安排的建议。它体现了业主对项目建设时间方面的预期目标。

（二）可行性研究阶段

可行性研究阶段，对项目的实施进度进行较详细的研究。通过对项目投入使用时间要求和建设条件可能的相关分析，对不同进度安排的经济效果的比较，在可行性研究报告中提出最优的两个或三个及以上备选方案。该报告经评估、审批后确定的建设总进度和分期、分阶段控制进度，就成为实施阶段控制进度的决策目标。

（三）设计阶段

设计阶段，除进行设计进度控制外，还得对施工进度作进一步预测。设计进度本身也必须与施工进度相协调。

（四）施工准备阶段

施工准备阶段，要控制征地、拆迁、场地清障和平整的进度，抓紧水、电、道路等建设条件的准备，组织材料、设备的订货，组织施工招标，办理各种协议签订和有关主管部门的审批手续，这一阶段工作头绪繁多，上下左右间关系复杂。每一项疏漏或拖延都将留下建设条件的缺口，造成工程顺利开展的障碍或打乱进度的正常程序。因此这一阶段工作及其进度控制极为重要，绝不能掉以轻心。在这一阶段里还应通过编制与审批施工组织设计，确定施工总进度计划、首期或第一年工程的进度计划。

（五）施工阶段进度控制的重点是组织综合施工和进行偏差管理

项目管理者要全面做好进度的事前控制、事中控制及事后控制。除对进度的计划审批、施工条件提供等预控环节和进度实施过程的跟踪管理外，还要重视协调好总包不能解决的内外界关系问题。当没有总包单位，建筑安装的各项专业任务直接由业主分别发包时，计划的综合平衡和单位间协调配合的责任就更为重要。对进度的事后控制，就是要及早发现并尽快排除相互脱节、冲突和外界干扰等影响工程进度的不利情况，使进度始终处于受控状态，确保进度目标的逐步实现。与此同时，还要抓好项目投入使用准备工作，为按期或提早竣工创造必要而充分的条件。施工单位的具体进度控制程序如下：

1. 确定施工进度目标

根据施工合同确定的开工日期、总工期和竣工日期确定施工进度目标，明确计划开工日期和计划竣工日期，并确定项目分期、分批的开工、竣工日期。

2. 编制施工进度计划

施工进度计划应根据工艺关系、组织关系、搭接关系、起止时间、劳动力计划、材料计划、机械计划及其他保证性计划等因素综合确定。

3. 报送开工申请报告

向监理工程师提出开工申请报告，并按照监理工程师下达的开工令指定的日期开工。

4. 实施施工进度计划和统计报告

当出现进度偏差（不必要的提前或延误）时，应该及时进行调整，并应不断预测未来进度状况。

5. 实施施工进度计划和统计报告

当出现进度偏差（不必要的提前或延误）时，应及时进行调整，并应不断预测未来进度状况。

6. 进行进度控制总结

全部任务完成后进行进度控制总结并编写进度控制报告。

7. 在竣工验收阶段

施工单位要做好项目的自验和预验收；协助建设单位进行初验；在具备条件后协助业主组织正式验收。在本阶段中，有关甲、乙方之间的竣工结算和技术资料核查归档移交、施工遗留问题的返修、处理等，都会有大量涉及双方利益的问题需要协调解决。此外还有各验收过程的大量准备工作，必须抓全、抓细且抓紧，才能加快验收的进度。

四、进度控制的措施包括组织措施

（一）组织措施

进度控制的组织措施主要包括：

第一，建立包括监理单位、建设单位、设计单位、施工单位、供应单位、市政公用单位等进度控制体系，明确各方的人员配备，进度控制任务及相互关系。

第二，建立进度报告制度和进度信息沟通网络。

第三，建立进度协调会议制度。

第四，建立进度计划审核制度。

第五，建立进度控制检查制度和调度制度。

第六，建立进度控制分析制度。

第七，建立图纸审查、及时办理工程变更和设计变更手续的措施。

（二）技术措施

进度控制的技术措施主要包括：

第一，采用多级网络计划技术和其他先进适用的计划技术。

第二，组织流水作业，保证作业连续、均衡、有节奏。

第三，缩短作业时间、减少技术间歇的技术措施。

第四，采用电子计算机控制进度的措施。

第五，采用先进高效的技术与设备。

（三）经济措施

进度控制的经济措施主要包括：

第一，对工期缩短给予奖励。

第二，对应急赶工给予优厚的赶工费。

第三，对拖延工期给予罚款、收赔偿金。

第四，提供资金、设备、材料、加工订货等供应时间保证措施。

第五，及时办理预付款及工程进度款支付手续。

第六，加强索赔管理。

（四）合同措施

进度控制的合同措施包括：

第一，加强合同管理，加强组织、指挥、协调，来保证合同进度目标的实现。

第二，严格控制合同变更，对各方提出的工程变更和设计变更，监理工程师应该严格审查后补进合同文件中。

第三，加强风险管理，在合同中充分考虑风险因素及其对进度的影响、处理办法等。

第二节　进度计划的审核与实施

一、进度计划的审核

对进度计划进行认真审核的目的是检查制定的工程进度计划是否合理，是否适合工程项目的实际条件和施工现场情况，避免用不切实际的工程施工进度计划来指导施工。

施工进度计划的审核内容主要有：

第一，进度安排是否符合建设项目总进度计划中总目标和分解目标的要求，是否符合施工合同中开、竣工日期的规定。

第二，施工总进度计划中的项目是否有遗漏，分期是否满足分批完工，投入使用的需要和配套投入使用。

第三，施工顺序是否符合施工程序。

第四，劳动力、材料、构配件、机具和设备的供应计划是否能保证进度计划的需要，供应是否均衡，高峰期是否具有足够能力实现计划供应。

第五，建设单位资金供应能力是否能满足进度需要。

第六，与设计单位图纸提供进度是否一致。

第七，建设单位应提供的场地条件、甲方供应物资及否衔接。

第八，总分包分别编制的各项单位工程施工进度计划之间是否协调是否明确合理。

第九，是否有造成甲方违约而导致索赔的可能存在。

二、进度计划的实施

在进度计划的实施中应作好如下工作；

第一，检查各层次的进度计划，形成了严密的计划保证系统。施工项目所有各层次的施工进度计划包括；施工总进度计划、单位工程施工进度计划、分部分项工程施工进度计划，它们都是围绕着一个总任务而编制的；它们之间的关系是：高层次的计划作为低层次计划的编制和控制依据，低层次计划是高层次计划的深入和具体化。在其贯彻执行时，应当首先检查其是否紧密配合、协调一致，计划目标是否层层分解，互相衔接，检查是否在施工顺序上、空间安排上、时间安排上、资源供应上等方面有无矛盾，以确保计划实施保证体系的可靠性，并且以施工任务书的方式下达到各施工队组，以保证计划的实施。

第二，层层签订承包合同或下达施工任务书。总承包单位与各分包单位、单位与项目经理、施工队和作业班组之间应分别签订承包合同，按计划目标明确规定合同工期，相互承担的经济责任、权限和利益。施工单位内部也可采用下达施工任务书形式，将作业任务和时间下达到施工班组，明确具体施工任务书和劳动量、技术措施、质量要求等内容，使施工班组必须保证按作业计划完成规定的任务。

第三，全面和层层实行计划交底，让全体工作人员共同实施计划。施工进度计划的实施是全体工作人员的共同行功，要使有关人员都明确各项计划的执行人、目标、任务、实施方案和措施、检查方法和考核办法，使管理层和作业层协调一致，将计划变成全体员工的自觉行动，充分调动和发挥每个员工的干劲和创造精神。因此，在计划实施前，必须进行计划交底工作，根据计划的范围和内容，层层进行交底落实，以使施工有计划，有步骤，连续、均衡的进行。

第四，做好施工进度记录。"记录"就是如实记载计划执行中，每项工作的开始日期、工作进程和完成日期。具作用是为计划实施的检查、分析、调整、总结提供原始资料。因此，由生产统计在计划图上进行实际进度记录，跟踪记载每个施工过程的开始日期、完成日期，记录每日完成数量、施工现场发生的情况、干扰因素的排除情况；跟踪形象进度，并对工程量、总产值、耗用的人工、材料和机械台班等的数量进行统计与分析，编制统计报表。各个级施工进度计划的执行者都要实事求是地跟踪做好施工记录，并填好有关资料。

第五，做好调度工作。实行动态进度控制，调度工作是不可缺少的手段，可以说，调度工作起着各环节、各专业、各工种协调动作的核心作用。调度工作的主要任务是跟踪计划的实施并进行监督，协调关系，排除矛盾，克服薄弱环节，保证作业计划和进度控制目标的实现。

因此，调度工作的内容包括：检查作业计划执行中的问题，找出原因，采取措施予以解决；督促供应单位按进度计划的要求供应资源；控制施工现场道路、水、电等设施等正常使用，搞好平面管理，实现文明施工：发布调度令，开好调度会并跟踪检查决议执行情况等。

调度工作应以作业计划和现场实际需要为依据，按政策和规章制度办事，加强预测，信息通畅，做到及时、准确、灵活、果断及确保工作效率。

第六，在执行施工合同中对进度、外工及延期开工、暂停施工、工期延误及工程竣工的承诺。

第七，处理工期索赔。

第三节　进度计划的检查与调整

一、进度计划的检查

要了解和掌握项目进度计划在实施过程中的变化趋势和偏差程度，必须进行项目进度检查。项目进度控制是项目进度检查阶段的实质性体现：一是跟踪检查；二是数据采集；三是偏差分析（实际结果与进度计划的比较）。这类偏差识别工作的快速、准确进行，可提高项目进度控制的敏感度和精度。

进度计划的检查是计划执行信息的主要来源，是施工进度调整和分析的依据，也是进度控制的关键步骤。对进度计划的检查应做好以下工作：

第一，在工程项目的施工中，每日按单位工程、分项工程或工艺对实际进度进行记录，并予以检查，以作为掌握工程进度和进行决策的依据。每日进度检查记录应包括以下基本内容：当日实际完成及累积完成的工程量：实际参加施工的人力、机械数量及生产效率；施工停滞的人力、机械数量及其原因；承包人的主要技术人员到达现场的情况；当日发生的影响工程进度的特殊事件或原因：当日的天气情况等。

第二，根据现场提供的每日施工进度记录，及时进行统计和标记，并通过分析和整理，每月总结一份工程进度报告。该报告应包括以下主要内容：工程进度概况或总说明，应以记事方式对计划进度执行情况提出分析；编制出工程进度累计曲线和完成投资额的进度累计曲线；显示关键线路（或主要工程项目上）一些施工活动及进展情况的工程图片；反映施工现金流动、工程变更、价格调整、索赔、工程支付及其他财务文化情况的财务状况：影响工程进度或造成延误的其他特殊事项、因素及解决措施。

第三，编制和建立各种用于记录、统计、标记，反映实际工程进度与计划进度差距的进度控制图及进度统计表，以便随时对工程进度进行分析和评价，并且作为要求承包人加快工程进度、调整进度计划或采取其他合同措施的依据。

进度计划检查的方法主要是对比法，即用实际进度与计划进度进行对比，从而发现偏差，以便调整或修改计划。一般常用进度控制图形比较方法直观进行进度比较、控制，常用的进度控制图形比较方法有：横道图比较法、SB曲线比较法、"香蕉"曲线比较法及网络计划比较法。

1. 横道图比较法：

实际进度与计划进度的比较量常用的方法是横道图比较法。即将项目实施中检查实际进度收集的信息，经整理后直接用横道线标于原计划的横道线下，进行直观比较。

2. S形曲线比较法：

S形曲线亦能直观反映工程的实际进展情况。项目实施过程中，每隔一段时间将实际进展情况绘制在原计划的S形曲线上进行直观比较，通过比较可以获得如下信息：

第一，实际工程进展速度；

第二，进度超前或拖延的时间；

第三，工程量的完成情况；

第四，后续工程进度预测。

3. "香蕉"曲线比较法：

"香蕉"形曲线是两种S形曲线合成的闭合曲线。ES曲线为各项活动均按最早开始时间而绘制的S形曲线：LS曲线为各项活动均按最迟开始时间开始而绘制的S形曲线。

"香蕉"曲线能直观反映工程的实际进展情况，比S型曲线能获得更多的信息。

利用"香蕉"曲线可进行：

第一，进度计划的合理安排；

第二，实际进度与计划进度的比较；

第三，对后续工程进度进行预测。

4. 网络计划比较法：

利用网络计划检查各项作业的计划执行情况时，可以用以下的表达方法：

第一，记录实际作业时间进行检查。例如果项工作计划为 8d，实际进度为 7d，将实际进度记录于括弧中，显示进度提前 1d。

第二，记录工作的开始日期和结束日期进行检查。

第三，标注已完工作。可以在网络图上用特殊的符号、颜色记录作业已完成部分。

二、进度计划的执行情况分析

（一）项目进度执行

项目进度执行过程中，由于存在干扰因素，会使实施结果偏离进度计划。项目进度控制在项目进度执行阶段的实质性体现：一是预测干扰因素；二是分析风险程度；三是采取预控措施。采用这些监控手段，可以避免或减少实际结果与进度计划的偏差。

（二）执行情况分析

项目进度计划在实施过程中，由于承包人的机械及人力的变化、管理失误、恶劣的地质、气候条件或业主的原因等因素的影响，都将给施工进度计划的实现带来困难，造成进度拖延。这时，可以采用因果关系分析图，影响因素分析表，工程量、劳动效率对比分析等方法，详细分析进度拖延的各种影响因素及其大小。

（三）进度拖延的常见原因

进度拖延的原因是多方面的，常见的有：

第一，工期及相关计划的失误，计划工期及进度计划超出现实可能性。

第二，自然条件的影响，遇到了更加不利的自然条件。

第三，管理过程中的失误，如计划部门与实施者之间，总、分包人之间，业主和承包人之间缺少沟通，许多工作脱节。

第四，边界条件的变化，如设计变更、设计错误及外界（如政府，上层机构）对项目提出新的要求或限制。

第五，资金不到位，材料、设备不按期到货等。

三、进度计划的调整

计划实际执行指标与计划指标发生偏差而需要调整时，承包人应对原工程进度计划及现合流动计划予以调整，以符合实际。保证满足合同工期的要求，并报经监理工程师批准。工程项目进度控制是周期性进行的，项目经理是进度控制的核心部分，业主、承包商和监理工程师的共同控制是进度控制的有力保证。

进度计划的调整是个非常复杂的过程。项目进度控制在项目进度调整阶段的实质性体现：一是偏差分析，分析产生进度偏差的前因后果；二是动态调整，寻求进度调整的约束条件和可行方案；三是优化控制、决策使进度、费用变化最小，能达到或逼近进度计划的优化控制目标。偏差分析、动态调整和优化控制是项目进度控制中最困难、最关键的控制要素。进度计划的调整可以从关键线路、非关键线路、工作项目、逻辑关系、作业持续时间和资源等方面入手，同时要科学分析且综合考虑，确保合同工期。

（一）对关键线路的调整

调整工程进度计划，主要是调整关键线路上的施工安排。对于非关键线路，如果实际进度与计划进度的差距并不对关键线路上的实际进度造成不利影响时，可不必对整个工程进度计划进行调整，只需对机动和富裕时间予以局部调整安排。如果工程进度比原计划的进度提前时，确定是否需要对原计划工期予以缩短，如果不需要缩短，可利用这个机会降低资源强度，降低费用；如果要利用提的完成的关键线路效果，促使整个计划工期提前完成，就可将计划中未完成的部分重新计算与调整，按新的进度计划执行，保证新的关键工作按新计算的时间完成。如果工程进度比原计划的进度拖延时差较大，并影响到合同工期的关键线路时，必须及时对工程进度计划作整体修订与调整，在末完成的关键线路中选择资源强度小的工作予以缩短，将会延迟的时间抢回来。

（二）对非关键线路的调整

当关键线路上某项工程的施工时间比计划增加，意味着整个工期将延长。在这种情况下，承包人先把注意力集中在非关键线路上，看非关键线路上的工程是否有机动时间（时差），能否把非关键线路上的机械、人员调整到关键线路上的关键工序上去，以改变关键线路的时间；如果不能，为了满足关键线路的工程按计划完成，承包人则可能延长工作时间，或者重新增加新的机械和人员来完成进度计划的调整；当非关键线路的实际进度比计划进度拖延时差较大，并影响到合同工期的关键线路时，必须充分利用资源，降低成本，满足施工需要，及时修订与调整工作时差，满足进度计划。进度计划调整方法有两种：

第一，在总时差范围内移动工作，改变时差位置，降低资源强度；

第二，延长非关键工作的持续时间或缩短工作的持续时间，降低资源强度。

（三）增减工作项目

增减工作项目均不应打乱原网络计划的总体逻辑关系，只可改变局部的逻辑关系使原进度计划得以实施。增加工作项目，仅是对有遗漏或不具体逻辑关系进行补充；减少工作项目，仅是对已提前完成的工作项目或原不应设置的工作项目予以删除。

增减工作项目之后，应重新计算时间参数，分析调整是否对原计划工期有影响，如不符合要求，应采取措施，以使计划保持不变。

（四）调整逻辑关系

当施工组织或施工方法改变后，可调整逻辑关系。调整逻辑关系是以不影响原定计划工期和其他工作顺序为前提，不能否定原进度计划。

（五）调整作业的持续时间

如果作业的持续时间计划有误、在计划检查中被发现或实现确有困难时，可进行调整。调整是按施工的劳动定额重新计算作业的持续时间，然后计算各作业的时间参数。

在没有取得合理延期的情况下，实际工程进度过慢，将不能按照进度计划预定的竣工期完成工程时，可采取加快工程进度的措施，以赶上工程进度计划中的阶段目标或总体目标。

（六）调整资源

当资源供应发生异常时，即资源中断或强度降低，不可以满足施工需要，影响计划工期的实现时，可进行工期规定、资源有限或资源强度降低、工期适当优化，以保证计划工期。

施工进度计划调整后，应该编制调整后的施工进度计划。

第四节　施工进度控制总结

施工进度计划完成后，应及时进行施工进度控制总结，编写进度控制报告，总结内容包括：

第一，合同工期目标及计划上期目标完成情况；

第二，施工进度控制经验；

第三，施工进度控制中存在的问题及分析；

第四，科学的施工进度计划方法应用情况，

第五，施工进度控制的改进意见。

第一节　公路工程施工项目质量管理概述

一、质量管理的概念

所谓质量管理，广义地说，是为最经济地生产出适合使用者要求的高质量产品所采用的各种方法的体系。随着科学技术的发展和市场竞争的需要，质量管理已越来越为人们所重视，并逐渐发展成为一门新的学科。最早提出质量管理的国家是美国。日本在第二次世界大战后引进美国的一整套质量管理技术和方法，结合本国实际，又将其向前推进，使质量管理走上了科学的道路，取得了世界瞩目的成绩。质量管理作为企业管理的有机组成部分，它的发展也是随着企业管理的发展而发展的，其产生、形成、发展和日益完善的过程大体经历了下列几个阶段：

（一）质量检验阶段（20世纪20—40年代）

20世纪前，主要是手工业和个体生产方式，依靠生产操作者自身的手艺和经营来保证质量。进入20世纪，由于生产力的发展，机器的生产方式与手工作业的管理制度的矛盾，阻碍了生产力的发展，于是出现了管理革命。美国的泰勒研究了从工业革命以来的大工业生产的管理实践，创立了"科学管理"的新理论。他提出计划与执行，检验与生产的职能需要分开的主张，即企业中设置专职的质量检验部门和人员，从事质量检验。这使产品质量有了基本保证，对提高产品质量、防止不合格产品出厂或流入下一道工序有积极的意义。由于这个阶段的特点是质量管理单纯依靠事后检验，剔除废品。所以，它的管理效能有限。1924年，管理统计学家休哈特提出"预防缺陷"

的概念。他认为，质量管理工作除了事后检查以外，应该在有不合格产品出现苗头时，就应发现并及时采采取措施予以制止。他创造了统计质量控制图等一套预防质量事故的理论。与此同时，还有一些统计学家提出了抽样检验的办法，把统计方法引入了质量管理领域，使得检验成本得到降低。

（二）统计质量管理阶段（20 世纪 40—50 年代）

第二次世界大战初期，由于战争的需要，美国许多民用生产企业转为军用生产。由于事先无法控制产品质量，造成的废品量很大，耽误了交货期，甚至因军火质量差而发生事故。同时，军需品的质量检验大多属破坏性检验，不可能进行事后检验。于是人们采用了休哈特的"预防缺陷"的理论。美国国防部请休哈特等研究制定了一套美国战时质量管理方法，强制生产企业执行。这套方法主要采用统计质量控制图，了解质量变祕的先兆，进行预防，使不合格品率大为降低，对保证产品质量收到良好的效果。这种方法宙数理统计方法控制生产过程影响质量的因素，把单纯的质量检验变成了过程管理，使质量管理从"事后"转到了"事中"，使单纯的质量检验大为改进。但对数理统计知识的掌握有一定的要求，同时，易忽略生产与管理人员的作用。至20 世纪 50 年代，人们逐步认识到统计质量管理方法不可以全面保证产品质量，从而出现了"全面质量管理"阶段。

（三）全面质量管理阶段（20 世纪 60 年代以后）

20 世纪 60 年代以后随着社会生产力的发展和科学技术的进步，经济上的竞争日益激烈。特别是大批高安全性、高可靠性、高科技和高价值的技术密集型产品和大型复杂产品的质量在很大程度上依靠对各种影响质量的因素加以控制，才能达到设计标准和使用要求。人们对质量控制的认识有升华，意识到单纯靠检验手段已不能满足要求了。大规模的工业化生产的质量除了与设备、工艺、材料、环境等因素有关，还与职工的思想意识、技术素质、企业的生产管理技术等有关。同时，检验质量的标准与用户需要的质量标准之间也存在时差，必须及时地收集反馈信息，修改制度满足用户需要的质量标准，使产品具有竞争性。20 世纪 60 年代，美国的菲耿堡姆首先提出了较系统的"全面质量管理"概念。其中心思想是：不可以单纯依靠数理统计方法，必须和企业管理结合起来，才能保证产品质量。

全面质量管理阶段的特点是针对不同企业的生产条件、工作环境及工作状态等多方面因素的变化，把组织管理、数量统计方法及现代科学技术、社会心理学、行为科学等综合运用于质量管理、建立适用和完善的质量工作体系，对每一个生产环节加以管理，做到全面运行和控制，通过改善和提高工作质量来保证产品质量；通过对产品的形成和使用全过程管理，全面保证产品质量；通过形成生产、服务企业全员、全企业、全过程的质量工作系统，建立质量体系以保证产品质量始终满足用户需要，使企业用最少的投入获取最佳的效益。

二、全面质量管理

（一）全面质量管理的基本概念

1. 全面的质量标准

工程质量指工程产品能够满足人们的需要所具有的自然属性。例如：路面要满足行车和行人的需要，必须具有一定的力学强度、抵抗自然因素的能力等。工程质量既要反映工程的客观需要，又要考虑到设计、施工、日后使用与维修的水平及能力。为此，对工程质量需要提出较全面的要求：性能好、安全可靠、造价低廉、使用方便、寿命长及适应性好等。

要保证工程质量，必须做好工作质量。而工作质量是企业各方面工作质量的综合反映，工作质量体现在企业的一切生产技术和经营管理，以及各种辅助服务的活动中，通过施工过程中的工作效率、工作成果，最后可在工程质量、经济效益中表现出来。工程产品质量不仅要体现产品的使用价值，如产品的适用性、可靠性等技术特性；还要体现产品的经济性、交货期和技术服务质量等；同时，用户对产品质量的要求也会不断变化和提高。全面质量管理就是为满足上述质量标准的综合性和动态性的要求而进行的管理工作。

2. 全过程的质量管理

公路产品的质量不仅决定于施工阶段的质量，与勘察设计、材料和施工设备的质量、使用阶段技术服务的质量均有关，因此，施工单位不仅要加强施工全过程的质量控制，还要做好对设计质量的审核和进场材料及设备的检验工作；不仅要对工程质量进行管理还要对工作质量进行管理；不但对产品性能进行管理还要对产品的经济性和技术服务质量进行管理，即要进行全过程管理。

3. 全员参与的管理

在实施全过程的质量管理时，从项目经理到每个员工，他们的工作都直接或间接与产品质量的形成有关。所以，质量管理需要全体员工的参与，即企业中各部门所有人员均应参与质量管理工作。

4. 全面运用各种管理方法和技术的科学管理

全面质量管理要采用科学的态度和科学的方法，一切用数据说话，进行科学管理。

（二）全面质量管理的方针原则

1. 贯彻"质量第一"的方针

质量是企业信誉的基础，也是市场竞争的需要，故质量问题应引起全体员工的重视。

2. 贯彻"预防为主"的方针

质量管理不仅要对产品进行严格检验，而且在产品的形成过程中也要严格控制，对产品的质量形成过程中的每个环节采取预防措施以保证产品的质量。

3. 用数据说话

在质量管理过程中，尽可能运用质量检验和实验数据来判别质量的优劣，采用数量统计的方法对质量进行控制，让质量管理科学化。

4. 要有广泛的群众基础

公路工程产品的质量是由项目管理的工作质量保证的，因此，要保证公路产品质量必须确保项目管理的工作质量。而项目管理的工作质量涉及形成产品质量的所有环节、过程和项目管理的各部门和职工，所以，项目管理的工作质量是广大职工共同创造出来的。

5. 要有严密的组织保证，

要进行全面质量管理，必须设立相应的机构，配备一定的成员，明确划分各成员职养和权限，要有严密的组织保证。

（三）全面质量管理的基础工作

全面质量管理是一个科学的体系，由大量的基础工作有机结合起来而完成。

1. 标准化工作

标准化包括两个方面的内容：一是技术标准化，包括了产品品种、规格的系列化和尺寸、质量、性能的统一化，以及工艺规程、操作方法、检验技术等的标准化，它是判别工序质量和产品质量的基础，也是实现构配件生产工厂化、施工机械化、管理科学化的前提；二是管理业务工作的标准化，包括经营管理工作的系统化、程序化和规范化，它是检验工作质量的基础。

2. 计量工作

做好计量工作，目的是提供准确、可靠的数据，为实现质量管理的定量化奠定基础。公路施工质量管理的计量包括生产过程中的投料计量、监测计量和对成品的测试、检验、分析计量等。在计量过程中，要做到以下几点：

保证计量器具及仪表设备的正确和合理使用。

确保量具及仪器按国家的检定规程进行检验。

采用新的测量技术和方法，实现检测手段的现代化，如快速测定水泥强度、早期预测混凝土强度、无损探伤技术及其他现场监控技术等，来更好地控制质量。

3. 质量情报工作

质量情报是反映工程质量的有关信息，如工程的基本数据、原始记录和已经交付使用的工程中反映出来的各种数据资料等。质量情报工作包括：

从施工过程和辅助生产过程中收集的反映工作质量和工序质量的情报资料。这些情报资料有：原材料、半成品验收和试验记录，施工过程中的操作记录，隐蔽工程及分部分项工作验收记录，设计变更记录，有关质量问题的处理记录，劳动力、材料、物资及资金消耗的原始记录等。

从已经交付使用的工程项目中反映出来的情报资料。主要通过组织对施工项目使用情报的回访调查得到，如使用寿命、常见病害、养护费用与工程质量的关系等。

从国内外同行中收集有关情报资料，以掌握质量管理的新水平、新技术和发展趋势，进而找出差距，明确赶超目标，使公路项目的质量管理不落后、不掉队。

总之，做好质量情报工作是改善工程质量的原始依据，也是认识影响质量变化的因素，提高工程项目质量的基本手段。因此，质量情报工作要做到准确、及时、全面及系统。

4. 质量责任制

建立质量责任制是把有关质量管理的具体要求落实到每个部门和每个工作岗位，把有关的各项工作组织起来，形成一个严密的质量管理工作体系。完整的质量管理工作体系必须有组织上的保证和健全的规章制度，其中主要是责任制度。组织上的保证在于建立和健全公司、项目经理、施工队和班组的质量管理小组。相应的责任制包括质量管理部门的责任制、质量管理人员的责任制、工人的质量责任制。

5. 开展质量教育

首先，对职工进行用户服务、对用户负责的质量责任教育。在此基础上，再进行全面质量管理知识的教育，树立新的质量管理概念，然后，进行一定的技术业务培训，使职工具有保证操作质量的技术知识与业务技术能力。

三、QHSE 管理体系

（一）QHSE 的概念

企业的管理体系是企业各种控制的有机组合，它是由多个相对独立的要求有机地构成的。在这个总体系下，可能有多个并存的管理体系，如财务管理体系、人力资源管理体系、质量管理体系、安全管理体系、环境管理体系以及营销管理体系等，它们是企业管理的分支。目前，世界上存在很多管理体系标准，如国际标准化组织 ISO9000 质量管理体系、ISO14000 环境管理体系、HSE（健康、安全、环境）管理体系和一些国家及地区职业健康安全管理体系等。21 世纪的管理趋势是将质量管理体系、环境管理体系和职业安全卫生管理体系三种管理体系同时去运用在企业的日常管理中，以达到经济效益、社会效益和其他效益的共同实现。

QHSE 综合管理体系就是在 ISO 9001 标准、ISO 14001 标准、GB/T 28000 族标准的基础上，根据共性兼容、个性互补的原则，将企业的质量（Quality）、健康（Health）、安全（Safety）和环境（Environment）等组织目标整合而成的综合管理体系。QHSE 是质量、健康、安全、环境的英文第一个字母的组合，是一种科学的生产管理体系，已成为企业实施有效管理的趋势和潮流，为了企业全面提高管理水平、加强综合实力提供较好的管理手段和工具。

（二）QHSE 系列标准的特点

QHSE 管理体系是组织中管理体系的一部分，它致力于使与质量目标有关的输出适当地满足相关方的需要、期望和要求。组织的质量、环境以及职业健康与安全目标同其他目标（如与增长、资金、利润有关的目标）相辅相成。一个组织的管理体系将有助于策划、资源配置、确定互补等目标的实现，并可评价组织的总体有效性。组织的管理体系可以对照其要求进行评价，也可参照国际标准要求进行审核。

QHSE 管理体系系列标准提出的质量管理体系方法和组织模式是依据共同的原则，为组织管理体系提出了要求，并为业绩改进提供了指南。

企业可以根据自身的规模、特点，参照标准确定的原理、规律、程序开展工作，不可生搬硬套，因此，该标准的目的是提供指导，并不是 QHSE 管理工作的标准化。

该体系是规范的补充。如公路施工有一套完整的施工技术规范，是应当首先执行的。如果规范的内容不够完善，由于 QHSE 系列标准明确了企业质量管理的工作程序，因此，可作为对技术规范的补充，用于控制公路产品的形成过程，保证合格的产品质量。

灵活运用，内容可调整。不同企业可以选择不同条款，组合出既符合质量管理原理、又适用于本企业的 QHSE 管理体系。

（三）QHSE 管理体系要素

QHSE 管理体系中各分体系的共同点是对损失的控制和管理。损失控制可以视为把质量、环境、安全、卫生等管理课题综合起来，针对所有可能导致损失的企业运作的关键点施加有效地管理。这是一项系统的工作，应当找出潜在的损失、评估风险，实行适当地控制、并对之进行监测。戴明的"质量改进模式"是 QHSE 管理体系所依据的管理模式，该模式由"计划、实施、检查和改进"4 个阶段的循环组成，简称 PDCA 循环模式。QHSE 管理体系的建立是以质量管理国际标准为平台，以环境管理国际标准和职业安全健康管理国际标准为辅助平台，用企业的整体运作过程为主线，通过对影响质量、健康、安全和环境等关键因素的控制，实施有效的 QHSE 综合管理。

（四）公路施工企业 QHSE 管理体系

1. 一般要求

根据 QHSE 管理体系的含义和公路施工企业的特点，公路施工企业的 QHSE 管理体系应满足以下几点要求：

企业为了实施质量、职业健康和安全、环境管理，实现企业的 QHSE 管理目标，必须建立健全的 QHSE 管理体系。

QHSE 管理体系是一个组织落实、职责明确、有物资保障、有具体工作内容的有机整体。所以，QHSE 管理体系要包括一套专门的组织机构，具有质量、安全、环境、工期、服务等方面的人力和物力，明确有关部门的职责和权力及完成任务的程序和活动。

一般情况下，企业的 QHSE 管理体系只有一个，但对于大型公路施工企业，由于施工任务的需要，可能下设多个独立的专业施工单位，这时，除了建立大型施工企业实施总的质量、安全、环境控制和管理体系外，其下属的专业施工单位也可能建立各自的质量、安全、环境体系·实施有效的 QHSE 管理，实现各自的质量、安全、环境目标。

2. 公路施工企业建立 QHSE 管理体系的基本原则

（1）适应环境的原则

对于不同的施工任务，公路施工企业要面对各种不同的合同环境，需要有不同的范围、不同程度的外部质量保证，这就要求对质量体系要素的确定与实施存在一定程度的变化。所以，企业建立 QHSE 管理体系，选择体系要素时，首先要了解外部合同环境所需要的质量、安全、环境保证范围和质量、安全、环境保证程度，以确定QHSE 管理体系的要求和应开展的质量、安全及环境保证活动程度。

（2）实现企业目标的原则

企业管理体系的设立必须保证企业目标的实现。在建立 QHSE 管理体系时，应进行合理的质量、安全、环境职能分解，落实质量、安全、环境责任制；确保 QHSE 管理体系正常运转；通过质量、安全、环境审核和评定，提高 QHSE 管理体系运转的有效性，提高满足用户明确或隐含需要的能力。

（3）适应公路项目特点的原则

在建立 QHSE 管理体系时，要考虑公路项目施工的特殊性和翻修翻的艰巨性，明确了解其各工序应满足的质量、安全、环境要求，以及对各环节影响质量的因素控制的范围和程度要求，以保证稳定地实现工程质量特性及要求。

（4）最低风险、最佳成本、最大利益原则

在保证实现企业目标的同时，QHSE 管理体系要使企业经营机制处在质量与成本的最佳组合，实现社会效益与经济效益的统一。

3. 公路施工企业 QHSE 管理体系总要求

公路施工企业应按要求建立 QHSE 管理体系，形成文件，加以实施和保持，并持续改进其有效性。公路施工企业应识别 QHSE 管理体系的过程及其在企业中的应用；确定这些过程的顺序和相互作用；确定为确保这些过程的有效运行和控制所需的准则和方法；确保可以获得必要的资源和信息，以支持这些过程的运行和对这些过程的监视；监视、测量和分析这些过程；实施必要的措施，用实现对这些过程规划的结果和对这些过程的持续改进，并按标准和要求管理这些过程。

（五）QHSE 运行

QHSE 管理体系的建立标志着企业在安全、环境和健康管理上进入了新阶段，为企业真正实现系统化、科学化、标准化的管理提供了保证。但这种管理模式能否长期、有效地在企业内运行，取决于在实施过程中能否将体系文件与工作实践有机结合，克服体系运行过程中所存在的表面化、形式化和教条化的弊端，不断完善管理体系，使之更加符合实际，达到持续改进的目的。

1. 各级领导以身作则，积极参与 QHSE 工作

在 QHSE 管理体系实施过程中，各级领导的重视是体系建立和推动体系运行的前提和动力。企业领导不仅要维系在口头承诺上，还应以身作则，积极参与体系的建设和实施，定期召开 QHSE 例会，签发 QHSE 文件，组织体系审核、管理评审，为 QHSE

管理方案的落实提供人、财、物等方面的支持。在体系实施过程中，遇到 QHSE 管理职责的调整和划分以及 QHSE 管理带来原有工作程序改变等问题时，企业领导应及时主持召开 QHSE 工作领导小组会议，协调解决问题。企业部门领导要以身作则，认真履行本部门相关职责，积极配合 QHSE 管理部门完成各项 QHSE 工作；企业基层领导要发动本单位员工严格执行 QHSE 管理制度，积极参加培训，参加危害识别和作业安全分析等 QHSE 活动，规范个人 QHSE 行为，鼓励先进，实现了全员的 QHSE 管理，避免出现人为的执行偏差。

2. 大力开展 QHSE 宣传和教育

QHSE 管理体系是一种全新的管理模式，只有使全体员工具备正确的 QHSE 思想意识和观念，并自觉按 QHSE 的管理标准来规范自己的行为，在企业内部逐步形成一种文化，才能使这种管理体系很好地实施。具体可以采取以下办法：

开展一系列的宣传活动，提高全体员工对 QHSE 的认识例如：在企业内部广播站、电视台定期或不定期地播放 QHSE 新闻；编制 QHSE 月度信息公报，利用简报向全体员工公布不安全行为、状、况、事故隐患、员工反馈意见等；在工作场所树立 QHSE 标志牌；开展 QHSE 宣传周；组织 QHSE 知识竞赛等。

分层次对员工进行意识培训，对企业高层管理人员，要求其对国家、集团公司、企业有关的 QHSE 的方针、政策、法律、法规及规章制度、领导承诺、职责、QHSE 管理体系的原理、原则、功能、控制方法等有明确的认识，明确高层管理人员在体系实施中的主导地位和作用。中层管理人员要明确国家、集团公司、企业有关的 QHSE 的方针、政策、法律、法规及规章制度、标准 QHSE 的基础理论知识、本部门、本岗位的 QHSE 职责等。基层单位负责人、班组长、安全员、员工等，应该重点培训实施 QHSE 管理体系的重要性、员工的 QHSE 职责等，使执行层人员明白遵守方针、程序和体系要求的重要性、清楚其作业区域存在的风险以及个人工作改进带来的 QHSE 好处、处理事故和紧急情况的作用及职责等。

3. 强化基层员工的技能培训和行为训练

为确保 QHSE 管理体系的有效运行，控制风险、避免事故的发生，必须使全体员工了解风险、识别风险、对风险进行评估，从而达到控制风险的目的。这要求强化对员工 QHSE 技能培训和行为训练，如：组织员工学习危害识别方法；组织员工学习涉及本单位的 QHSE 程序文件及运行控制文件，涉及本岗位的 QHSE 作业指导书及安全葱作规程、安全作业方案等；加强对事故预防措施的学习和演练；进行了 QHSE 专业理论知识南学习和实地操作演练。

4. 加强记录管理，注重信息沟通

记录可为企业实现有效的管理提供信息，为 QHSE 管理体系的改进提供依据，同时也对外提供了管理体系运行的证据。因此，QHSE 管理体系的有效运行需要大量记录的支持，在体系运行过程屯必须加强信息沟通，包括横向信息沟通与纵向信息沟通。横向信息沟通即 QHSE 管理部门与企业其他部门之间的沟通，要注意 QHSE 记录与其他部门下发到基层单位的记录进行对比，尽量简化减少员工的工作量；纵向信息沟通

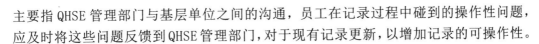

主要指 QHSE 管理部门与基层单位之间的沟通，员工在记录过程中碰到的操作性问题，应及时将这些问题反馈到 QHSE 管理部门，对于现有记录更新，以增加记录的可操作性。

5. 抓好 QHSE 职责的落实，严格检查考核

施工企业应成立专门的 QHSE 检查考核小组，不定期地对各部门、单位、个人的 QHSE 职责落实情况进行检查，实行考核项目标准化、指标定量化、检查记录表格化，检查者和被检查者签字确认，并以此为依据，确定部门、单位、个人的 QHSE 业绩表现，对照年度 QHSE 目标进行考核，考核结果与经济责任挂钩。只有经常考核，才能及时掌握完成情况，把握工作方向，确保 QHSE 管理体系的有效运行。

6. 强化作业现场 QHSE 管理

首先，应做好作业现场的风险管理。组织员工对所有作业活动进行危害识别和风险评估，根据风险量的大小采取适当的风险控制措施，保证作业活动的可靠运行。

其次，要突出抓好检修过程中的 QHSE 管理。以危害识别、风险评估为重点，落实 QHSE 职责，制定 QHSE 管理方案，提出 QHSE 保证措施，制定相关应急预案。

然后，加强对作业现场的检查监督，对不合格项以及时采取纠正措施。

7. 开展内部审核，使体系持续改进

QHSE 管理体系运行一段时间后，要对 QHSE 管理体系的符合性、有效性、适用性进行审核，内部审核作为审核的一种方式，可以自我诊断和评审企业的 QHSE 管理体系方面取得的成效，进一步督促员工自觉履行 QHSE 职责，达到改善体系的目的。施工企业至少每年对 QHSE 管理体系进行一次内部审核，内部审核应覆盖所有部门、活动和服务，在审核时，审核小组应本着客观、独立、公正的原则，用事实为依据，内审是否有效关键是纠正措施的落实及其跟踪审查。

QHSE 管理体系是质量、健康、安全、环境为一体的管理模式，该管理体系的建立使企业内的职责和权限更明确、清晰，为企业节省了大量的审核时间及审核经费，为企业带来经济效益。但并非国际标准本身产生的效益，而是隐含在企业内部无数个管理细胞中的一个，国际标准只是一种有效控制和管理企业的途径。因此，企业要避免僵化，不能主观教条，应按照国际标准管理，不可扼杀人的创造性。

第二节 公路工程施工项目质量管理现状及优化方法

一、公路工程项目质量管理现状

随着经济和社会的发展，科学技术的进步与创新，人们对于基础设施建设的"质量和效益"的意识也在不断增强。跨越了仅仅对工程结构物本身内在质量的要求，认真思考深层次的质量问题，或者说"大质量"的问题．融合"总体规划设计的合理性、工程结构的耐久性、社会效益的可持续性"的工程品质和基础设施的有效服务越来越受到重视。目前，我国公路基础

设施建设技术进入世界先进行列，并且我国公路工程质量稳步提升，主要表现在：各级公路建设主管部门加强了质量管理，制定了明确的质量目标，抓质量的力度明显增强，公路建设各项规章制度得到进一步贯彻落实。在大多数的公路重点建设项目中，较为严格地执行了国家规定的基本建设程序。绝大多数项目贯彻了公路建设的项目法人责任制、招投标制、工程监理制和合同管理制，明确了质量终身责任制；各地普遍建立了公路施工企业资信登记制度，遏制了工程招投标恶性竞争现象；公路工程实体质量明显提高。在路基分层填筑、桥梁伸缩缝、路面平整度及防护工程砌筑等方面，各地都制定了较为有效的质量控制措施。

二、我国公路工程项目质量管理中存在问题

虽然我国公路工程的质量在稳步提高，但是在公路工程质量方面还存在着一些问题：如不经可行性论证，不做调查分析就拍板定案，没有搞清公路工程地质、水文等情况就仓促开工，进行无证设计、无图施工、任意修改设计，不经验收就交付使用等，这些问题都会致使不少公路工程项目留有严重隐患，导致了公路工程质量事故的频繁发生。公路工程质量事故的主要原因有：

（一）设计质量问题

在我国设计与施工相互分离的承包方式下，设计的质量问题相对比较突出。设计文件的错、漏、缺是设计中的常见病。

设计质量的另一主要问题是基础工作深度不足，不重视现场调查、勘探，只是通过定性对比，或查手册、套标准图。在设计时，不重视总体设计及多方案的技术经济论证，造成设计不合理、浪费严重，甚至留下工程隐患。

（二）建设单位管理和施工质量问题

通过对国内几起公路工程质量事故的分析，发现有的建设单位一再压低承包价格；施工单位按国家相应施工与验收规范施工，就无利可图。施工单位势必要在偷工减料、以次充好方面下功夫，这样必然会出现公路工程质量事故。

有的建设单位肢解工程，把路基工程、路面工程、桥梁工程、交通工程等分别包给不同的施工单位，加上施工单位之间很少联系，使得路基工程和路面工程配合不好，交通工程和桥梁工程出现矛盾。

某些建设单位为了进一步有利可图，强行向施工单位提供筑路材料。这些材料往往以次充好，必然造成质量隐患。

多数建设单位没有懂土建的技术人员和对工程的检测手段，对于施工不熟悉，对施工单位的施工质量的检查、监督不够。

由于施工企业经营责任制的推行，承包商实行工程独立核算，自负盈亏。因而，部分承包商为取得中标，有意压低投标价使标价偏低，在施工过程中出现成本与质量的矛盾，少数承包商还暗中分包，偷工减料现象时有发生，个别施工队伍缺乏施工经验，致使施工质量得不到保证。

（三）监理队伍素质问题

我国现阶段的监理队伍严重存在着"三多三少"的现象，即兼营监鲤企业多，专营监理企业少；兼职人员多，专职人员少；返聘人员多，正式职工少。很多监理公司既搞设计又做监理，业务广而不专；大部分监理是临时聘用的设计人员，对监理业务知而不全，懂而不精。同时公路工程的监理费用支付偏低，还有的把部分监理费用与施工费用掺合在一起，让施工企业承担监理的吃、住和通信等开支。这类监理"吃施工"的局面，使得监理难以理直气壮地行使正常职权。

三、公路工程施工质量控制特点

施工是形成工程项目的关键环节，所以，施工阶段的质量控制是工程项目质量控制的重点。在施工过程中，由于项目施工涉及面广，是一个极其复杂的综合过程，再加上公路工程项目整体性强、建设周期长、受自然条件影响大等特点，公路工程项目的质量比一般工业产品的质量更难以控制，主要表现在下列几个方面：

（一）影响质量的因素多

如设计、材料、机械、地形、地质、水文、气象、施工工艺、操作方法、技术措施、管理制度等，都直接影响施工项目的质量。

（二）容易产生质量变异

不同于工业产品有固定的自动流水线、规范的生产工艺、成套的生产设备和稳定的生产环境等，影响施工项目质量的偶然性因素和系统性因素较多，因此，很容易产生质量变异。如材料性能微小的差异、机械设备正常的磨损、操作微小的变化、环境微小的变动等，均会引起偶然性因素的质量变异。如果施工方法不妥、操作不按规程、机械故障、设计计算错误等，则会引起系统性因素的质量变异，造成工程质量事故。为此，在施工中要严防出现系统性因素的质量变异，将质量变异控制在偶然性因素范围内。

（三）容易产生第一、二类判断错误

施工项目由于工序交接多、中间产品多、隐蔽工程多，若不及时检查实质，事后再看表面，就容易产生第二类判断错误，即将次判好；反之，若检查不认真，测量仪表不准，读数有误，则会产生第一类判断错误，即将好判次。所以，在进行质量检查验收时，应特别注意这点。

（四）质量检查不能解体、拆卸

公路工程项目建成后，不可能像某些工业产品那样，再拆卸或解体检查内在的质量，或者重新更换零件，即使发现质量有问题，也不可能像工业品一样实行"包换"或"退款"。因此，必须加强质量控制与管理的强度，来确保公路工程项目质量一次性形成符合标准及要求。

（五）质量问题的暴露性

由于公路工程产品的使用者具有广泛的社会性，因此，公路工程质量受全社会的关注和监督，质量问题非常敏感，公路工程产品一旦出现质量问题，会很快引起媒体和社会的广泛关注。这就要求公路工程项目的主管及从业单位必须树立高度的质量责任感，以优质的工作质量来保证公路工程质量，树立政府、企业的社会形象。

（六）质量要受投资、进度的制约

公路施工项目的质量受投资、进度的制约较大，一般情况下，投资大、进度慢、质量就好；反之，质量则差。因此，在项目施工中，还须正确处理质量、投资、进度三者之间的关系，使其达到对立的统一。

四、公路工程项目质量控制的影响因素

影响公路工程项目质量的因素很多，但归纳起来主要有五个方面的因素，即人（Man）、材料（Material）、机械（Machine）、方法（Method）和环境（Environment），简称为4MIE因素，事前对这五方面的因素严格控制，是保证公路工程项目质量的关键。

（一）人的因素

人是工程项目建设的实施者，工程项目建设的全过程，如项目的规划、决策、勘察、设计和施工，都是通过人的活动来实现的。人的素质，即人的思想水平、文化水平、技术水平、管理能力、身体素质等，都将直接和间接地对工程项目勘测、设计和施工的质量产生影响，而规划是否合理，决策是否正确，设计是否符合所需要的功能和使用价值，施工．是否满足合同、规范、技术标准的要求等，都将对工程项目的质

量产生不同程度的影响，所以人的因素是影响工程项目质量的一个重要因素。

（二）材料因素

材料（包括原材料、成品、半成品、构配件）是工程施工的物质条件，没有材料就无法施工。材料质量是工程质量的基础，材料质量不符合要求，工程质量也就不可能符合标准。所以，加强材料的质量控制，是提高工程质量重要保证，是创造正常施工条件，实现投资控制和进度控制的前提。

（三）机械设备因素

施工机械设备是实现施工机械化的重要物质基础，是现代化工程建设中不可少的设施，施工机械设备的类型是否符合项目施工的特点，主要性能是否先进和稳定，操作是否方便等，都将会影响到工程项目的质量。

（四）方法因素

方法主要是指施工方法和施工技术，如施工方案、施工工艺和操作技能等。在工程项目施工中，施工方案是否合理、施工工艺是否先进、施工操作是否正确，都将对工程项目的质量产生重大影响。其中，施工方案的正确与否，是直接影响工程项目的质量控制、进度控制、投资控制三大目标能否顺利实现的关键。施工方案考虑不周，往往会影响质量、拖延进度、增加投资。

（五）环境因素

影响公路工程项目质量的环境因素很多，概括起来可以分为三类，即工程技术环境。如地形、地质、水文、气象、勘测、规划、设计施工等；工程管理环境，如质量保证体系、管理措施、管理制度等；劳动环境，如劳动组合、劳动工具、工作面等。环境因素是多变的，不同的工程项目有不同的工程技术环境、工程管理环境和劳动环境，而且同一个工程项目，在不同时间，环境因素也是变化的，但这些变化都会对公路工程项目的质量产生影响。

对这五方面因素的控制必须贯穿于整个公路工程项目的形成过程中，需要公路工程项目的每个参与者依据相应的技术标准及合同文件各尽其责，在工程的每个阶段严把质量关，才有可能建造出优质的、经济效益好的公路产品。

第一，人的控制。公路工程项目建设中的人员包括直接参与工程建设的决策者、组织者、指挥者和操作者。为了避免人的失误，调动人的主观能动性，增强人的责任感和质量观，达到保证工程质量的目的，除了加强政治思想教育、劳动纪律教育、职业德教育、专业技能培训、健全岗位责任制、改善劳动条件、给予公平合理的激励之外，还需根据公路工程项目的特点．从确保质量出发，本着因材施用、扬长避短的原则来控制人力资源的使用。

第二，材料的控制。在公路工程建设中，监理单位及施工单位应加强对材料的质量标准、材料的性能、材料取样、试验方法及材料的适用范围和施工要求等方面进行控制，严把材料质量关。

第三，机械设备的控制。从保证工程项目施工质量角度出发，应着重从机械设备的选型、机械设备的主要性能参数和机械设备的使用操作要求等三方面予以控制。

第四，方法的控制。在制定和审核施工方案时，必须要结合工程实际，从技术、组织、管理、工艺、操作、经济等方面进行全面分析、综合考虑，力求方案技术可行、经济合理、工艺先进、措施得力、操作方便，顺利提高质量，加快进度，降低成本。

第五，环境因素的控制。工程地质、水文、气象等工程技术环境，属于客观存在的硬环境，只有探清这些工程硬环境，尊重并合理利用，才能寻求到能保证工程质量的工作环境。对于属于主观因素软环境来说，完全可以凭借主观努力，加强管理力度来完善，使公路工程项目在能确保质量的软环境下有序地进行。

五、公路工程施工质量分析方法

公路工程施工具有复杂性，要认真完成公路工程的施工，需推行全面质量管理体系，尤其要扎扎实实地进行质量管理。对于一个公路工程施工企业进行质量管理，需要有一套科学的统计方法，定期分析企业内部的各项指标，依靠企业全体职工的努力，综合运用各种科学方法，试验检测，取得大量的数据，对工程质量及工作质量形成全过程的各种影响因素进行全面预防、控制和系统地管理，以保证向建设单位提供满意的合格工程。选用有效的质量控制方法，才能有效地控制质量，从而保证公路工程的质量。施工过程中，出现质量问题是不可避免的。只有弄清产生质量问题的原因，才能有针对性地制定改进措施，提高工程质量。在全面质量管理当中，应用的统计方法很多，常用的有排列图法、因果分析图法、直方图法、统计调查分析表法等。

（一）排列图法

排列图又称巴雷特图或主次因素排列图，这是找出影响产品质量主要问题的有效方法。意大利经济学家巴雷特最早运用该方法对社会财富占有状况进行分析，后来，美国质量管理学家朱兰在质量管理中采用了排列图。

质量管理用的排列图是把影响工程质量的缺陷、特性或者项目，用宽度相等、高度为项目出现质量问题频数的直方，按由高到矮的原则，自左向右排列到直角坐标系中，并对应画出各项目累计比率变化曲线。排列图一般有两个纵坐标和一个横坐标。横坐标表示影响质量的各种不同因素，按因素影响程度的大小，即按造成不合格项的多少，从左到右排列。直方图的高度表示某个因素影响的大小，曲线表示各影响因素大小的百分数。通常把累计百分数分为三类：0—70%为A类，70%—90%为B类，90%—100%为C类。A类为影响质量的主要因素，B类为次要因素，C类为一般因素。

1. 排列图作图法

确定调查对象，收集相关数据。

排列项目，进行计算。把收集到的数据按照频数的大小重新排列，计算各自的比率和累计百分比。

在坐标纸上画出纵、横坐标和各项目的直方。在横坐标上，从频数大的项目起自左到右依次写上项目名称，纵坐标表示累计百分率及频数，纵坐标和横坐标的长度比通常为1：1—2；1，各直方宽度相等，直方之间不留空隙。

画出累计百分率曲线。根据累计百分率，在各直方图相应部位点上点，连接这些点，便得到"累计百分率曲线"。曲线起点为0，终点为100%。

写上必要事项，如标题、期间、数字合计、工序名称等。

分析主要因素。习惯把主次因素排列图累计百分率分为三类。在70%和90%处绘两条横线，把图分成三个区域。0—70%为A类，70%—90%为B类，90%—100%为C类。其中，A类因素是主要因素。

2. 排列图应用要点及注意事项

在制作排列图时，要掌握尽可能多的数据和资料。

关键因素不宜过多，突出一两个主要原因，以便集中力量解决。

要变换分层方法，从不同方面进行分类，从各种不同角度分析问题，画出排列图进行比较，这样易从复杂问题中找出主要问题。

对一个问题采采取措施前后都要画出排列图，对照分析，验证效果。

（二）因果分析图

影响工程质量的原因虽然很多，但从大的方面分析，不外乎材料、机械设备、施工方法、检测仪器、工人本身和施工环境六个大的原因。因果分析图也称为鱼刺图，即是在质量分析中，采用从大到小、从粗到细、"顺藤摸瓜"、追根到底的方法，将一个大原因分别分成许多具体的小原因，把原因和结果的关系弄清方法。

1. 因果分析图的作图方法

首先，从左到右画出粗箭头，并将质量特征写在箭头上。然后，画出大原因，一般将影响质量的六个原因作为大原因，画出箭头。接着，分析影响大原因的特征作为中原因，画出中原因，画上箭头；再分析中原因的特征作为小原因，画出小原因，画上箭头……依次分析下去。画完全部大、中、小及更小原因后，检查有无漏画的原因，最后，对画入图中的各种原因，选择影响大的原因标出记号。

2. 因果分析图的注意事项

在绘制因果分析图时，要广泛听取各方面的意见，同时要在作图时应注意以下事项：

质量特性要具体、简单、明确。

一个质量特性制一张图。

主干箭头方向从左向右，以便看图方便。

项目的分析要尽可能深入细致，表达具体、简练。

重要原因应有特殊标志。

注意听取现场人员的意见。

（三）直方图法

1. 直方图的概念

直方图也称为质量分布图，是将质量检测数据按一定的要求加工整理，然后画成长方形的统计图，每个长方形的高度代表一定范围内数据所出现的频数，进而由频数的分布情况分析质量问题，了解质量状况是否正常。

2. 直方图的做法

收集相关数据：数据不能太少，否则误差很大，准确度不够，一般取 50—200 个，通常令总个数为 N。如若某公路实测弯沉值的记录为 100 个，则 N=100。

求出数据中的最大值 zmax 和最小值 smin：这样即可确定全体数据中的最大值和最小值之差，成为极差或散差 R，R 用于描述数据分布范围。

确定组距和分组：分组要适当，一般分成 10 组。组数用 K 表示，组距用 h 表示，一般先定组数，再定组距。

确定分组区间值（组界值）：为避免数据刚好落在组界上，组界值的数据要比原数据的精度高一位。

编制频数分布调查表：分组区间值确定之后，就可以绘制频数分布调查表。在质量检测数据中，每个数据出现的次数为频数。

画频数分布直方图：从频数分布调查表上可了解数据的分布情况，但为进一步了解产品质量情况，还可画出频数分布直方图，这个图横坐标表示分组区间，纵坐标表示各个组间数据发生的频数。

3. 频数直方图的用途

直接估算次品率：根据直方图算出两个统计特征值，即平均值 X 和标准偏差。，然后，估算超过公差上、下限出现的次品率和合格次品率。

判断质量分布状态：通过观察图的形状，判断产品质量是否稳定，预测生产过程的不合格品率。基本的方法是用直方图与方差进行对比，看直方图是否在公差要求的范围内。

（四）调查表

调查表又称检查表，是用来进行数据收集、整理，并给其他数理统计工具提供依据和粗略原因分析的一种工具，是日程了解问题、监视质量情况的一种简单易行的方法。调查表的格式各种各样，一般根据调查目的分为下列几种：

工序分布调查表，可用于作频度分布直方图。

不良项目调查表，可用于做排列图。

缺陷位置调查表，可用于做调查质量状况。

不良要因调查表，可用于作散布图。

检查评定工程用调查表等。

六、施工项目质量控制

（一）施工质量控制概述

质量控制是质量事故的防范和质量管理工作的重点，公路工程施工项目质量控制即是对公路施工项目的所有环节进行质量控制。

1. 质量控制的依据

设计图纸和相关规范：严格按照设计图纸和技术规范中写明的试验项目、材料性能、施工要求和允许偏差等有关规定进行施工。没有监理工程师的同意，不得引用其他任何标准。

合同条款：图纸和技术规范是对工程的具体要求，而合同条款是要求承包人执行规范、按图纸施工的法律保证，二者结合起来才能保证工程质量达到规定水平。

2. 质量控制程序

在各单位工程、分部工程或分项工程开工之前，承包商提交工程开工报告给高级驻地监理工程师审批。工程开工报告提出工程实施计划和施工方案，依据技术规范列明工程的质量控制指标及检验频率和方法，说明材料、设备、劳力及现场管理人员等的准备情况，提供放样测量、标准试验、施工图等必要的基础资料。

工序自检报告：承包人的自检人员按照监理工程师批准工艺流程和提出的工序检查程序，在每道工序完工之后首先自检，自检合格后，报监理工程师进行检查认可。

工序检查认可：监理工程师应紧接承包人的自检或承包人的自检同时，对每道工序完工后进行检查验收并签字认可，对于不合格的工序指示承包人进行缺陷修补或返工。前道工序未经检验认可，后道工序不得进行。

中间交工报告：当工程的单位、分部或分项工程完工后，承包人的自检人员再进行一次系统的自检，汇总各道工序的检查记录及测量及抽样试验的结果，提出交工报告。自检资料不全的交工报告，监理工程师应拒绝验收。

中间交工证书：监理工程师应对按工程量清单完工的单项工程进一次系统的检查验收，必要时应做测量或抽验试验。检查合格后，请高级驻地监理工程师签发"中间交工证书"，未经中间交工检验或检验不合格的工程，不得进行下项工程项目的施工。

中间计量：对填发"中间交工证书"的工程，方可进行计量，并由高级驻地监理工程师签发"中间计量表"，完工项目的竣工资料不全可暂不计量支付。

从质量控制流程图中可以看出：分项工程开工前，承包商必须向监理工程师提出开工申请，并说明施工材料、设备、人员的准备及施工方案，开工申请得到监理工程师批准后方可施工。同时，在施工过程中，承包商必须有自己的内部质量管理系统，对施工质量进行检查，发现不合格的工程，自己进行修补或返工，直到达到规范标准后才填写"质量检验通知单"，报请监理人员验收。监理人员对于报请验收的工程再进行质量检查，不合格的工程仍要修补或返工，直到达到规范标准为止。对于合格的工程，监理工程师签发"中间交工证书"，进入中间计量。

（二）质量控制的基本方法

开展质量统计分析，掌握工程质量动态。开展工人及班组的自检和互检，同时组织专业人员进行专门检验。

为了充分发挥施工过程中质量控制的预防作用，必须系统地、经常地掌握各施工处、施工班组在一定时间内产品质量或工作质量的现状及发展动态。为此，就必须开展质量状况的统计分析。统计分析的指标一般分为两类：

工程质量指标。主要有优良品率、合格率及其分布情况，用＆考核分部工程的质量水平。

工作质量指标。主要有废品率、返修率等。

通过分析，查出发生质量问题的原因，如图纸错误、材料不合格、不按图施工、违反工艺及操作规程、技术指导错误等。在几个原因同时起到作用的情况下，要分清主次。原因力求具体，以便采取预防措施和改进对策。

（三）施工阶段的质量控制

1. 施工技术交底

单位工程、分部工程和分项工程开工前，由项目总工主持，向项目部有关人员和施工作业队负责人进行书面技术交底；由作业队负责人、现场技术员再向现场具体操作人员进行技术交底。技术交底资料应办理签字手续并归档。

在施工过程中，项目总工对由业主或监理工程师提出的施工方案、技术措施及设计变更的要求，应该在执行前向执行人员进行书面技术交底。

2. 工程测量

测量组在项目开工前应编制"测量控制方案"，经项目总工批准后实施，测量记录应按要求归档保存。在施工过程中应对测量点线妥善保护，严禁擅自移动。

3. 材料质量控制

项目部应在公司确定的合格材料供应商名录中按计划招标采购材料、半成品和构配件。材料的搬运和贮存应按搬运贮存规定进行，并建立台账。项目部应对材料、半成品、构配件进行标识，未经检验和经检验为不合格的材料、半成品、构配件和工程设备等不得投入使用。对业主提供的材料、半成品、构配件、工程设备和检验设备等，必须按规定进行检验、验收和妥善保管，发现不适用、不合格或丢失等情况，应该书面报告业主。

4. 机械设备质量控制

项目部应按设备进场计划进行施工设备的调配和必要的进场验收，现场的施工机械须能满足施工需要，应对机械设备操作人员的资格进行确认，无证或资格不符合者，严禁上岗。

5. 计量器具质量控制

项目部应按规定控制计量器具的采购、检定、使用、保管、维修和检验。

6. 工序控制

项目质量控制实行先铺设试验段。施工过程均应按要求进行工序"三检"（即自检、互检和交接检）；隐蔽工程、指定部位和分项工程未经检验或已经检验定为不合格的，严禁转入下道工序；对查出的质量缺陷应按照不合格控制程序及时处置。

过程质量控制应由每道工序和岗位的责任人负责。

分项工程完工后，必须经监理工程师检验认可。

施工作业人员应按规定经考核后持证上岗。

施工管理人员及作业人员应按操作规程、作业指导书和技术交底文件进行施工。

施工管理人员应记录工序施工情况。

7. 特殊过程控制

对在"项目质量保证计划"中界定的特殊过程，应设置"工序质量控制点"进行控制。对特殊过程的控制，除应执行一般过程的规定外，还应由专业技术人员编制专门的作业指导书，经项目总工审批后执行。

8. 工程变更

应严格执行工程变更程序，经过有关程序批准后方可实施。

9. 成品防护

成品防护是施工生产过程的重要环节，是对施工工程成品的符合性提供有效的保护，以防止成品损坏。项目部应对施工半成品和成品采取有效措施妥善保护。成品防护的期限从施工开始直至工程交付责任期满为止的项目施工全过程。成品防护的主要范围有：

工程设备。如工程系统中的照明设施等。

施工过程中的工序成品。如承台、墩身、盖梁以及各种预制件等。

完工后交工前的成品。如整个工程。

工程完工至交付业主前的成品保护。

成品防护程序为：制定成品防护方案—技术交底—成品防护—监督检查—对防护不当造成的质量问题进行补救处置和验收。

七、公路工程项目．质量控制流程

公路工程质量控制流程包括以下几方面：

（一）施工准备

承包人在合同规定的时间内向监理部报送施工组织设计。

监理部审核验收控制测量点及施工测量原始资料。

承包人完成其他施工准备工作。

（二）开工报告

承包人在正式开工前，必须向监理部提交开工报告，开工报告须附有：施工组织设计、现场情况、材料来源及材料试验、审核验收的测量成果资料。

开工报告由监理部审查，业主审批，由业主签发开工任命令。

（三）分项工程开工报告

承包人在每项分项工程开工前，必须向监理部提交分项工程开工申请批复单并附有施工组织、施工方案、工艺流程、进度计划、原材料、配合比试验结果报验单、施工机械报验单、施工放样报验单、试验段方案及试验段总结报告。

分项工程开工申请批复单由驻地专业监理工程师签收审查，提请监理部审批，报业主备案。

（四）工序自检报告

承包人提出已开工分部或分项工程的工艺流程、工序自检程序和方法。该程序和方法应与技术规范、监理工程师批准的施工方法和工艺流程相协调，和验收标准、检验频率和检测（验）方法相配合，并附框图。

分部或分项工程的工艺流程、工序自检程序和方法由驻地专业工程师签收批准。

在每道工序完工后，承包人应按照工序检查程序，首先进行自检，填写质检报告、质检表格和编写文字说明，申报驻地专业监理工程师签收。

（五）工序检查认可

驻地专业监理工程师紧接承包人自检或与承包人自检的同时，对每一道工序完工后进行检查验收，对合格工序签认，对不合格的工序指示承包人进行缺陷修补或返工。前道工序未经检查认可，下道工序不应施工。

（六）中间交工报告

当工程的单位、分部或分项工程完工后，承包人应再进行一次系统地自检，汇总各道工序的检查记录及测量和抽样试验结果，提出交工报告。

交工报告由驻地专业监理工程师签收。自检资料不全的交工报告，驻地专业监理工程师拒绝签收。

（七）中间交工证书

驻地专业监理工程师对签收的工程量清单中的分项完工的单项工程进行一次系统地检查验收，必要时测量、检测、抽样试验。检查合格后，提请监理部签发"中间交工证书"，只有取得"中间交工证书"，才能进行工程计量，进行了下一工程项目施工。

第三节　质量成本管理

一、质量成本的含义

质量成本的概念及质量成本管理是在 20 世纪 60 年代以后，推行全面质量管理（TQC）的实践中所逐渐形成和发展起来的成本管理分支学科。20 世纪 50 年代初期，质量成本理论的创立者 —— 费根堡姆首次提出质量成本的概念，即在生产经营活动中，为达到和保持特定的质量水平而支付的一切费用，以及因未达到既定质量标准而发生的一切损失之总和。20 世纪 60 年代初，费根堡姆又提出把质量成本划分为预防费用、检验费用、场内损失、场外损失四类。20 世纪 80 年代，费根堡姆进一步发展了质量成本的内涵，他提出质量成本应涉及产品的全寿命周期。费根堡姆对质量成本的定义被质量管理理论界所认同，是一种经典的质量成本概念，也是质量成本的经济内涵。

我国国家标准局曾颁布的国家标准 GB 6583.1—86 中把质量成本定义为：将产品质量保持在规定的质量水平所需的费用，它包括了预防费用、检验费用、内部损失费用和外部损失费用。

二、施工企业质量损失成本源分析

施工企业在组织施工生产时，不同部门、岗位的工作失误都会产生质量成本，为此必须尽快找到发生源，以便制定纠正和预防措施，降低损失和防止类似问题的重复发生。所以，质量成本源的归集问题显得格外重要。研究质量成本源归集问题不是为了在出现质量问题以后去追究责任，而是为了更有效地找出导致质量问题发生的原因，从而帮助相关部门和人员尽可能地预防质量问题的再发生，或一旦出现问题时能尽快予以消除。

施工企业质量损失成本分析按照归集分析对象不同，可以分为外部分析与内部分析两类。

（一）外部分析

在工程项目的施工过程中，施工企业与业主、监理、分包商、材料商等都对建筑产品质量产生影响，因而损失成本源也要围绕这几方面进行分析。

建筑产品质量的组成因素中，施工质量本着"谁施工谁负责"的明确方针，由承担施工任务的总承包商或分包商负责（延续至保修期结束）建筑材料、构件质量。施工企业本着"谁验收谁负责"的方针，只承担由自己供货的材料、构件质量问题带来的质量损失；交付使用后负责保修服务质量的企业做"定期回访、用户回访中心随叫随到"，分析引起质量问题的原因，归集分包商、使用者和施工企业的责任。在确定了具体的责任者后，根据损失的数额与相应的责任，进行相应的经济补偿或追偿。

外部分析建立在一定的法律、法规、施工规范、工程技术以及相关合同基础上，直接关系到相关方利益，因而一直很受重视。外部分析的成效多取决于施工合同的签订、施工文件的完整等。成功的施工企业在质量问题的分析与规避上大都形成了自己的一套方案与措施。

（二）内部分析

根据全面质量管理的理论，企业的每一个职能部门、岗位和工作人员都对企业质量成本的发生产生影响，在质量管理体系中承担相应的责任。质量损失成本源的分析，实质是查明质量成本损失原因，发现质量损失位置，明确质量损失责任，及时、准确、到位地采取相应措施，从而达到质量持续改进，降低质量成本的目标。施工企业内部质量损失成本源的分析过程如下：

1. 依据施工企业质量损失成本发生的原因，进行损失成本分类

施工企业质量损失成本按照发生的原因一般可分为施工损失成本、安全损失成本、合同损失成本和工作质量损失成本四类，每一类还能进一步细分，同时确定每一类的质量成本损失源。

2. 建立施工质量损失成本源分析明细表

施工企业可以根据自身管理习惯、管理特点，按照分部分项工程将质量问题通病及其原因进彳亍罗列，并根据特定原因找出相应质量损失成本源，建立了施工质量损失成本源分析明细表。

3. 根据岗位职责和质量损失位置，明确质量损失责任人

确定时可以遵循以下准则：

由材料问题产生的工程质量问题，责任人是质检员和材料员。

由于具体操作出现质量问题，主要责任人是工长，施工员与质量负责人也要负一定责任。

已按交底施工出现质量问题，技术负责人是第一损失成本源。

在施工过程中，该复检而未复检出现问题，第一损失成本源是施工员。

重大施工安全问题，主要责任人是项目经理。

形成成品后发现的质量问题，第一损失成本源是质检员。

技术总负责对质量问题缺乏认识，说明公司技术水平太低，归咎为公司的问题。

非人为因素出现的质量问题，不能确定责任人的，针对具体问题采取对策。

4. 通过组织结构建立项目与公司之间质量责任的对应关系

实施项目施工白名施工企业，在项目组织结构与公司组织结构上具有明显的对应性，根据这种对应关系，就可以将项目施工过程中的质量损失成本源通过对应关系由项目层面归集到公司层面。

工程项目的质量成本源的分析，可以在事先进行，也可以在事后进行，或者事先事后都进行。对于事先进行的项目质量成本源的分析，其数据主要来源于质量管理部门的统计、调查资料，国内外同行业的质量成本水平，项目的技术条件和质量要求，类似项目的历史资料，用户的特殊要求等。事先进行项目质量成本源归集的主要目的有以下三个方面：

有助于在建立项目质量成本管理体系时，确定项目质量成本源明细表，并且在此表的基础上有效地开展预防和减少质量损失成本的活动，为提高质量、降低成本指明方向。

一旦发生了质量成本，就可以通过该明细表有效地支持质量管理部门尽快确认质量成本源，进行归集和完善，并帮助拟定纠正措施和预防措施，为完善质量管理提供帮助。

它是编制质量成本计划的基础，是项目质量决策的依据之一。

项目进行事后的质量成本源归集，是指在发生了质量损失成本后进行的质量成本源归集。事后进行质量成本源归集的目的是为了尽快明确质量成本源的发生部门，以便在尽可能短的时间内找到解决质量问题的途径，迅速地有效地采取纠正和预防措施，防止质量成本的继续扩大和质量问题的再次发生。

三、施工企业质量成本管理的实施

（一）质量成本原始凭证的设置

为了正确记录质量成本数据，可把质量成本的发生分作两类，即计划内和计划外。根据质量成本构成项目的特点，预防费用和检验费用划归计划内，而损失费用归入计划外，外部质量保证成本可根据合同要求纳入计划内。凡是计划内的质量成本只需按计划从企业原有的会计账目中提取数据，不必另外设计原始凭证。而损失费用可根据实际损失情况设计原始凭证，做好原始记录。记录损失费用数据的原始凭证主要有以下几种：

计划外生产任务单；

计划外物资领用单；

返工单；

返修单；

停工损失报告单；

材料降级处理报告单；

计划外检验或试验通知单；

缺陷责任保修记录单；

索赔、诉讼费用记录单。

为了便于质量成本分析，所有的凭证设计具有一些共同的内容，例如时间、产品、费用、数量、责任者、发生原因、质量成本科目与审核部门等。

（二）质量成本数据的收集

1. 质量成本管理初级阶段数据的收集方法

在质量成本管理初级阶段，应使人们确认在此阶段存在着经常性的质量成本问题。成本数据的来源主要是以质量管理部门的统计、调查资料为主，会计资料为辅。因为大部分是一次性的统计，可以按下列不同来源归结成本资料。

从现有账单中直接收集，如废品损失、检验费用等。

对现有账单经过鉴别分析后进行归结。对于难以鉴别分析的项目通常从以下几个方面确认：

鉴别哪些是直接归于质量管理部门的成本。例如：质量管理人员、检验人员的工资及提取的职工福利基金、工会经费和各种津贴，质量管理部门和检验部门使用的设备、仪器、仪表的折旧费和修理费，所使用的工具用具、低值易耗品的摊销费用及行政办公费用等。

鉴别确认那些不直接属于质量管理部门的成本，但是属于项目质量总成本的组成内容，这些也应计入成本费用支出。这些成本通常是由企业其他部门和机构为提高项目质量而开支的费用。例如：开发、工艺、检验、计划等部门的质量管理活动所发生的各种费用支出，经鉴别分析后分别计入有关质量成本项下。

以上两项所确认的质量成本主要是预防费用及检验费用。

鉴别确认在计划内应计入的内部损失费用部分。

分析确认不可预见的内部损失费用。

分析确认外部损失费用，除了账户上直接反映出来的保修等费用外，还要分析质量部门为调查外部损失所发生的费用。

以上三项主要是分析确认损失费用。

从各种原始凭证中收集。虽然现在还没有一个严格的收集质量成本数据的健全的原始凭证，但从现有的原始凭证和文件中可以获得。例如：

工资和奖金发放单；

下达的任务书或任务单；

返修或设备调整报告单；

生产成品账单；

检查或试验报告单；

质量费用措施计划表；

材料检验报告单。

通过建立原始记录来收集。例如：返修损失费用记录报告单等。

通过典型调查分析后的记录或资料来收集。因为质量损失所发生的成本开支，收集精确程度不够理想，但对旨在寻找改进质量的机会或鉴定质量改进计划的需要，尚能符合要求。

2. 质量成本管理展开阶段数据的收集方法

质量成本管理展开阶段，需要采用质量成本的计划、统计、核算、分析、报告和控制等方法，将数据纳入会计科目。并从经济的角度来观察和考核质量管理效果，逐步建立健全质量成本数据收集的渠道，完善凭证单据。质量成本数据的来源以会计资料为主，以原始记录或原始凭证为依据，尽量地避免使用质量管理人员的统计分析和估计的方法。

（三）质量成本管理工作实施程序

质量成本管理工作的实施，需要建立一个完整的质量成本管理林系，负责组织、协调、落实质量成本管理工作和质量改进计划，并配有专职或兼职质量成本核算和管理人员，负责质量成本信息的收集、分析和处理，在项目经理的领导下按照一定的程序开展项目质量成本管理工作。通常实施程序如下：

培训教育，对项目参与者应进行质量成本管理知识教育，对质量成本管理的有关人员，如财务人员、质量管理人员等应进行质量成本管理业务培训。

建立质量成本管理体系，明确职责，为了实施质量成本管理提供组织保证。

制定质量成本管理办法，使质量成本管理有章可循。

根据质量成本目标编制质量成本计划。

定期对项目质量成本的各项费用进行核算和分析。

实施质量成本日常监督控制，对于质量水平的异常变动和超过标准的质量损失费用，结合质量成本源分析，及时查找发生位置、原因，采取有效调节措施。

定期对项目质量成本进行考核。依据质量成本计划和质量成本指标，对完成情况进行考核。

根据质量成本分析编写质量成本报告，为质量改进提供依据。

四、施工过程的质量成本控制

施工过程中的质量成本与施工质量有着密切的联系，因而施工过程中的质量成本控制应从质量控制入手。

（一）审核有关技术文件

对技术文件、报告、报表的审核是项目经理对工程质量进行全面控制的主要手段，其具体内容如下：

审核有关技术资质证明文件。

审核施工方案、施工组织设计和技术措施。

审核有关材料、半成品的质量检验报告。

审核反映工序质量动态的统计资料或控制图表。

审核设计变更、修改图纸和技术核定书。

审核有关质量问题的调查报告。

审核有关应用新工艺、新材料、新技术、新结构的技术鉴定书。

审核有关工序交接检查分项、分部工程质量检查报告。

审核并签署现场有关技术签证、文件等。

（二）进行现场质量检查

开工前检查，开工前检查开工条件，其目的是检查开工后能否连续正常施工，能否保证工程质量。

工序交接检查，对重要的或者对质量有重大影响的工序实行交接检查。

隐蔽工程检查，凡隐蔽工程均应检查认证后方可掩盖。

停工后，复工前的检查。

分项、分部工程检查，工程完工后的检查验收，验收签证后方可进行下一项工程项目施工。

成品保护检查，检查有无保护措施，措施是否可靠。

（三）设置质量控制点

质量控制点是施工过程中必须重点控制的质量特性和环节，是质量成本的重要发生点，公路工程施工项目管理及优化也是质量成本管理的切入点。一个分项工程，究竟应设置多少个质量控制点，在何处设置质量控制点，应根据质量特性的重要程度对工程使用的影响、工序的复杂程度、质量要求和施工单位的管理水平决定。一般而言，施工工艺复杂多设，不复杂少设；施工难度大多设，难度不大少设；建设标准高多设，标准不高少设；施工单位信誉高少设，信誉不高多设。具体设置原则有下列几点：

对工程的适用性（性能、寿命、可靠性、安全性）有严重影响的关键环节或重要影响因素。

在工艺上有特殊要求，对下道工序的工作有严重影响的关键质量特性和部位。

对施工中的薄弱环节，质量不稳定的工序或部位。

隐蔽工程。

采用新工艺、新材料、新技术的部位或环节。

施工单位无足够把握的工序或环节。

质量控制点一般可分为长期型和短期型。对设计、工艺方面要求的关键、重要的项目，必须长期重点控制；而对工序质量不稳定，不合格品多或材料供应、生产安排等，在某一时期内有特殊需要的，则要设置短期质量控制点。

五、施工企业质量成本开支范围

施工企业质量成本是企业全面质量管理活动的经济表现，质量成本核算是为了正确反映和监督企业在项目实施全过程开展质量管理活动而支付的费用和由于质量事故所造成的损失，并为编制质量成本计划、进行质量成本分析和考核、实施质量成本控制提供准确完整的数据，达到不断提高经济效益和社会效益的目的。

施工企业质量成本核算，依据中国质量管理协会《工业企业质量成本核算推荐办法（草案）》和财政部颁布的《国有施工企业成本核算办法》进行管理与核算。

凡是企业为保证和提高工程质量所进行的质量管理活动而支付的一切费用以及由于质量故障所造成的一切损失，均纳入质量成本。

质量成本中属于竣工验收后的工程保修费用及内部的质量故障罚款等应由企业专项基金开支的项目，不得列入工程成本。

质量成本开支范围如下：

开展全面质量管理活动所耗用的各种材料、机具、办公用品等费用的支出。

用于对工程部位、原材料、构配件等进行质量检测的工具用具购置费、摊销，以及固定资产使用费。

产品、半成品、试块及外构件的检验试验费，评审费等支出。

专职质量管理、检验人员的工资和奖金。

由于质量问题造成的企业内部损失。

由于质量问题造成的企业外部损失。

用于质量管理活动的奖励支出。

其他与质量管理有关的费用开支。

六、施工企业质量成本核算科目设置

在工程项目施工过程中，凡属于质量成本费用的支出均在"质量成本"科目内进行记账、算账、报账和核算。报告期末，"质量成本"科目内本期借方发生额应全部结转，并按费用性质分别计入"工程施工""辅助生产""管理费用"等有关科目。施工企业及所属单位按照"质量成本"核算内容设置相应的"质量成本明细账""质量成本费用核算台账""质量成本支出辅助账"等，用以归结、核算质量成本支出情况及各项目之间的构成比例。施工企业应根据质量成本费用核算情况设置相应的"质量成本报告表"，为企业分析、考核及控制质量成本的支出提供依据。

第四节　职业健康安全管理

由于公路工程项目具有作业和位置流动性大、施工周期长、工种多、耗费人力及物力大等特点，存在很多不安全的因素，因此，做好职业健康安全管理工作对公路工程的进程非常重要。项目职业健康安全管理就是用现代管理的科学知识，明确项目职业健康安全生产的目标要求，进行控制、处理，以提高职业健康安全管理工作的水平。在施工过程中，提高经济效益的同时，改变不安全、不卫生的劳动环境和工作条件，在提高劳动生产率的同时，加强对工程项目的职业健康安全管理。用现代管理的科学方法去组织、协调生产，大幅度降低伤亡事故，这样才可以充分调动施工人员的主观能动性。

一、公路工程项目职业健康安全管理的要求

（一）正确处理职业健康安全的关系

明确职业健康安全与危险并存。职业健康安全与危险是相宜对立且相互依存的，但并非等量并存、平静相处，是随着事物的运动而变化的。

保证职业健康安全与生产的统一。职业健康安全是生产的客观要求，当生产完全停止，职业健康安全也就失去意义。就生产目标来说，有了职业健康安全保障，生产才可持续、稳定、健康地进行。

职业健康安全与质量相互包含。质量和职业健康安全工作，交互作用、互为因果。

职业健康安全与速度互为保障。速度应以职业健康安全做保障，在项目实施过程中，应追求职业健康安全加速度，避免职业健康安全减速度。当速度与职业健康安全发生矛盾时，应暂时减缓速度，保证职业健康安全。

职业健康安全与效益同时兼顾。实施职业健康安全技术措施，会不断改善劳动条件，调动职工的积极性，提高工作效率，带来了经济效益，促进效益的增长。

（二）做到"六个坚持"

1. 坚持生产、职业健康安全同时管

职业健康安全管理是生产管理的重要组成部分，两者存在着密切的联系。管生产同时管安全，不仅是对各级领导人员明确职业健康安全管理责任，同时，也向一切与生产有关的机构、人员明确了业务范围内的职业健康安全管理责任。

2. 坚持职业健康安全管理的目标

职业健康安全管理是对生产中的人、物、环境因素状态的管理，目的是有效地控制人的不安全行为和物的不安全状态，消除或避免事故，达到保护劳动者的职业健康安全的目标。

3. 坚持预防为主

职业健康安全生产的方针是"安全第一、预防为主"。职业健康安全管理主要不是处理事故，而是针对生产的特点，对生产要素采取管理措施，有效地控制不安全因素的发生与扩大，把可能发生的事故，消灭在萌芽状态，以保证人的职业健康安全。

4. 坚持全员管理

职业健康安全管理是一切与生产有关的机构、人员共同的事，缺乏全员参与，职业健康安全管理不会出一现好的管理效果。

5. 坚持过程控制

在职业健康安全管理的主要内容中，虽然都是为达到职业健康安全管理的目标，但对生产中人的不安全行为和物的不安全状态的控制更应作为职业健康安全管理的重点。

6. 坚持持续改进

职业健康安全管理是为适应变化的生产活动，消除新的危险因素，是不断改进发展的、不断变化的，其管理意味着是一种动态管理。因此，要不断摸索新的规律，总结控制的办法与经验，不断提高职业健康安全管理水平。

二、公路工程项目健康安全管理程序

公路工程项目职业健康安全管理应遵循下列程序：

识别并评价危险源及风险。

确定职业健康安全目标。

编制并实施项目职业健康安全技术措施计划。

职业健康安全技术措施计划实施结果验证。

持续改进相关措施和绩效。

三、公路工程项目健康安全管理的内容

（一）职业健康安全组织管理

公路工程施工企业应建立健全职业健康安全管理机构，并且对职业健康安全管理机构的构成、职责及工作模式做出明确规定，以保证国家有关职业健康安全生产的政策、法规及建设工程施工现场职业健康安全管理制度的落实。另外，施工企业还应重视职业健康安全档案管理工作，及时整理、完善职业健康安全档案、职业健康安全资料，为预防、预测及预报职业健康安全事故提供依据。

（二）职业健康安全制度管理

当项目确立以后，公路工程施工单位应根据国家及行业有关职业健康安全生产的政策、法规、规范和标准，建立一整套符合项目特点的职业健康安全管理制度，包括职业健康安全生产责任制度、职业健康安全生产教育制度、职业健康安全生产检查制度、现场职业健康安全管理制度、高处作业职业健康安全管理制度、电气职业健康安全管理制度、防火防爆职业健康安全管理制度、劳动卫生职业健康安全管理制度等，用制度约束施工人员的行为，来达到职业健康安全生产的目的。

（三）施工人员操作规范化管理

施工单位要严格按照国家及行业的有关规定，按各工种操作规程及工作条例的要求规范施工人员的行为，坚决贯彻执行各项职业健康安全管理制度，杜绝由于违反操作规程而引发的工伤事故。

（四）职业健康施工安全技术管理

在施工生产过程中，为防止和消除伤亡事故，保障职工职业健康安全，企业应针对工程特点、施工现场环境、使用机械以及施工中可能使用的有毒有害材料，提出

职业健康安全技术和防护措施。职业健康安全技术措施在开工前应根据施工图编制。施工前必须以书面形式对施工人员进行职业健康安全技术交底，对施工中出现的新问题，技术人员和职业健康安全管理人员要在调查分析的基础上，提出新的职业健康安全技术措施。针对不同工程的特点和可能造成的职业健康安全事故，制定不同的技术措施，以消除危险，保证职业健康安全。施工当中对各项职业健康安全技术措施要认真组织实施，经常进行监督检查。

（五）施工现场职业健康安全设施管理

根据建设部颁发的《建筑工程施工现场管理规定》，对施工现场的运输道路，给排水、动力及照明、通信等管线，材料、构件、设备及工器具的堆放点，附属加工设施．临时性建筑（仓库、工棚、食堂、水泵房、变电所等），施工机械的行进路线，安全防火设施等临时工程设施进行合理的设计和科学管理。

四、公路工程项目健康安全技术措施计划

职业健康安全技术措施计划包括以改善劳动条件、防止工伤事故、预防职业病及职业中毒为主要目的的一切技术组织措施。为确保职业健康安全技术措施经费真正用于改善劳动条件，企业在编制职业健康安全技术措施计划时，必须划清项目范围。凡属医疗福利、劳保用品、消防器材、环保设施、基建和技改项目中的安全卫生设施等，不应列入职业健康安全技术措施计划中。

公路工程项目施工组织设计或施工方案中必须有有针对性的职业健康安全技术措施，特殊和危险大的工程必须单独编制职业健康安全施工方案或者职业健康安全技术措施。

五、公路工程项目健康安全技术措施计划实施

要使公路工程项目健康安全技术措施计划顺利实施，必须做好以下工作：

（一）认真做好公路工程项目职业健康安全生产教育

职业健康安全是生产正常进行的前提，职业健康安全教育又是职业健康安全管理工作的重要环节，是提高全员职业健康安全素质、职业健康安全管理水平和防止事故，从而实现职业健康安全生产的重要手段。

公路工程项目职业健康安全教育，主要包括以下四个方面的内容：

1. 职业健康安全生产思想教育

职业健康安全思想教育的目的是为职业健康安全生产奠定思想基础。通常是从加强思想认识、方针政策和劳动纪律教育等方面进行。

2. 职业健康安全知识教育

企业所有职工都必须具备一定的职业健康安全基本知识，职业健康安全基本知识教育的主要内容是：企业的基本生产概况，施工、生产流程、方法，企业施工、生产

的危险区域及其职业健康安全防护的基本知识和注意事项,机械设备、厂(场)内运输的有关职业健康安全知识,有关电气设备(动力照明)的基本职业健康安全知识,高处作业职业健康安全知识,生产(施工)中使用的有毒、有害物质的职业健康安全防护基本知识,消防制度及灭火器材应用的基本知识,个人防护用品正确使用知识等。

3. 职业健康安全技能教育

职业健康安全技能教育就是结合本工种专业特点,实现职业健康安全操作、职业健康安全防护所必须具备的基本技术知识要求。它包括职业健康安全技术、劳动卫生和职业健康安全操作规程。国家规定建筑登高架设、起重、焊接、电气、爆破、压力容器、锅炉等特种作业人员必须进行专门的职业健康安全技术培训。

4. 法制教育

采取各种有效形式,对全体职工进行职业健康安全生产法规和法制教育,进而提高职工遵纪守法的自觉性.以达到职业健康安全生产的目的。

(二)实行公路工程项目职业健康安全生产责任制

为贯彻落实党和国家有关职业健康安全生产的政策法规,明确项目各级人员、各职能部门职业健康安全生产责任,保证施工生产过程中的人身安全和财产安全,根据国家及相关部门的有关规定,要制定项目职业健康安全生产责任制度。

(三)实行公路工程项目职业健康安全技术交底

职业健康安全技术交底是指导工人安全施工的技术措施,是项目职业健康安全技术方案的具体落实。职业健康安全技术交底一般由技术管理人员根据分部分项工程的具体要求、特点和危险因素编写,是操作者的指令性文件,因而,要具体、明确、针对性强,不得用施工现场的安全纪律、安全检查等制度代替,在进行工程技术交底的同时进行职业健康安全技术交底。

职业健康安全技术交底与工程技术交底一样,实行分级交底制度:

大型或特大型工程由公司总工程师组织有关部门向项目经理部和分包商进行交底。交底内容有:工程概况、特征、施工难度、施工组织、采用的新工艺、新材料、新技术、施工程序与方法、关键部位应采取的安全技术方案或措施等。

一般工程由项目经理部总(主任)工程师会同现场经理向项目有关施工人员(项目工程管理部、工程协调部、物资部、合约部、安全总监及区域责任工程师、专业责任工程师等)和分包商行政及技术负责人进行交底。

分包商技术负责人要对其管辖的施工人员进行详尽的交底。

项目专业责任工程师要对所管辖的分包商的工长进行分部工程施工安全措施交底,对分包工长向操作班组所进行的安全技术交底进行监督与检查。

专业责任工程师要对劳务分承包方的班组进行分部分项工程安全技术交底并监督指导其安全操作。

各级安全技术交底都应按规定程序实施书面交底签字制度,并存档以备查用。

（四）实行公路工程项目职业健康安全检查

公路工程项目安全检查的目的是为了消除隐患，防止事故，改善劳动条件及提高员工安全生产意识的重要手段，是职业健康安全管理工作的一项重要内容。为全面提高项目职业健康安全生产管理水平，及时消除职业健康安全隐患，落实各项职业健康安全生产制度和措施，在确保安全的情况之下正常地进行施工生产，公路工程项目实行逐级职业健康安全检查制度：

公司对项目实施定期检查和重点作业部位巡检制度。

项目经理部每月由现场经理组织，安全总监配合，对施工现场进行一次职业健康安全大检查。

区域责任工程师每半个月组织专业责任工程师、分包商（专业公司）、行政、技术负责人、工长对所管辖的区域进行职业健康安全大检查。

专业责任工程师（工长）实行日巡检制度。

项目安全总监对上述人员的活动情况实施监督与检查。

项目分包单位必须建立各自的职业健康安全检查制度，除参加总包组织的检查外．必须坚持自检，及时发现、纠正、整改本责任区的违章、隐患，对危险和重点部位要跟踪检查，做到预防为主。

施工（生产）班组要做好班前、班中、班后及节假日前后的职业健康安全自检工作，尤其是作业前必须对作业环境进行认真检查，做到身边无隐患，班组不违章。

各级检查都必须有明确的目的，做到"四定"，即定整改责任人、定整改措施、定整改完成时间、定整改验收人，并做好检查记录。

公路工程项目职业健康安全检查工作主要包括以下内容：

职业健康安全技术措施。根据工程特点、施工方法、施工机械，编制完善的职业健康安全技术措施并在施工过程中得到贯彻。

施工现场职业健康安全组织。工地上是否有专、兼职安全员并组成职业健康安全活动小组，工作开展情况，完整的施工职业健康安全记录。

职业健康安全技术交底、操作规章的学习贯彻情况。

职业健康安全设防情况。

个人防护情况。

职业健康安全用电情况。

施工现场防火设备。

职业健康安全标志牌等。

六、公路工程项目健康安全隐患和事故处理

（一）公路工程项目职业健康安全隐患控制

职业健康安全事故隐患是指可能导致职业健康安全事故的缺陷和问题，包括职业健康安全设施、过程和行为等诸方面的缺陷问题。对检查和检验中发现的事故隐患，

应采取必要的措施及时处理和化解，确保不合格设施不使用，不合格过程不通过，不安全行为不放过，并通过事故隐患的适当处理，防止职业健康安全事故的发生。

项目部对各类事故隐患应确定相应的处理部门和人员，规定其职责和权限，一般问题当天解决，重大问题限期解决。对存在隐患的职业健康安全设施、职业健康安全防护用品的整改措施落实情况．必要时由项目部的职业健康安全部门组织有关专业人员对其进行复查验证，并做好记录。只有当险情排除，采取了可靠措施后方可恢复使用或施工。若是上级或政府行业主管部门提出的事故隐患通知，由项目部及时报告企业主管部门，同时制定措施、实施整改，自查合格报企业主管部门复查后，再报有关上级或政府行业主管部门消项。

（二）公路工程项目职业健康安全事故处理

公路工程项目施工生产场所，发生伤亡事故，负伤人员或最先发现事故的人应立即报告项目领导。项目安全技术人员根据事故的严重程序及现场情况立即上报上级业务系统，并及时填写伤亡事故表上报企业。发生重大伤亡事故．各有关部门接到报告后，应立即转告各自的上级管理部门。公路工程项目职业健康安全事故通常的处理程序如下：

1. 抢救伤员，保护现场

事故发生后，现场人员切不可惊慌失措，要有组织，统一指挥。首先抢救伤员和排除险情，尽量制止事故蔓延扩大。同时注意，为了事故调查分析的需要．应保护好事故现场。如因抢救伤员和排除险情而必须移动现场构件时，还应准确做出标记，好拍下不同角度的照片，为事故调查提供了可靠的原始事故现场资料。

2. 成立调查组

在接到事故报告后，企业主管领导应立即赶赴现场组织抢救，并迅速组织调查组开展事故调查。

3. 现场勘察

现场勘察是技术性很强的工作，涉及广泛的科技知识和实践经验，调查组对事故的现场勘察必须做到及时、全面、准确、客观。

4. 分析事故原因，确定事故性质

事故调查分析的目的，是为了通过认真调查研究，搞清事故原因，进而从中吸取教训，采取相应措施，防止类似事故重复发生。

5. 提交调查报告

事故调查组在查清事实、分析原因的基础之上，组织召开事故分析会，按照"四不放过"的原则，对事故原因进行全面调查分析，制定出切实可行的防范措施，提出对事故有关责任人员的处理意见，填写"企业职工因工伤亡事故调查报告书"，经调查组全体人员签字后报批。如调查组内部意见有分歧，应在弄清事实的基础上，对照法律法规进行研究，统一认识。对个别问题仍持有不同意见的允许保留，并在签字时

写明意见。

6. 事故审查和结案

对事故审查和结案，有以下几点要求：

事故调查处理结论，应经有关机关审批后，方可结案。伤亡事故处理工作一般应当在90天内结案，特殊情况不得超过180天。

注意事故案件的审批权限，其权限同企业的隶属关系及人事管理权限一致。

对事故责任者的处理，应根据其情节轻重和损失大小、谁有责任、主要责任、次要责任、重要责任、一般责任、领导责任等，按照规定给予处分。

企业接到政府机关的结案批复后，进行事故建档，并接受政府主管部门的行政处罚。

第五节　公路工程项目环境管理

环境保护是我国的一项基本国策。对于公路工程项目，环境保护主要是指保护和改善施工现场的环境。公路施工企业应遵照国家和地方的法律法规以及公路行业的要求，采取有效措施控制施工现场的粉尘、废气、固体废弃物以及噪声、振动等对环境的污染和危害。施工企业应根据批准的建设项目环境影响报告，首先通过对环境因素的识别和评估，确定项目环境管理的目标，之后进行项目环境各类策划，并且在各个阶段贯彻实施。

一、公路工程项目环境管理工作内容

在公路工程项目部中，项目经理负责现场环境管理工作的总体策划和部署，建立项目环境管理组织机构，制定相应制度和措施，组织培训，使各级人员明确环境保护的意义和责任。

公路工程项目部经理的环境管理工作应包括以下几个方面：

按照分区划块原则，搞好项目的环境管理，进行定期检查，加强协调，及时解决发现的问题，实施纠正和预防措施，保持现场良好的作业环境、卫生条件和工作秩序，做到污染预防。

对环境因素进行控制，制定应急准备和相应措施，并保证信息通畅，预防可能出现非预期的损害。在出现环境事故时，应消除污染，制定相应措施，防止环境二次污染。

应保存有关环境管理的工作记录。

进行现场节能管理，有条件时应该规定能源使用指标。

二、公路工程项目环境管理体系

国际标准化组织（ISO）正式成立环境管理技术委员会（ISO/TC 207），其宗旨为：

"通过制定和实施一套环境管理的国际标准，规范企业和社会团体等所有组织的环境表现，使之与社会经济发展相适应，改善生态环境质量，减少人类各项活动所造成的环境污染，节约能源，促进经济的可持续发展。环境管理体系主要包括以下几个方面的内容：

环境方针，环境方针是制定与评审环境目标和指标的框架，主要包括对遵守法律及其他要求、持续改进和污染预防的承诺。

环境因素，识别环境因素时要考虑到正常、异常及紧急等几种状态及过去、现在、将来等几种时态，识别向大气排放、向水体排放、废弃物处理、土地污染、原材料和自然资源的利用、其他当地环境问题及时更新环境方面的信息，以确保环境因素识别的充分性和环境因素评价的科学性。

法律和其他要求，组织应建立并保持程序以保证活动、产品或服务中环境因素遵守法律和其他要求，还应建立获得相关法律和其他要求的渠道，包括对变动信息的跟踪。

目标和指标，主要包括：

组织内部各管理层次、各有关部门和岗位在一定时期内均有相应的目标和指标。

组织在建立和评审目标时，应考虑的因素主要有：环境影响因素、遵守法律法规和其他要求的承诺、相关方要求等。

目标和指标应与环境方针中的承诺相呼应。

环境管理方案，组织应制定一个或多个环境管理方案，以保证环境目标和指标的实现。方案的内容一般可以有：组织目标、指标的分解落实情况，使各相关层次与职能在环境管理方案与其所承担的目标、指标相对应，并且应规定实现目标、指标的职责、方法和时间表等。

组织结构和职责，环境管理体系的有效实施要靠组织的所有部门承担相关的环境职责，必须对每一层次的任务、职责、权限做出明确规定，形成文件并给予传达。最高管理者应指定管理者代表并明确其任务、职责、权限，应为环境管理体系的实施提供各种必要的资源。管理者代表应对环境管理体系建立、实施、保持负责，并向最高管理者报告环境管理体系运行情况。

培训、意识和能力，组织应明确培训要求和需要特殊培训的工作岗位和人员，建立培训程序，明确培训应达到的效果，并且对可能产生重大影响的工作，要有必要的教育、培训、工作经验、能力方面的要求，以保证他们能胜任所负担的工作。

信息交流，组织应建立信息交流程序，使其能在组织的各层次和职能间交流有关环境因素和管理体系的信息，以及外部相关方信息的接收、成文、答复，特别注意涉及重要环境因素的外部信息的处理并记录其决定。

环境管理体系文件，环境管理体系文件应充分描述环境管理体系的核心要素及其相互作用，应给出查询相关文件的途径，明确查找的方法，使相关人员易于获取有效版本。

文件控制，组织应建立并保持有效的控制程序，保证所有文件的实施，注明日期（包括发布和修订日期）、字迹清楚、标志明确，妥善保管并在规定期间予以保留等要求，还应及时从发放和使用场所收回失效文件，防止误用，建立并保持有关制定和修改各类文件的程序。环境管理体系重在运行和对环境因素的有效控制，应避免文件过于烦琐，利于建立良好的控制系统。

运行控制，组织的方针、目标和指标及重要环境因素有关的运行和活动，应确保它们在程序的控制下运行，当某些活动有关标准在第三层文件中已有具体规定的，程序可予以引用。对缺乏程序指导可能偏离方针、目标及指标的运行应建立运行控制程序，但并不要求所有的活动和过程都建立相应的运行控制程序。应识别组织使用的产品或服务中的重要环境因素，并建立和保持相应的文件程序，将有关程序与要求通报供方和承包方，以促使他们提供的产品或服务符合组织的要求。

应急准备和响应，应建立并保持一套程序，使之能有效确定潜在的事故或紧急情况，并在其发生前予以预防，减少可能伴随的环境影响。一旦紧急情况发生时及时做出响应，尽可能地减少由此造成的环境影响。组织应考虑可能会有的潜在事故和紧急情况，采取预防和纠正的措施应针对潜在的和发生的原因，必要时特别是在事故或紧急情况发生后，应对程序予以评审和修订，确保其切实可行，并且定期按程序有关规定进行试验或演练。

监测和测量，对环境管理体系进行例行监测和测量，既是对体系运行状况的监督手段，又是发现问题及时采取纠正措施、实施有效运行控制的首要环节。

监测的内容，通常包括：组织的环境绩效（如组织采取污染预防措施收到的效果，节省资源和能源的效果，对重大环境因素控制的结果等），有关的运行控制（对运行加以控制，监测其执行程序及其运行结果是否偏离目标和指标），目标、指标和环境管理方案的实现程度，为组织评价环境管理体系的有效性提供充分的客观依据。

对监测活动，在程序中应明确规定：如何进行例行监测，如何使用、维护、保管监测设备．如何记录和如何保管记录，如何参照标准进行评价，什么时候向谁报告监测结果和发现的问题等。

组织应建立评价程序，定期检查有关法律法规的持续遵循情况，来判断环境方针有关承诺的符合性。

纠正与预防措施，组织应建立并保持文件程序，用来规定有关的职责和权限，对不符合的进行处理与调查，采采取措施以减少其影响。对已存在和潜在不符合的情况及时采取纠正与预防措施，同时要分析原因。因为纠正与预防措施引起的程序文件的任何更改，均应遵守实施并予以记录。

记录，组织应建立对记录进行管理的程序，明确对环境管理的标识、保存、处置的要求，组织的程序文件中应规定记录的内容。记录应字迹清楚、标识清楚，可追溯。

环境管理体系审核，组织应制定、保持定期开展环境管理体系内部审核的程序、方案。审核程序和方案的目的是判定其是否满足符合性（即环境管理体系是否符合对环境管理工作的预定安排和规范要求）和有效性（即环境管理体系是否得到正确实施和保持），向管理者报告管理结果。对审核方案的编制依据和内容要求，应立足于所涉及活动的环境的重要性和以前审核的结果。审核的具体内容应规定审核的范围、频次、方法，对审核组的要求，审核报告的要求等。

管理评审，组织应按规定的时间间隔进行，评审过程要记录，形成文件。评审的对象是环境管理体系，目的是保证环境管理体系的持续适用性、充分性、有效性。评审前要收集充分必要信息，作为评审依据。

三、公路工程项目文明施工

文明施工是指保持工程施工场地整洁、卫生，施工组织科学，施工程序合理的一种施工活动。实现文明施工，不仅要着重做好现场的场容管理工作，而且还要相应做好现场材料、机械、安全、技术、保卫、消防和生活卫生等方面的管理工作。一个工地的文明施工水平是该工地乃至所在企业各项管理工作水平的综合体现，公路工程项目文明施工工作应包括下列内容：

进行现场文化建设。

规范场容，保持作业环境整洁卫生。

创造有序生产的条件。

减少对居民和环境的不利影响。

近年来，随着引入国外先进管理理念的同时，我国公路工程项目管理水平得到了不断的提高，但是，施工现场管理混乱的现象还是比较严重，距离创建文明施工现场的距离还比较远。尽管国家有关部门对施工现场文明施工要求多年。然而，施工现场管理的"脏、乱、差"现象依然存在，是个普遍的共性问题。

"脏、乱、差"严重制约项目管理水平的提高。有些项目的现场管理混乱，施工无计划，操作无标准，规章制度不健全，岗位责任不落实；有人不干活、有活无人干；设备管理落后，"跑、漏、滴、冒"的现象比较常见，机械发生故障较多，严重影响施工正常进行；材料、机具、设备到处乱放，浪费惊人，质量、安全事故频频发生等现象的存在，严重制为建筑企业生产力的发展。有些项目全员劳动生产率偏低，生产力得不到较大提高，利润滑坡，效益不高，出现这些问题，也和忽视施工现场科学管理存在很大关系。施工现场还是事故隐患多发地点，尤其是桥梁施工现场露天高空作业和联合作业较多，人员流动大、物体坠落和物体打击等事故最易发生。所以，加强施工现场文明施工管理力度，在施工现场改善施工作业人员条件，防止事故伤害的发生具有很大的现实意义。项目经理部应对现场人员进行培训教育，提高其文明意识和素质，树立良好的形象，并按照文明施工标准，定期进行评定、考核和总结。

四、公路工程项目现场管理

公路工程施工现场是企业人流、物流、信息流的汇集地，是工人和其他管理人员直接从事施工活动、创造使用价值和社会价值的场所，是生产力的载体，也是工程产品最终形成的场所。公路工程施工企业向社会和市场提供的工程产品必须通过施工现场建造起来，即企业投入生产的各种生产要素，只有在施工现场优化组合后才能转换为生产力。工程施工进度的快慢，质量的优劣，成本的高低，效益的好坏都和施工现

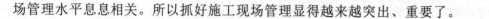

场管理水平息息相关。所以抓好施工现场管理显得越来越突出、重要了。

（一）公路工程项目现场管理基本规定

项目经理部应在施工前了解经过施工现场的地下管线，标出位置，加以保护。施工时发现文物、古迹、爆炸物、电缆等，应当停止施工，保护现场，及时地向有关部门报告，并按照相关规定处理。

施工中需要停水、停电、封路而影响环境时，应经有关部门批准，事先告示。在行人、车辆通过的地方施工，应当设置沟、井、坎、洞覆盖物和标志。

项目经理部应对施工现场的环境因素进行分析，对于可能产生的污水、废气、噪声、固体废弃物等污染源采取措施，进行控制。

施工垃圾和渣土应堆放在指定地点，定期进行清理。装载材料、垃圾或渣土的运输机械，应采取防止尘土飞扬、洒落或流溢的有效措施。施工现场应根据需要设置机动车辆冲洗设施．冲洗污水应进行处理。

除有符合规定的装置外，不得在施工现场熔化沥青和焚烧油毡、油漆，亦不得焚烧其他可产生有毒有害烟尘和恶臭气味的废弃物，项目经理部应按规定有效地处理有毒有害物质，禁止将有毒有害废弃物现场回填。

施工现场的场容管理应符合施工平面图设计的合理安排和物料器具定位管理标准的要求。

项目经理部应依据施工条件，按照施工总平面图、施工方案和施工进度计划的要求，认真进行所负责区域的施工平面图的规划、设计、布置、使用和管理。

现场的主要机械设备、模具、施工临时道路、各种管线、施工材料制品堆场及仓库、土方及垃圾堆放区、变配电间、消火栓、警卫室、现场的办公、生产及生活临时设施等的布置，均应符合施工平面图的要求。

现场入口处的醒目位置，应公示：工程概况、职业健康安全纪律、防火须知、职业健康安全生产和文明施工规定、施工平面图、项目经理部组织机构图及主要管理人员名单。

施工现场周边应按当地有关要求设置围挡和相关的职业健康安全预防设施。危险品仓库附近应有明显标志及围挡设施。

施工现场应设置畅通的排水沟渠系统，保持场地道路的干燥坚实。施工现场的泥浆和污水未经处理不得直接排放。有条件时，可以对施工现场进行绿化布置。

（二）公路工程施工现场环境保护

1. 施工现场环境保护基本规定

公路工程项目施工现场环境保护应执行下列规定：

项目经理部应当遵守国家有关环境保护的法律规定，采取措施，控制施工现场的各种粉尘、废气、废水、固体废弃物以及噪声、振动对环境的污染和危害。

妥善处理泥浆水，未经处理不得直接排入河流。

除设有符合规定的装置外，不得在施工现场熔融沥青或者焚烧油毡、油漆以及其他会产生有毒、有害烟尘和恶臭气体的物质。

采用有效措施控制施工过程中的扬尘。

禁止将有毒有害废弃物用作土方回填。

对产生噪声、振动的施工机械，应采取有效控制措施，减轻噪声扰民。

工程施工由于受技术、经济各种限制，对环境的污染不能控制在规定范围内的，项目经理部应会同业主事先报请当地人民政府建设行政主管部门与环境保护行政主管部门批准。

2. 施工现场环境保护措施

（1）生态环保措施

对开挖土方、回填土方过大的路段，施工应避开雨期，并在雨期来临之前，将开挖、回填、弃方的边坡处理完毕。

对于施工取土，要做到边开采、边平整、边绿化。同时要做到计划取土，及时还耕。对于在公路两侧取土，要做好规划，要有利于耕地改造。南方地区可与修建养鱼、养虾池有计划地结合起来，并与路基保持一定的距离，杜绝随意取土。

对于雨水较多的地区，在公路施工中，会出现边坡的崩塌、滑坡现象，因此凡是大面积护坡处需增设截水沟，有组织地排除雨水。

施工过程中，对可能产生雨水地面经流处开挖路基时，应设置临时性的土沉淀池，以拦截泥沙，必要时在沉淀池的出水侧设置土工布围栏，待路建成之后，将土沉淀池推平、绿化或还耕。

对路堤边坡应及时植草绿化，在修筑较高挡土墙的同时，每隔一定距离栽植易发芽的灌木。

对施工临时的占地，应将原有土地表层耕作的熟土堆在一旁，待施工完毕再将这些熟土推平，恢复原土地表层。

（2）大气污染防治措施

公路施工的堆料场、灰土拌和站等应设于空旷的地方，相距 200 m 范围内不应有集中居民区、学校等。

在采用沥青路面的路段，设置沥青混凝土搅拌站的位置应选择适当，即要方便，又要符合卫生要求，卫生防护距离规定保护距离为 300 m。同时，沥青混凝土搅拌站应设在离开居民区、学校等环境敏感点以外的下风向处，此外不应采用开敞式、半封闭式沥青熬化作业工艺。

施工材料运输公路及便道应采取定时洒水降尘措施，对于一些粉状材料，运输时应加以遮盖。

（3）水污染防治措施

一些施工材料，如沥青、油料、化学品等不宜堆放在民用、水井及河流湖泊附近，防止雨水冲刷而进入水体。

施工人员的生活污水、生活垃圾、粪便等应集中处理，不能直接排入水体，施工管理区生活污水等无法接入市政排水管理时，要建化粪池进行处理。

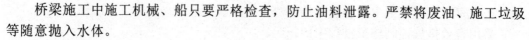

桥梁施工中施工机械、船只要严格检查，防止油料泄露。严禁将废油、施工垃圾等随意抛入水体。

（4）噪声防治措施

当施工路段或工地距居民距离小于 150 m 时，为了保证居民夜间休息，在规定时间内停止施工。

对于施工现场附近的学校和单位，施工项目部和他们商议，调整施工时间或采取其他措施，尽量减小施工噪声对教学和工作的干扰。

施工项目部要注意保养机械，使机械维持最低声级水平，安排工人轮流操作机械，减少工人接触高噪声的时间，对在声源附近工作时间较长的工人，可采取发放防声耳塞、头盔等保护措施，使工人进行自身保护。

采取吸声、隔声、隔振和阻尼等声学处理的方法来降低噪声。吸声是利用吸声材料（如玻璃棉、矿渣棉、毛毡、泡沫塑料、吸声砖、木丝板、甘蔗板等）和吸声结构（如穿孔共振吸声结构、微穿孔板吸声结构、薄板共振吸声结构等）吸收通过的声音，减少室内噪声的反射来降低噪声。隔声是把发声的物体、场所用隔声材料（如砖、钢筋混凝土、钢板、厚木板、矿棉被等）封闭起来与周围隔绝。常用的隔声结构有隔声间、隔声机罩、隔声屏等。隔振，就是防止振动能量从振源传递出去。隔振装置主要包括金属弹簧、隔振器、隔振垫（如剪切橡胶、气垫）等。常用的材料还有软木、矿渣棉、玻璃纤维等。阻尼就是用内摩擦损耗大的一些材料来消耗金属板的振动能量并变成热能散失掉，从而抑制金属板的弯曲振动，让辐射噪声大幅度地削减。常用的阻尼材料有沥青、软橡胶和其他高分子涂料等。

使施工现场保持良好的施工环境和施工秩序，是公路施工项目管理的重要内容。施工现场是工程产品生产的场所，企业要从现场获得产品的附加值才得以在社会上生存和发展；现场也是问题萌芽产生的场所，是施工活动的第一线，无论什么问题，都是直接来自现场；施工现场能够反映出员工思想动态，工作态度会直接或间接地影响产品和生产效率。项目管理水平的高低，就看其现场管理是否整洁美观，是否秩序井然，是否很好地引导广大员工有组织、有计划地开展工作，经济合理地达成了目标。

第一节　公路工程施工监理综述

一、工程施工监理的概念与目的

（一）工程施工监理的相关概念

监理是监理人员依据监理合同对工程质量、安全、环保、费用及进度实施的监督和管理活动。具体地讲，是监理机构在工程施工中受建设单位的委托，并在建设单位的授权下，依据国家法律、法规、行业规范、施工合同监理服务协议，运用合同协议中的规定、方法和手段，对工程的施工单位在施工准备阶段、施工阶段、缺陷责任期阶段及其成品、半成品进行监督检查和评价，使其行为和结果符合合同约定，保证工程合同顺利实施，使工程建设费用管理、进度计划、质量目标和安全生产目标得以实现的管理活动。

监理单位是指具有法人资格并取得交通主管部门颁发的公路工程施工监理资质证书的企业。它是依法成立的、独立的、智力密集型的、从事工程监理业务的经济实体，与建设单位签订监理合同，并且受其委托承担工程建设的监理业务。

合同文件（或称合同）指合同协议书、投标函及其附录、中标通知书、通用合同条款、专用合同条款、技术标准和要求、图样、已标价工程量清单以及其他合同文件。监理服务合同是由建设单位与监理单位签署的、明确工程实施中各方责、权及利的协议。

缺陷责任期是自监理工程师签发工程交工证书到监理工程师签发工程缺陷责任终止证书的时间。工程缺陷责任终止证书是工程缺陷责任期满，经过施工单位维护的工程完全满足合同的有关规定，监理工程师签发的解除施工单位工程缺陷责任的证明；工程交工证书指工程全部完成，根据了施工单位申请，监理工程师按照合同有关规定对工程进行验收后签发的证明。

（二）工程施工监理的目的

施工监理的目的是加强公路工程质量管理，控制工期、工程费用、安全生产和环境保护，提高投资效益及工程管理水平，让施工管理工作法制化、标准化、规范化、程序化。

二、工程施工监理的相关单位及相互关系

（一）施工监理的相关单位

建设单位（又称业主）：建设单位是指执行建设项目投资计划的单位，或是被指定的负责管理该建设项目的代表机构以及取得该当事人（单位）资格的合法继承人（单位）。

施工单位（又称承包人、承包单位或承包商）：施工单位是指和建设单位签订承建合同或材料、设备制造与供应合同的当事人（单位）以及取得该当事人（单位）资格的合法继承人（单位）。

监理单位（又称监理机构、监理工程师）：监理单位是指依法注册、独立从事工程监理业务，受建设单位委托或指定，和其签订监理服务协议，执行施工监理业务的单位及其驻地代表。

（二）施工监理与相关单位的关系

建设单位和监理单位是委托与被委托的关系。监理工程师依据监理合同和监理服务协议规定，独立承担现场施工监督和管理工作。建设单位授予监理工程师履行监理合同和监理服务协议中规定的职权并支持其工作，监理工程师在监理合同和监理服务协议规定的职权范围内尽其职责，正确执行合同，坚持公平、公正，既维持建设单位合法利益，也不损害施工单位的正当利益。

监理单位和施工单位是监理与被监理的关系，此关系体现在建设单位与施工单位签订的施工合同中。在工程实施过程中，施工单位应按施工合同规定接受监理工程师的监督和管理，执行监理工程师的指令。监理工程师根据施工合同正确、公正地开展监理工作，不和施工单位有经济联系。施工单位对不公正的监理行为有权向建设单位及有关部门申诉。

三、公路工程施工监理体制与质量保证体系

（一）公路工程施工监理体制

我国工程施工监理体制主要是由"一个制度""三个层次"和"多种方式"构成的。

1. "一个制度"

是指工程监理制度，它是国家行业主管部门建立与推行监理工作的目标和组织管理体系。

2. "三个层次"

是指政府建设监理（也称政府监理或政府监督）、社会建设监理和企业自检。三个层次是相辅相成的，构成监理工作完整的执行主体。施工企业必须对工程质量最终负责，自检结果是社会监理测试的前提。政府监理是指政府职能机构对监理市场、工程建设过程及参建的建设单位、施工单位、设计单位等进行宏观的监督管理，其主要内容是监督建设行为的合法性、程序性和科学性，确保宏观控制项目建设必须符合国家的利益。社会监理是指社会监理单位受建设单位的委托或授权，对工程项目进行具体过程的监督、管理。以监理工程师为主体构成的专业化监理单位，是从微观上通过现代化的科学管理技术和丰富的经验来保证合同目标的实现。

3. "多种方式"

是指监理工作形式上的划分。从委托性质上分，一种是委托监理，即由建设单位委托专业化的社会监理单位承担。这种委托早期主要是建设单位直接委托，目前主要是通过招标投标方式选定后再委托，委托时双方签订委托合同，这种社会化监理模式，具有独立性、公正性、权威性。另一种是自行监理，即由建设单位组建符合国家规定资质的相对独立的监理机构承担监理任务气

（二）质量保证体系

《公路工程施工监理规范》明确规定：凡列入基本建设计划的公路项目，都应实行"政府监督、社会监理、企业自检"的质量保证体系。施工监理即属于社会监理，是质量保证体系的重要环节。因此，根据我国的国情，参照国际惯例，构建了我国公路工程建设的三级质量保证体系。

1. 政府监督

改革开放以来，工程建设活动发生了一系列重大的变化。发生这些变化的原因是原有的高度集中的计划经济体制下的工程建设管理模式越来越不适应社会主义市场经济发展的要求，而且工程建设中存在着工程质量严重下降，施工企业自评、自检水分很大等诸多问题。因此，迫切需要建立和健全新的管理体制，特别是工程质量方面，在完善企业内部质量检查体系的同时，需建立严格的外部政府监督体系。政府监督是公路工程质量保证体系中的极其重要的质量监督环节之一，是政府部门强化对于工程质量管理的具体体现。

政府监督是指作为国家机器的政府部门实施对工程质量的管理，是政府社会职能的具体体现和要求。政府监督具有以下特点：

强制性政府的管理行为象征着国家机器的运转，国家机构的管理职能是通过授权于法来实现的。因此政府实施的管理监督行为，对于被管理、被监督者来说，只能是强制性的、必须接受的。

执法性政府监督主要依据国家法律、法规、方针、政策和国家及交通运输部颁发的技术规范、标准进行，并严格遵照规定的监督程序行使监督、检查、许可、纠正、强制执行等权力。监督人员每一个具体的监督行为都有充分的依据，带有明显的执法性，显著区别于通常的行政领导和行政指挥等一般性的行政管理行为。

全面性政府监督是针对整个工程建设活动的，就管理空间来讲，覆盖了社会；就一个工程项目的建设过程来说，则贯穿于工程建设的全过程。但在我国，工程建设的决策咨询、施工监理等不同阶段的监督管理则是由我国不同的政府职能部门分别负责、共同完成的。

宏观性政府监督侧重于宏观的社会效益，主要保证工程建设行为的规范性，维护社会公众的利益和工程建设各参与者的合法权益。对一项具体的工程建设来说，政府监督不同于后述的监理工程师的直接的、连续的、不间断的监理。

政府监督的强制性、全面性、宏观性的特点，决定政府监督既要遵照规定的管理程序，在工程建设项目实施的全过程中行使监督、检查、许可、纠正和强制执行等权力，又要侧重于对项目的阶段性、控制性的监督管理（不同于社会监理单位实施的直接的、连续的监理）。

2. 社会监理

是具有法人资格的社会监理单位对工程实施的监理。这是随我国经济体制改革的深化，在引进国外建设资金的过程中，逐步认识并结合我国国情而实施的工程建设管理的新体制和新模式。建设单位委托或指定监理工程师（单位）全面监督、管理工程的实施，对工程质量、工程进度、工程费用全面监理。根据交通运输部的规定，公路工程的监理目前主要是施工阶段的监理，因而也称为"施工监理"。

施工是工程建设过程中极其重要的一个阶段，它不仅要将经过周密考虑的可行性研究和设计的工程付诸实现（也就是说，不仅要把图上的东西变为实际的工程结构），同时还可能要根据施工过程中所遇到的实际社会、自然条件对工程设计做必要的修改。公路工程一般施工周期较长，受外部社会环境和自然环境的影响较大。需综合平衡、相互协调的问题较多，因此，公路工程的施工难度都较大。同时，公路建设需花费大量的费用，一旦出现工期延误情况，不仅会给工程参与各方带来不利影响，也会严重影响到公路工程建设的经济效益和社会效益。施工中出现的质量问题有的难以补救，有的甚至无法补救，给工程留下隐患，因此，施工监理的重要性是不言而喻的。

公路工程施工监理，是公路建设管理体制改革的重要内容，是强化质量管理、控制工程造价、提高投资效益及施工管理水平的有效方法。实践证明，一项工程实行了全委托监理，不但能减少不合理的额外支出，保证工程质量和工期，还能避免了过多的合同纠纷，并能确保国家建设计划和工程合同的顺利实施，对于业主和承包人双方均有利于社会监理具有以下的特点：

（1）服务性

监理单位是智力密集型的组织，本身不是建设产品的直接生产者和经营者，为建设单位提供的是智力服务。监理工程师通过对工程施工进行组织、协调、监督和控制，

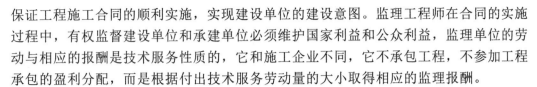

保证工程施工合同的顺利实施，实现建设单位的建设意图。监理工程师在合同的实施过程中，有权监督建设单位和承建单位必须维护国家利益和公众利益，监理单位的劳动与相应的报酬是技术服务性质的，它和施工企业不同，它不承包工程，不参加工程承包的盈利分配，而是根据付出技术服务劳动量的大小取得相应的监理报酬。

（2）公正性和独立性

是监理单位顺利实施监理职能的重要条件。监理单位在工程监理中必须具备组织各方协作配合及调节各方利益的职能，因此要求监理单位必须保持公正。而公正需以独立性为前提，因此监理单位首先必须保持自己的独立性。

监理单位在业务关系和经济关系上必须独立，不应同参与工程建设的各方发生利益关系。我国工程监理有关规定指出，监理单位的"各级监理负责人和监理工程师不得是施工、设备制造和材料供应单位的合伙经营者，或与这些单位发生经营性隶属关系，不得承包施工和建材销售业务，不得在政府机关或施工、设备制造和材料供应单位任职"。这样规定就是为了避免监理单位与其他单位之间存在利益牵制，从而保持监理单位的公正性和独立性。

监理单位与建设单位的关系是平等的合同关系，监理单位可不承担合同以外建设单位随时指定的任务。如果实际工作中出现这种需要，双方必须通过协商，并以合同形式对增加的工作加以确定监理委托合同一经确定，建设单位就不得干涉监理工程师的正常工作。

在实施监理的过程中，监理单位是处于工程承包合同签约双方，即建设单位和施工单位之外的独立一方，依法行使监理委托合同所确认的职权，承担相应的法律责任。监理单位不能作为建设单位的代表行使职权，否则它在法律上就变成了从属于建设单位的一方，失去了自身的独立地位，从而也就失去了调解建设单位和工程承包单位利益纠纷的合法资格。当然，监理单位也不得是施工单位的合作者，否则也会丧失自己的独立地位。

（3）科学性

监理单位要能发现与解决工程建设中所存在的技术和管理方面的问题，能够提供高水平的专业服务，所以必须具有科学性。这是监理单位区别于其他一般服务性组织的重要特征，也是其赖以生存的重要条件。监理人员的高素质是监理单位科学性的前提条件。监理工程师都必须具有相当的学历，并有长期从事工程建设工作的丰富实践经验，精通技术与管理，通晓经济与法律，否则监理单位将不能正常开展业务，监理单位也是没有生命力的。

3. 企业自检

常说"产品的质量是生产出来的，而不是检验出来的"。事后检验只能在一定限度上控制不合格的工程交付使用，但已无法挽回在工程建设中费用的浪费、工期的延误和出现质量事故带来的损失，有时还会给工程留下隐患、带来难以预料的严重后果。施工企业作为公路工程产品的直接生产者，和政府监督机构、监理工程师（单位）不同，它要依照与建设单位签订的合同完成工程建设，同时达到费用、进度和质量要求。

因此，应该说施工企业在公路工程质量保证体系中占有特别重要的地位。

为了按照合同的约定实现工程的三大目标，施工企业必须保证生产的公路工程产品达到标准，对产品实施自检是必不可少的质量保证环节，所以，施工企业应当尽早地建立周密的自检系统，这个工作包括以下几项内容：

（1）配备人员

施工企业应该根据工程规模的大小和工程结构的特点，配备相应的、称职的自检人员，施工的每一道工序都由施工企业的自检人员按照监理工程师规定的程序提供自检报告和试验报表。

（2）配备试验设备

施工企业应配备与工程规模和结构特点相适应的试验设备，试验设备的类型、规格应符合合同文件中有关试验标准的规定，并应对一些关键性设备进行核定，如核子密度仪、压力机等。还应对某些试验设备的数量进行核实，分析其是否能满足合同文件所要求的试验项目以及在施工高峰期试验设备能否满足工程检验的需要。

（3）采用标准的、规范化的工作方法

建立和健全标准的、规范化的工作制度，施工企业质检时，应该根据国家和交通运输部颁布的有关标准制定有关的工作制度，明确采用的工作方法和手段。交通行业标准《公路工程质量检验评定标准》《公路工程施工监理规范》及《公路水运工程试验检测人员资质管理暂行办法》《公路工程建设试验检测工作管理办法》等，应作为施工企业自检的依据。

施工企业的自检系统与施工企业的整体管理水平是有密切关系的，应在施工企业中实施全面质量管理。

四、工程施工监理原则、依据及任务

（一）工程施工监理原则

建设工程监理受建设单位委托和授权，监理单位的目标任务、内容取决于建设单位的要求，不论是工程项目的规划决策阶段还是设计阶段、施工阶段的监督管理，都应遵循以下基本原则：

建设工程监理单位应按照公正、独立、自主的原则，开展监理活动，维护建设单位与被监理单位的合法权益，维护社会公众利益和国家利益。

建设工程监理单位应当根据权责一致的原则，开展了监理业务活动，在建设工程监理合同和其他建设工程合同中应当体现出这一原则，监理单位与项目监理组织之间应当体现这一原则，在项目监理组织内部也应当体现这一原则。

建设工程监理单位在履行监理合同过程中应当遵循总监理工程师负责制原则，总监理工程师在工程项目监理中应当成为监理责任主体、监理权力主体和利益主体。

建设工程监理单位在工程项目监理中应当坚持"严格监理、竭诚服务"的原则。一方面，严格按照有关法律、法规、规范、标准实施监理，严格根据国家批准的工程建设文件进行监理，严格按照监理合同和其他建设工程合同开展监理；另一方面，要运用合理的技能，谨慎而努力地工作，为建设单位提供满意的服务。同时应当与被监理单位密切配合，友好合作，共同携手实现工程项目总目标。

建设工程监理单位在实施监理的过程中应坚持综合效益的原则。监理人员在项目监理过程中不应损害国家、社会的整体利益而谋求建设单位的经济利益。监理人员要严格遵守国家的有关法律、法规，既要对建设单位负责，更要对国家和社会负责。只有在符合宏观经济、社会效益及环境效益的条件下，建设单位投资项目的微观经济效益才能得以实现。

（二）工程施工监理依据

国家和有关主管部门制定的法律、法规、标准、规范、规程及有关技术规定。

政府主管部门批准的工程项目建设文件及设计文件。

建设工程监理合同及其他建设工程合同。

另外，在监理过程中，建设单位下达的工程变更文件，设计单位对设计问题的正式答复，建设单位、承包单位和监理单位联合签署的工地例会纪要、监理工作联系单，都可作为监理工作的依据。

（三）工程施工监理任务

工程施工阶段监理的主要任务是监理工程师必须从组织、技术、合同及经济的角度抓好"五控、两管、一协调"的工作，即质量控制、安全控制、环境保护控制、费用控制、进度控制、合同管理、信息管理和组织协调。根据监理工作职责，认真履行施工合同规定的具体要求，充分运用建设单位授权，采取符合施工合同规定的组织、技术和经济措施，对工程质量、安全、环保、费用和进度实行全面监理，严格进行合同管理和高效的信息管理，合理地实现工程建设的质量、安全、环保、费用与进度五大预期目标。：

1. 质量监理

质量是工程建设的关键，影响工程质量的因素很多，监理工程师应按照合同规定和要求对影响工程质量的各个因素从原材料、施工工艺等方面进行全过程检查、监督和管理，任一环节疏忽大意，都会给公路工程的质量带来影响。因此，监理工程师必须对整个工程实行全过程监理，以确保施工单位提交的工程符合合同、技术规范、使用要求和验收标准的规定。

2. 安全监理

监理工程师应审批施工方提交的安全生产保证体系，并且要求其有效、可行、可靠，以达到安全生产的目标。

3. 环境保护监理

监理工程师应审查施工组织设计中是否按设计文件和环境影响评价报告的有关要求制定施工环境保护措施，以满足公路施工环境保护的要求。

4. 费用监理

监理工程师还应在工程质量、工期符合合同要求的基础上，对工程费用进行监理。工程费用包括合同文件中工程量清单内所列的以及因工程变更、施工单位的索赔或建设单位未履行义务所涉及的一切费用，监理工程师应尽可能减少了工程量清单中所列费用以外的附加支出，使工程总费用控制在预定额度之内。

5. 进度监理

一个工程项目在合同文件内规定具体的施工工期，施工单位根据实际情况制订出切实可行的工程进度计划，提交监理工程师进行审批。监理工程师根据施工合同规定的工期对施工单位施工中的组织、资源投入、施工方案、工期安排进行监督与管理，采取具体措施努力减小计划进度和实际进度的差距，协调整条路线的平衡进度和保证在合同期限内全面完成并且交付工程。

6. 合同管理

监理工程师应依照合同约定，对执行施工合同过程中发生的包括工程分包、工程变更、工程延期、费用索赔、争端和仲裁、工程保险、违约和转让等有关合同的问题进行检查和处理。

7. 信息管理

它是指在工程施工过程中，对反映工程施工质量、进度、费用、安全生产和实施状况以及参与者之间关系信息的收集、整理、分析和使用。信息管理是监理工程师正确处理问题的依据，是监理工作成果的体现与工程档案的重要组成部分。

8. 组织协调

监理单位是独立于建设单位和施工单位的第三方，在工程施工过程中处于实施监督和管理的地位，协调建设单位和施工单位以及工程建设其他有关各方的关系，使工程得以顺利进行。

第二节　公路工程施工进度监理

一、进度监理及施工组织概述

为了加强公路工程基本建设项目管理，合理控制工程质量、工期和费用，提高投资效益与工程管理水平，必须进行工程承包合同条件下的项目建设监理，即实施质量、工期、费用三大目标的控制。工程进度是工程承包合同规定工期中施工活动的时间安排，因此进度监理是履行工程承包合同的重要内容，工程进度涉及业主和承包人的重大利益，是合同能否顺利执行的关键。为此，在工程进度监理当中，一定要把计划进度与实际进度之间的差距作为进度控制的关键环节；除满足工期要求外，还应满足合同规定的工程质量及费用要求，从而达到高效、经济的工程施工的目的。

（一）进度监理的作用、任务和目标

1. 进度监理的作用

实施公路工程项目的施工活动，是根据工程承包合同所规定的工期要求来安排的，且整个施工过程中，必须在限定的工期内，按照技术规范、图样等有关要求完成。因此，在公路工程施工过程当中，工程进度监理不仅是对时间计划进行管理和控制，同时还需要考虑劳动力、材料和机械设备等所需要的资源能否最有效、合理、经济的配置与使用，使工程在预定的工期内完成，并争取早日使工程投入使用，从而获得最佳投资效益。可见，对工程项目的施工进度进行监理是十分必要的。它的作用主要表现在：①合理控制工期、质量和费用，使项目管理实现综合优化。②通过审查施工进度计划及控制实际进度与计划进度的差异，从而完善施工进度计划管理。③除充分考虑时间控制问题外，同时还考虑劳动力、材料、施工机具设备等所必需的施工资源问题，使其最有效、合理、经济的配置与利用。④通过计划、组织、协调、检查与调整等手段，调动施工活动中的一切积极因素，努力地实现施工过程中各个阶段的进度目标，以确保工程施工全过程总工期目标的实现。

2. 进度监理的任务

监理工程师在工程进度监理方面的主要任务是：要求承包人在工程开工前或施工中根据招标合同文件和施工进展实况，编制出清楚、明了、真实、可靠，能表达施工中全部活动及其相关联系，反映施工组织及施工方法，符合实际且便于管理的施工组织计划；审批承包人编制的施工组织计划；督促承包人执行已审批的施工组织计划，并在执行过程中通过计划进度与实际进度的比较，定期地、经常地检查和调整进度计划；协调业主与承包人，承包人与分包人，承包人与材料设备供货、交通、通信、电力供应、消防治安、地方政府、当地群众等各方面、各部门之间的关系，使方方面面不致产生矛盾，以便工程施工能按预期进度进行，保证总工期目标的实现。

3. 进度监理的目标

施工过程中进度监理一般包括三个阶段，即编审计划、实施计划、调整计划阶段。各个阶段进度控制的目标分别为计划工期、检查偏差及调整内容。

（1）编审施工进度计划阶段

进度控制的目标是确定一个合理的计划工期。在承包人编制及监理工程师审批施工进度计划时，计划工期应依据以下资料确定：①本工程项目的工程承包合同中有关工期的规定，是确定计划工期的基本依据；合同规定的工程开工、竣工日期，必须通过进度计划落到实处。②材料和设备的供应计划如果已经编制，那么施工进度计划必须与其相协调。③已建成的同类工程或相似项目的实际工程进度情况，是编制本项目施工进度计划的重要参考资料。④投标书中确定的项目施工方案及工程进度计划。⑤承包人的施工人员技术素质及机具设备能力。⑥施工现场的特殊环境及气候条件等。

具体制订施工进度计划时，应根据上述资料编制，对其进行优化后方可予以实施。

（2）实施施工进度计划阶段

在实施施工进度计划的过程中，进度控制的目标是实际进度按计划进度执行，直到工程项目按计划工期完成。但工程实际中，计划的不变是相对的，实际进度的改变是绝对的。因为在拟订施工进度计划时，不可能把施工中所有可能会出现的情况都考虑进去，而且施工过程中由于自然条件等因素的影响，打破原有施工进度计划是司空见惯的事情，尤其是公路工程项目施工在露天进行，受气候影响较大。因此，公路工程施工过程中，进度计划不可能完全按照原计划执行，其实际进度与计划进度经常出现差距。监理工程师在实施进度监理时，就是控制实际值和计划值的偏差，以便做出合理的施工进度计划调整。

（3）调整施工进度计划阶段

在施工进度计划开始实施以后，监理工程师必须经常评估和监督进度计划的实际执行情况；如果出现工期延误及实际进度的其他变化，则应将执行中的进度计划予以部分或全部的修改与调整，调整的工作内容及调整期限，应依据工程项目实际情况确定。调整进度计划的目的是使其符合变化了的实际情况，以保证施工进度计划的顺利实现。

（二）进度监理的工作程序

在公路工程施工进度计划的实施过程中，监理工程师的工作程序如下：

1. 施工进度计划的编制

督促和指导承包人按要求编写和提交公路工程施工进度计划，包括总体计划和阶段性计划。

2. 施工进度计划的审批

按规定的审批步骤和审查内容进行各种施工进度计划的审批。

3. 施工进度计划的执行检查

监理工程师对承包人施工进度计划的执行情况进行跟踪检查，并且对工程的实际进度做出评价，确认计划进度与实际进度是否相符。

4. 施工进度计划的调整

当工程施工的实际进度滞后时，可根据具体情况对原定进度计划作合理调整。

以上施工进度计划监理的工作程序是从开始到结束循环进行的过程。

（三）公路工程施工组织

公路工程的施工组织需在研究的基础上，从保证完成计划目标、保证工程质量、节约设备费用、降低劳务成本等多方面进行比较，拟定最适用、最经济的施工方案和施工方法s公路工程施工方案及方法则可通过施工组织设计来反映。

1. 施工组织设计的内容

应满足招标文件合同条款、技术规范、计划工期的要求，并作为对投标文件进行详细评审的重要依据。在合同当中，施工组织设计即工程施工进度计划，通常应包含

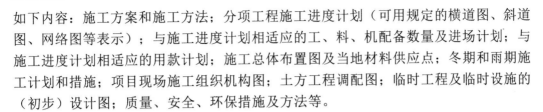

如下内容：施工方案和施工方法；分项工程施工进度计划（可用规定的横道图、斜道图、网络图等表示）；与施工进度计划相适应的工、料、机配备数量及进场计划；与施工进度计划相适应的用款计划；施工总体布置图及当地材料供应点；冬期和雨期施工计划和措施；项目现场施工组织机构图；土方工程调配图；临时工程及临时设施的（初步）设计图；质量、安全、环保措施及方法等。

2. 施工组织的基本原则

影响施工过程组织的因素很多，如施工性质、施工类型、机械设备条件、施工规模大小、自然条件等，因而施工过程组织变化因素多，困难较大。尽管如此，还是应当尽力合理组织施工过程，施工组织的原则归纳如下：

（1）连续性原则

指施工过程各阶段、各工序的进行，在时间上是紧密衔接的，不会发生各种不合理的中断。保持和提高施工过程的连续性，具有很大的经济意义，它可以缩短建设周期，节约流动资金，避免不必要的等待和窝工，进而提高劳动生产率。

（2）协调性原则

指施工各阶段、各工序之间在施工能力上要保持一定的比例关系。各施工环节的劳动力、生产效率、设备数量等都必须相互协调，不发生脱节和比例失调的现象。协调的施工组织，可以充分地利用整个施工过程中的人力和设备，避免在各施工阶段和工序之间出现停顿和等待，所以可以缩短施工周期。

（3）均衡性原则

指施工中的各个环节都按照施工计划的要求，在一定的时间内完成相等或相等递增的工作量，使各工段的负荷保持相对稳定，不发生时松时紧、前松后紧等现象。均衡施工能充分利用机械设备和工时，避免因为突击赶工所造成的损失，因而有利于保证施工质量和劳动力、机械设备的调配。

（4）经济性原则

指施工过程组织除应满足技术要求外，还必须讲求经济效益，要用尽可能小的劳动消耗取得尽可能大的施工生产效果。施工组织的目的是尽可能降低工程造价，而又不影响工程的进度和质量，所以连续性、协调性和均衡性这三项原则要以是否经济可靠作为衡量的标准。

3. 施工组织的研究对象及任务

公路工程施工组织的研究对象是工程施工过程中的时间问题，即施工进度计划编制；空间问题，即组织管理机构及场地布置；资源问题，即劳动力、材料、机具设备等的供应；经济问题，就是工程造价、成本控制及资金利用等。

公路工程施工组织的基本任务是密切结合我国现行经济政策，充分考虑公路工程施工特点，运用科学的方法和手段组织施工，合理地安排施工过程中劳动力、材料、机具设备、资金、进度和工期等要素，以提高承包人的经济效益为中心，确保施工工期短、占用资金少、生产效率高、工程质量好，保证按合同工期完成项目施工工作，实现有计划、有组织、有秩序地进行项目施工管理，达到项目施工的整体效益最佳。

4. 施工组织的基本方法

公路工程施工过程中的组织方法很多，其基本方法可以归纳为顺序作业法、平行作业法和流水作业法三种。

（1）顺序作业法

顺序作业就是按固定的程序组织施工。有客观要求的工艺流程和施工顺序必须按先后次序进行顺序作业。

（2）平行作业法

当有若干个工程项目，或者将工程项目划分为几个施工段或者几个作业点时，建立若干个施工班组，分别同时按工艺顺序施工，这种施工组织方法称为平行作业法。

（3）流水作业法

当有若干个工程项目或将工程项目划分为几个施工段时，再将它们按不同的工作内容划分为若干道工序或施工过程，依据工序或施工过程建立专业班组，由各专业班组依照施工顺序完成各个施工段上的施工过程，即相同的工序顺序进行，不同的工序平行进行，这种施工组织方法称为流水作业法。

在施工过程中，顺序作业法、平行作业法、流水作业法可以单独运用，也可以根据具体条件，将三种作业方法综合运用，从而形成平行顺序作业法、平行流水作业法以及立体交叉平行作业法等施工组织法。

公路工程施工中，主要施工组织方法是流水作业法。

二、施工进度计划的编制与审批

公路工程施工进度计划是对工程实施进度监理的前提，没有进度计划，也就谈不上对工程项目的进度监理。因此，在工程开始施工之前，承包人应向监理工程师提供一份科学、合理的工程施工进度计划。

（一）进度计划的编制

工程项目进度计划是表示施工项目中各个单位工程或分项工程的施工顺序，开工、竣工时间以及相互衔接关系的计划，它是工程施工项目实施阶段进行进度控制的行为标准，也是监理工程师实施进度监理的基本条件。因此，监理工程师应要求承包人在编制施工进度计划时必须贯彻合同条款及技术规范；施工进度计划应真实、可靠并符合实际，清楚、明了，便于管理，能阐明施工中的全部活动及其相互关系，反映施工组织及施工方法，合理使用人力和设备资源，预测可能出现的施工障碍及变化。

进度计划的编制依据主要有：合同中规定的合同工期、开工日期及竣工日期；投标书中确认的工程进度计划及施工方案；主要材料和设备的采购合同和供应计划；工程现场的特殊环境及气候条件；施工人员的技术素质及设备能力；已经建成的同类工程的实际进度及经济指标等。

根据工程项目实施的不同阶段，分别编制总体进度计划及阶段性进度计划（即年度、季度、月度和周进度计划）；对于某些起控制作用的关键工程项目（如桥梁、隧

道、立体交叉等），还应单独编制工程进度计划。

1. 施工进度计划的形式与内容

（1）总体进度计划

是用来指导工程全局的，它是工程从开工到竣工的各个主要环节总的进度安排，起着控制构成工程总体的各个单位工程或各个施工阶段工期的作用。所以，工程的总体进度计划可供监理工程师作为控制和协调工程总体进度之用。根据 FIDIC 合同条件第 14 条规定，承包人在接到中标通知书之日起，应在合同条件第二部分规定的时间内，向监理工程师提交一份格式和细节都符合监理工程师规定的工程总体进度计划，以取得监理工程师的同意。

在承包人提交的工程总体进度计划中，应当反映出以下主要内容：①工程项目的合同工期。②完成各单位工程及各施工阶段所需要的持续时间、最早开始和最迟结束的时间。③各单位工程及各施工阶段需要完成的工程量及现金流动估算。④各单位工程及各施工阶段所需配备的人力和机械数量。⑤各个单位工程或分部工程的施工方案和施工方法等。

（2）阶段性进度计划

对于一个公路工程项目来说，仅仅有工程项目的总体进度计划对于工程的进度监理是不够的，尤其当工程项目比较大时，还需要编制阶段性进度计划，即年度和月（季）度进度计划。年度进度计划要受工程总体进度计划的控制，而月（季）度进度计划又受年度进度计划的控制。月（季）度进度计划是年度进度计划实现的保证，而年度进度计划的实现，又保证了总体进度计划的实现。

（3）关键工程进度计划

是指一个公路工程项目中起控制作用的关键工程，如某一桥梁工程、隧道工程或立体交叉工程的进度计划。

关键工程进度计划中的主要内容有：①工程概况（名称、位置、结构、施工要求等）。②施工准备及竣工清场的时间安排。③具体施工方案和施工方法。④总体进度计划及各道工序的控制日期。⑤各施工阶段的人力和设备的配额及运转安排，现金流动估算。⑥对总体进度计划及其他相关工程的控制、依赖关系和说明。⑦施工现场平面布置图设计。⑧质量控制及安全措施等。

2. 施工进度计划的表示方式

总体进度计划的编制可以采用横道图、斜道图或进度曲线等方式表示；对于大型工程应用网络计划图表示；现金流动估算表即与总体进度计划相应的进度曲线，通过现金流动估算表可以得到每月完成的工程费用额及已经完成工程费用的累计。年度、月（季）度工程进度计划可采用横道图、进度曲线及有关进度图表示。但无论采用什么方法，都应反映出相应内容。

3. 施工进度计划的编制

根据 FIDIC 通用条件第 14 条规定，承包人在收到中标通知书后，应在合同专用条件规定的时间内，向监理工程师提交一份格式和细节都符合要求的工程总体进度计

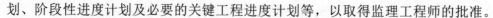
划、阶段性进度计划及必要的关键工程进度计划等，以取得监理工程师的批准。

（1）总体进度计划的编制

承包人编制的施工阶段的总体进度计划，其内容与施工组织计划的内容相似。它按施工组织设计的要求编制，即在投标文件施工组织设计的基础上，根据评标和合同谈判期间提出的一些问题而增列的合同补充条款、施工现场更为精确的基础资料和承包人能进场的主要施工机械设备，再按需增编材料供应图，运输组织计划图，附属企业或自办料场施工组织设计图表，供水、供电计划图表，重点的项目的技术组织措施或工艺设计，网络设计图，各种管理制度等。

（2）年度进度计划的编制

年度进度计划可按路基、路面、基础、墩（台）和桥面等分项工程划分工程项目，并根据年度季节、气候的不同，确定各项年度生产指标，合理安排施工进度，编制出能反映本年度施工的各单项工程形象进度控制指标的切实可行的年度施工进度计划。

在安排年度进度计划时，应首先安排重点、大型、复杂、周期长、占劳动力多和施工机械设备多的工程，优先安排主要工种或经常处于短线状态的工种的施工任务，使其连续作业。同时，还应重点突出组织顺序上的联系，如大型机械的转移顺序及主要施工队伍的转移顺序等，以达到减少人工及机械设备的窝工费，节省工程费用的目的。

（3）月（季）度进度计划的编制

月（季）度工程进度计划的编制，除根据年度进度计划要求外，还应按监理工程师的要求，确定月（季）度施工任务，指导施工作业；进行月（季）度施工各项指标的平衡、汇总，以便综合衡量完成的工程数量和工程投资，作为月（季）度工程施工进度情况考核的依据。因此，在月（季）度工程进度计划中应对本月（季）计划施工的分项工程的工程数量及工程投资额等加以反映应注意，在安排年度及月（季）度进度计划时，要理顺下列关系：一般工程受重点工程的制约；配套项目受主体项目的制约；下级计划受上级计划的制约；计划内短期安排受总工期计划安排的制约。在调整计划时，应尽量不改变年度计划的指标，来便于考核计划的执行情况。

（4）关键工程进度计划的编制

关键工程的施工工期常关系到整个工程项目施工总工期的长短，因此该施工进度计划应单独编制并服从于工程总体进度计划的重点单项工程进度计划，且以满足指导施工作业为准。

（二）进度计划的审批

根据 FIDIC 合同条件第 14 条规定，承包人在接到中标通知书之日后，在合同要求的时间内应向监理工程师提交一份格式和细节符合合同要求的工程总进度计划，以取得监理工程师的批准；如果监理工程师提出要求，承包人还应以书面形式提交一份有关承包人为完成工程而建议采用的施工方案和施工方法的总说明，供监理工程师查阅。下面介绍承包人提交的进度计划所包含的内容及监理工程师接到承包人提交的进度计划之后应当做些什么工作。

1. 提交进度计划

在中标通知书发出后合同规定的时间之内，监理工程师应要求承包人书面提交以下文件（即总体进度计划文件）：①一份详细的格式符合要求的工程总体进度计划及必要的各项关键工程的进度计划。②一份有关全部支付的现金流动估算。③一份有关施工方案和施工方法的总说明（即通过施工组织设计提出）。

在开工以前或在开工以后合理的时间内，监理工程师应要求承包人提交以下文件（即阶段性进度计划文件）：①年度进度计划及现金流动估算。②月（季）度进度计划及现金流动估算。③分项（或分部）工程的进度计划。

2. 审批进度计划

监理工程师在接到承包人提交的工程进度计划之后，应对进度计划进行认真的审核，其目的是为了检查承包人所制订的工程进度计划是否合理，有无可能实现，是否适合工程的实际条件和现场情况，避免去使用以空洞的、不切实际的工程进度计划来指导施工。

（1）进度计划审批的步骤

监理工程师应组织有关人员对承包人提交的各项进度计划进行审查，并在合同规定或满足施工需要的合理时间内审查完毕。审查工作应按以下程序进行：①阅读文件：列出问题，进行调查了解。②提出问题：与承包人进行讨论或澄清。③对有问题的部分进行分析，向承包人提出修改意见。④审查、批准承包人修改后的进度计划。

（2）进度计划审查的内容

监理工程师在审批承包人的工程进度计划时应审查以下内容：第一，工期和施工时间安排的合理性。承包人提交的工程总进度计划的总工期必须符合工程项目的合同工期，即计划总工期应少于或等于合同工期；各施工阶段或单位工程（包括分部、分项工程）的施工顺序和时间安排与材料和设备的进场计划相协调；施工的开始时间和结束时间应合理，尽可能使施工对资源的要求趋于均衡；易受冰冻、低温、炎热、降雨等气候影响的工程应安排在适宜的时间，并应采取有效的预防和保护措施；对动员、清场、假日及天气影响的时间，应有充分的考虑并留有余地。第二，施工准备的可靠性。承包人的主要骨干人员及施工队伍的进场日期是否已经落实；施工测量、材料检查及标准试验的工作是否已经安排；驻地建设、进场道路及供电和供水等是否已经解决，或已有可靠的解决方案；所需主要材料和设备的运送日期是否已有保证。第三，计划目标与施工能力的适应性。审查承包人各阶段或单位工程计划完成的工程量及投资额是否与承包人的设备和人力实际状况相适应；各项施工方案和施工方法是否与承包人的施工经验和技术水平相适应；关键线路上的施工力量安排是否和非关键线路上的施工力量安排相适应。

根据 FIDIC 合同条件第 14 条规定，当监理工程师通过调查研究，落实了上述与工程进度计划有关的条件和因素并经过评价后，如确认承包人为完成工程而提供的工程进度计划是合理的，而且计划切实可行，则应在合理的时间内批准承包人编制的进度计划，并通知承包人可以按照计划安排施工。如果监理工程师经过充分的分析和调查了解，认为承包人所提交的工程进度计划与其实际的技术装备能力不相适应，尤其是计划中关键线路上的工作安排不合理时，则应要求承包人修订工程进度计划，并重新拟订一份工程进度计划，亦应报监理工程师，以取得监理工程师的批准。

监理工程师在批准了承包人所提交的工程进度计划之后，应该在第一次工地会议上提供有关监督控制工程进度计划方面的一整套报表和有关规定。同时为了保证工程进度计划的正常进行，监理工程师应经常根据有关记录资料，分析工程进度方面存在的问题，随时掌握承包人的工程进展情况。

通常工程项目进度计划的审核工作由监理工程师负责进行，但对于较大且复杂工程，其进度计划审核工作的工作量将很大。一般的做法是监理工程师审核工程项目总进度计划；单项工程进度计划（或关键工程进度计划）的审核由单项工程驻地监理工程师进行，并且对监理工程师负责。

三、施工进度计划的监理

（一）进度监理的依据及措施

1. 进度监理的合同依据

《公路工程施工合同范本》规定，承包人应按专用合同条款约定的内容和期限，编制详细的施工进度计划和施工方案说明，报送监理人审批。监理人应在专用合同条款约定的期限内批复或提出修改意见，否则该进度计划视为已得到批准。经监理人批准的施工进度计划称为合同进度计划，是控制合同工程进度的依据。承包人还应根据合同进度计划，编制更为详细的分阶段或者分项进度计划，报监理人审批。

2. 进度监理的措施

（1）组织措施

监理单位本身应配置分管进度监理的人员。在项目施工监理机构中，应具体落实进度监理部门的人员，并安排监理任务和管理职能分工；确定进度协调工作制度，包括协调会议举行的时间，协调会议的参加人员等；对影响进度目标实现的组织干扰和风险因素等进行有依据的分析研究。

（2）技术措施

主要指进行技术革新、改进施工方法或施工手段等，以便加快进度。同时，监理工程师应根据工程实际情况，及时与设计单位联系，通过协商，优化或修改设计；定期组织设计单位向承包人进行技术交底；当因某种原因无法要求或来不及要求设计单位进行设计修改时，监理工程师亦可根据合同文件规定直接进行修改。

（3）合同措施

监理工程师可依据合同文件，对进度计划完成较好的承包人实行奖励；把某些具有控制进度的、关键的单项工程单独拿出来进行招标，以利加快进度；当承包人因自身原因无法完成某个项目施工时，可以采取分包办法，让更具有实力的另一承包人参与施工；对各合同段的合同工期及进度计划进行协调等。

（4）经济措施

在整个进度监理工作中，监理工程师应注意及掌握业主和承包人的财务情况。对承包人，当其资金周转困难时应提供相应的预付款，或在关键时段，采取适当方式激励承包人，以促进工程进度；对业主，当其预算资金尚未到位或财务状况发生变化或在关键时段未能激励承包人，均有可能导致工程进展速度改变，造成竣工延期，最终引起工程的投资剧增，监理工程师应协助业主避免产生这种尴尬情况。

（5）信息管理措施

监理工程师应经常到施工现场了解情况，不断收集、分析、汇总、掌握与进度有关的资料。通过经常性的计划进度与实际进度的动态比较，定期向承包人通报，向业主提供比较报告等。

（二）工程进度控制

进度控制是指在既定的工期内，由承包人编制出合理的工程施工进度计划，报经监理工程师审批后，承包人按计划进行施工。在施工过程中，监理工程师经常检查施工实际进度情况，并将其与计划进度相比较。如果出现偏差，应分析产生偏差的原因和对工程工期的影响程度，采取一定的措施或要求承包人加强进度管理、调整的后续进度计划。如此不断地循环，直到工程竣工为止。

进度控制与质量和费用控制一样，是工程施工监理的重点之一。监理工程师在进行进度控制时，要明确进度计划的不变是相对的，而进度计划的变是绝对的；平衡是相对的，不平衡是绝对的，实际进度与计划进度完全一致几乎不可能。作为监理人员，在施工监理过程中应分清主次，即密切关注关键工作，避免造成工作盲目和被动；多观察，多记录，尽快发现影响进度的不利因素，及时采取措施和对策，或敦促承包人调整后续进度计划，使进度符合目标要求。

1. 施工进度控制阶段的划分及内容

施工阶段的进度控制内容包括事前、事中和事后进度控制的内容。事前进度控制即工期预控，具体内容包括：编制施工阶段进度控制工作细则；编制或审核施工总进度计划及单位工程施工进度计划；审核承包人提交的施工方案及施工总平面布置图；提供施工用地与通道，完成拆迁；向承包人及时提供图样；及时向承包人支付预付款等。

事中进度控制的内容包括：建立现场办公室；及时检查和审核承包人提交的工程进度报告；加强旁站、巡视、抽检等监理手段；组织现场协调会；定期向总监、业主汇报工程进展情况，按期提交必要的进度报告等。

事后进度控制的主要内容是：及时组织验收；及时地处理工程索赔；及时整理及归档工程进度资料；根据实际施工进度，及时修改和调整验收阶段进度计划及监理工作计划，以保证下一阶段工作的顺利开展。

2. 进度控制的系统原理

（1）施工进度计划系统

为了确保工程进度目标实现，承包人要编制一套围绕工程进度总目标的计划体

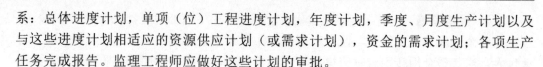

系：总体进度计划，单项（位）工程进度计划，年度计划，季度、月度生产计划以及与这些进度计划相适应的资源供应计划（或需求计划），资金的需求计划；各项生产任务完成报告。监理工程师应做好这些计划的审批。

（2）施工进度计划的实施保证系统

施工进度计划的实施保证，从内容上可概括为组织保证、技术保证、合同保证、经济保证。从工程项目建设的参与方来分有承包人、监理和业主的保证；在施工监理过程中，对于监理工程师来说主要是要抓承包人和监理保证系统的落实。

落实承包人的进度计划实施保证系统。承包人的项目经理部是进度计划实施的重要保证，是保证系统的组织保证。从项目经理到项目经理部的各职能部门，为确保工程进度目标，要齐心协力，各尽其职，加强内部管理，尤其应注重人、机、料三大要素的优化配置与协调工作。项目经理应将整个工程逐项分解，由粗到细，最后形成月生产计划和周工作计划，下达或上报监理，以便实施和监督。对工程进度的控制，应派专人记录进度的实际情况，收集反映进度的数据，统计整理汇总实际进度的数据（开、完工时间，完成的工程数量等），形成实际进度报表，并将其与计划进度相比较和分析，以利于后续工程施工。进度控制做到分工协作，共同地组成一个纵横连接的承包人进度控制保证系统。

落实监理单位的进度计划实施保证系统。监理单位应加强内部管理，提高人员的素质，以满足项目施工监理的要求。尤其在不良地区和不良气候条件下，监理人员应具有现场处理应急事件的能力，想承包人所想，急承包人所急，及时和果断处理好现场存在的问题，避免或减小对工程进度的影响。例如结构物的基础和下部结构等部位，这些部位如不及时处理，一旦下雨，直接影响工程进度。合同保证方面应加强对承包人分包工作的管理，分包工程与主包工程的衔接也直接影响工程进度。经济保证方面是及时验收计量和签认支付，资金是影响整个工程进度的最重要的因素之一，尤为的重要。

（三）影响进度的主要原因

影响公路工程施工进度的因素很多，按照 FIDIC 管理模式可分为承包人的原因、业主的原因、监理工程师的原因和特殊原因。

1. 承包人的原因

承包人在合同规定的时间内，没有按时向监理工程师提交符合监理工程师要求的施工进度计划。

工程施工过程中，各种原因使得工程进度不符合工程施工进度计划时，承包人未按监理工程师的要求在规定时间内提交修订的工程施工进度计划，使后续工作无章可循。

承包人技术力量及其设备、材料的变化，对工程承包合同和施工工艺等不熟悉，造成承包人违约而引起的停工或缓慢施工，也是影响工程施工进度的原因之一。

承包人的质检系统不完善和质量意识不强，将对工程施工进度造成严重影响。

2. 业主的原因

在工程施工过程中，除承包人的原因外，业主未能按工程承包合同的规定履行义务，也将影响工程施工进度，甚至造成承包商终止合同。

监理工程师同意承包人提交的工程施工进度计划后，业主未能按施工进度计划随工程进展向承包人提供施工所需的现场和通道。承包人施工进度计划难以实现，容易导致工程延期和索赔事件的发生。

由于业主的原因，监理工程师未能在合理的时间内向承包人提供图样和指令，给工程施工带来困难；或承包人已进入施工现场并开始施工，而设计发生变更，变更的设计图无法按时提交给承包人，这都将严重影响工程施工的进度。

工程施工过程中，业主未能按合同规定的期限支付承包人的款项，造成承包人暂停施工或缓慢施工，也是影响工程施工进度的一个主要因素。

3. 监理工程师的原因

在公路工程的施工过程中，由于监理工程师的失职、判断或指令错误及未按程序办事等原因，影响工程施工进度。

4. 其他特殊原因

工程进度计划的实施过程中，除承包人、业主及监理以外，还会存在影响进度的其他特殊原因。

额外或附加工程的工程量增加，如土石方数量增加，土石比例发生较大变化，涵洞改为桥梁等，均会影响工程施工的进度。

工程施工中，承包人碰到异常恶劣的气候条件。

人们无法预测和防范的任何自然力的作用以及特殊风险的出现，如战争、地震和暴乱等。

（四）施工进度计划的检查

承包人实施计划时必须对照原计划进行检查，驻地监理工程师对进度计划的实施予以合理地监控，尽量保证实际进度符合原计划安排。

进度计划的检查是其执行信息的主要来源，是施工进度调整和分析的依据，也是进度控制的关键步骤。进度计划检查的方法主要是对比法，即实际进度与计划进度进行对比，从而发现偏差，以便调整或修改计划。

进度偏差不外乎有三种可能：实际进度与计划进度相比为提前、按时（正常）或拖延（延误）。在进度检查时所谈及的偏离往往是针对正在检查的内容（工作或分项工程儿因此还应分析这些偏差对工程项目或合同段工期的影响，即工程总体进度状况发展的趋势。

在整个施工进度监理过程中，专业监理工程师应做好以下工作：

在工程项目的施工中，专业监理工程师应要求承包人每日按单位工程、分项工程或工点对实际进度进行记录，并予以检查，来作为掌握工程进度和进行决策的依据。每日进度检查记录应包括以下基本内容：当日实际完成及累计完成的工程量；实际参加施工的人力、机械数量及生产效率；施工停滞的人力、机械数量及其原因；承包人的主管及技术人员到达现场的情况；当日发生的影响工程进度的特殊原因和时间；当日的天气情况等。

高级驻地监理工程师应要求承包人根据现场提供的每日施工进度记录，及时进行统计和标记，并通过分析和整理，每月向总监工程师以及其他代表、业主提交一份每月工程进度报告。该报告应包括以下主要内容：工程进度概况或说明，应以记事方或对计划进度执行情况提出分析；编制出工程进度累计曲线和完成投资的进度累计曲线；显示关键线路（或主要工程项目）上一些施工活动及进展情况的工程图片；反映承包人的现金流动、工程变更、价格调整、索赔、工程支付及其他财务支出情况的财务状况；影响工程进度或造成延误的其他特殊事项、因素及解决措施等。

监理工程师应编制和建立各种用于记录、统计、反映实际工程进度与计划工程进度差距的进度控制图及进度统计表，以便随时对工程进度进行分析及评价，并作为要求承包人加快工程进度、调整进度计划或采取其他合同措施的依据。

在工程实施过程中，如果实际进度（尤其是关键线路上的实际进度）与计划进度基本相符时，监理工程师不应干预承包人对进度计划的执行，但是应及时掌握影响和妨碍工程进度的不利因素，督促工程按计划进行。

监理工程师在批准工程进度计划后，应立即着手制定有关进度控制的整套报表记录和有关规定。为保证工程进度计划的正常实施，监理工程师应配备专门人员对承包人的工程进度进行监理，并要求所有监理人员随时收集和记录影响工程进度的有关资料和事项，随时掌握承包人工程施工过程中存在的问题，并及时向监理工程师汇报，以便及时协调和解决影响进度的各种矛盾和不利因素。

第三节　公路工程施工质量监理

一、工程质量与质量管理的概念

在公路工程建设中，质量是工程建设的关键，任何一个工程环节、任何一个工程部位出现问题，都会给工程质量带来严重的后果，直接影响到公路的实际效益，甚至返工重建，造成巨大的经济损失。因此，工程质量是公路工程建设的生命，质量监理是施工监理的核心。监理工程师应按照合同文件的要求与规定，对整个工程实施全过程的质量控制，使工程各部分质量在保证安全生产和预定的施工期限内以及在批准的投资条件下，达到合同规定的质量要求，保证了工程安全、耐久和适用气

（一）工程质量与质量管理的概念

1. 工程质量的概念

工程质量包括建设工程实体和服务这两类特殊产品的质量。工程质量是指建设工

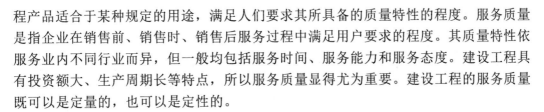

程产品适合于某种规定的用途，满足人们要求其所具备的质量特性的程度。服务质量是指企业在销售前、销售时、销售后服务过程中满足用户要求的程度。其质量特性依服务业内不同行业而异，但一般均包括服务时间、服务能力和服务态度。建设工程具有投资额大、生产周期长等特点，所以服务质量显得尤为重要。建设工程的服务质量既可以是定量的，也可以是定性的。

2. 质量管理的概念

所谓质量管理，广义上说，是为了生产出满足使用者要求的高质量产品所采用的各种方法体系。随着科学技术的发展和市场竞争的日益激烈，质量管理越来越为人们所重视，并逐渐发展成为一门新兴学科。

（二）工程质量管理的重要性

随着改革开放的不断深入，我国的建设工程质量和服务质量的总体水平不断提高。多年来，我国一直强调必须贯彻"百年大计，质量第一"的方针，这对建立和发展社会主义市场经济和扩大对外开放发挥了重大作用。质量管理工作已经越来越为人们所重视，企业领导清晰地认识到了高质量的产品和服务是市场竞争的有效手段，是争取用户、占领市场和发展企业的根本保证。

生产建设工程产品，投资和消耗的人工、材料、能源都相当大，投资者（建设单位）付出巨大投资，要求获得理想的、满足使用要求的产品，以期在额定时间内发挥作用，为社会经济建设和物质文化生活需要做出贡献。如果工程质量差，不但不能发挥应有的效用，而且还会因质量、安全等问题影响到国计民生与社会环境的安全。

二、工程质量监理的依据、特点及其任务

为加强公路工程质量管理，控制工期和工程费用，进行安全生产，提高投资效益及工程管理水平，《公路工程施工监理规范》中明确指出："凡列入基本建设计划的公路工程项目，都应实行政府监督、社会监理、企业自检的质量保证体系"。而在实行施工监理的过程中，监理单位应由建设单位通过招标、聘请、委托等方式确定。建设单位应在工程开工之前确定监理单位并签订服务合同。

（一）质量监理的依据

1. 合同条件

各项工程质量的保障、责任、费用支出等均应符合合同条件的规定。例如，建设单位与施工单位签订的"工程承包合同""补遗书"及"特殊合同条款"，监理单位与建设单位签订的"监理服务协议书"以及"澄清书"。

2. 合同图样

全部工程应与合同图样相符，并符合监理工程师批准的变更与修改要求。例如，建设单位提供的各种设计图；建设单位和监理单位下达的各项通知与规定，相关的变更设计图及通知、指令等；与本工程设计有关的设计联系单；被批准分项工程的开工

报告（含施工组织设计）。

3. 技术规范

所有用于工程的材料、设施、设备及施工工艺，应该符合合同文件所列技术规范或监理工程师同意使用的其他技术规范及监理工程师批准的工程技术要求。例如，《公路路面基层施工技术规范》《公路工程施工监理规范》《公路工程质量检验评定标准第一册土建工程》《公路路基设计规范》《公路沥青路面施工技术规范》《公路水泥混凝土路面施工技术规范》《公路钢筋混凝土及预应力混凝土桥涵设计规范》《公路桥涵施工技术规范》《公路工程集料试验规程》《公路工程水泥及水泥混凝土试验规程》《公路工程施工安全技术规程》《锚杆喷射混凝土支护技术规范》《道路交通标志和标线》《公路收费亭》《公路收费非接触式 IC 卡收发卡机》《公路收费车道控制机》等。

4. 质量标准

所有工程质量均应符合合同文件中列明的质量标准和监理工程师同意使用的其他标准。

（二）质量监理的特点

实行公路工程施工监理是公路建设管理体制改革的重要内容，是强化质量管理、控制工程造价、提高投资效益及施工管理水平的有效方法。和以往的内部管理体制相比，实行质量监理有以下特点：

监理工程师对工程质量的监理受法律保护，这与过去的内部质量管理和行政监督是根本不同的，在施工单位和建设单位签订的承包合同中详细、明确地规定了监理工程师在质量控制中的作用，同时以合同形式赋予了监理工程师采取各种手段进行工程质量控制的权力，使质量管理变得有法可依，减少过去内部管理中的推诿现象。

工程质量监理是监理工程师对一项工程实行全过程、全方位和全天候的质量管理。这与内部管理和质量监督部门的抽查是完全不同的。这样能使工程各个部分的质量得到有效、全面的控制。

工程质量管理强调事先监理和主动监理。监理的重点放在施工前的准备阶段和施工阶段，即对原材料、施工机械和施工技术方案的检查和审查以及施工过程中各环节的质量监理，以便及早发现问题、防患于未然。这与过去等工程结束后再进行检查验收的事后监督办法是完全不同的。

质量监理与工程支付挂钩，质量好坏直接关系到施工单位的经济效益。这是工程监理制度的最大特点。按合同条件规定，未经监理工程师签收的工程项目一律不支付费用。监理工程师有了这个权力，就能运用经济杠杆有效地保证工程质量。

（三）质量监理的任务

监理单位承担监理任务，应根据工程规模、难易程度、合同工期、环境保护和现场条件等因素，建立现场监理机构。现场的监理机构一般按工程招标合同段设置基层监理单位。

监理单位为确保合同规定任务的完成，应建立完整的质量监理保障体系，以保证

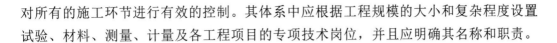

对所有的施工环节进行有效的控制。其体系中应根据工程规模的大小和复杂程度设置试验、材料、测量、计量及各工程项目的专项技术岗位，并且应明确其名称和职责。

三、工程质量监理程序与方法

（一）公路工程施工质量监理的程序

1. 开工报告的审批

在各单位工程、分部工程或分项工程开工之前，驻地监理工程师应要求施工单位提交开工报告并审批。工程开工报告应提出工程施工计划和施工方案；依据技术规范列明本项目工程的质量控制指标及检验频率和方法；说明材料、设备、劳动力及现场管理等项的准备情况，提出放样测量、标准试验、施工图等必要的基础资料。监理工程师在确定施工单位开工报告真实可靠，相关规定的各项开工准备工作均达到要求后，方可签发批准开工报告，签发开工令。

2. 工序自检报告的审校

施工单位的自检人员按照专业监理工程师批准的工艺流程和提出的工序检查程序，在每道工序完工后首先进行自检，自检合格后，申报专业监理工程师进行检查认可。

3. 工序检查认可

专业监理工程师应紧接施工单位的自检，对每道工序完工后进行检查验收并签字，对不合格的工序应指示施工单位进行缺陷修复或返工，前道工序未经检查认可，后道工序不得进行。

4. 中间交工报告

当工程的单位、分部或分项工程完工后，施工单位的自检人员应再进行一次系统的自检，汇总各道工序的检查记录以及测量和抽样试验结果，提出交工报告。自检资料不全的交工报告，专业监理工程师应该拒绝签收。

5. 中间交工证书

专业监理工程师应对按工程量清单的分项完工的单项工程进行一次系统的检查验收，必要时应作测量或抽样试验。检查合格后，提请高级驻地监理工程师签发《中间交工证书》，未经中间交工验收或检验不合格的工程，不得进行下项工程项目的施工。

6. 中间计量

对填发了《中间交工证书》的工程，方可进行计量并由高级驻地监理工程师签发《中间计量表》。若完工项目的竣工资料不全，可以暂时不计量支付。

（二）公路工程施工工序检查程序

各专业（结构、路基、路面、隧道等项目）监理工程师应在组成工程的各个单位、分部或分项工程开工之前，提出工序检查程序说明，以供现场旁站监理人员、施工单位的自检人员及施工人员共同遵循。工序检查应按以下原则提出：

应与合同图样和工程量清单的分项所含内容相一致。

应与技术规范及监理工程师批准采用的施工方法与工艺流程相协调。

应与国家或合同规定的验收标准、检验频率和检验方法相配合。

供需检查程序宜采用框图的形式表示，比较直观，并应与相应的检查记录、报表、证书等相配合。

（三）公路工程施工监理方法

1. 巡视

监理人员应重点巡视：正在施工的分项、分部工程是否已批准开工；现场检测、安全管理人员是否按规定到岗；现场使用的原材料或混合料，外购产品，施工机械设备及采用的施工方法与工艺是否与批准的一致；质量、安全及环保措施是否实施到位；试验检测仪器、设备是否按规定进行了校准；是否按规定进行了施工自检和工序交接。监理人员每道工序的巡视不少于 1 次，并且按要求做好巡视记录。

2. 旁站

监理人员应对试验工程、重要隐蔽工程和完工后无法检测其质量或返工会造成较大损失的工程进行旁站。旁站的监理人员应重点对旁站项目的工艺过程进行监督，并按规范规定的内容进行检查，对发现的问题应责令施工单位立即改正；当可能危及工程质量、安全和环境时，应予以制止，并及时向驻地监理工程师或总监理工程师报告。旁站监理人员应按相关规范附录格式如实、准确、详细地做好旁站记录。旁站项目完工后，监理工程师应组织检查验收，验收合格的方可以进行下道工序。

3. 抽检

监理工程师应按规定重点对施工过程中使用的水泥、钢材、沥青、石灰、粉煤灰、砂砾和碎石等主要原材料及各种混合料进行抽检，抽检频率应不低于施工单位自检频率的 20%，其余材料应不低于 10%；对已完工程实体质量的抽检频率应不低于施工单位自检频率的 20%。监理工程师对材料或工程的质量有怀疑时，应该进行进一步的判定。

第四节　公路工程施工安全监理

一、安全监理的概念与意义

（一）安全监理的概念

安全监理是社会化、专业化的工程监理单位，受建设单位（或业主）的委托和授权，依据法律、法规、已批准的工程项目建设文件、监理合同及其他建设工程合同，对工程建设实施阶段安全生产进行监督管理。

安全监理包括对工程建设中的人、机、物、环境及施工全过程的安全生产进行监督管理，并采取组织、技术、经济和合同措施，保证建设行为符合国家安全生产、劳动保护法律法规和有关政策，有效地将建设工程安全风险控制在允许的范围内，以确保施工安全性，安全监理属于委托性的安全服务。

（二）安全监理的意义

安全生产涉及施工现场所有的人、物和环境，安全监理工作贯穿于施工现场生产的全过程。监理单位只有在质量控制、进度控制、投资控制的基础上，引入安全控制环节，把公路工程监理的"三控制"发展成为"四控制"，把加强安全监理作为政府行为的延伸，把原来政府行业主管部门的安全监督扩大到全社会，才能使得公路建设行业安全生产意识、安全管理水平有根本性增强提高。

公路工程建设安全监理的目的是，对公路工程建设中人的不安全行为、物的不安全状态、作业环境的防护和施工全过程，进行安全评价、动态监督管理和督查，并采取法律、经济、行政和技术手段，保证建设行为符合国家安全生产、劳动保护法律、法规和有关政策，消除建设行为中的冒险性、盲目性和随意性，督促落实各级安全生产责任制和各项安全技术措施，有效地消除各类事故隐患，实现安全生产。

安全是质量的基础。只有在良好的安全措施保证下，施工人员才能较好地发挥技术水平，保证施工的质量。同样，工程施工质量越好，其生产的安全效应就越高；质量是"本"，安全是"标"，两者密不可分；只有标本兼治，才可以使建设项目达到设计标准。

安全是进度的前提。建设项目的最大特点是施工工期较长，建设单位总是希望其投入资金能尽快产生效益，对工期提出不合理的要求。长时间的加班加点，造成的后果往往是人员和设备的疲劳以及安全施工条件无法保证，最终导致安全事故发生。工期过短是安全隐患的原因之一。国家规范和标准中的工期是可以适当压缩的，但应提出一个有利于安全的合理工期，即约定工期应当在施工合同中明确规定。安全与进度互保。进度应以安全作为保障，安全就是进度。在项目实施过程中，应追求安全加进度，尽量避免安全减进度；当进度与安全发生矛盾时，应暂时减缓进度，保证安全。

安全与效益兼顾。安全技术措施的实施，会改善作业条件，带来经济效益。所以安全与效益是完全一致的，安全促进效益的增长。当然，在安全管理当中，投入应适当，既要保证安全，又要经济合理。

安全监理是工程建设监理的重要组成部分，也是建设工程安全生产管理的重要保障。安全监理是提高施工现场安全生产管理水平的有效方法，也是建设工程项目管理体制改革中健全安全管理、控制重大伤亡事故的一种新模式。

《公路工程国内招标文件范本》中规定，投标人（中标后为施工单位）与建设单位在签订工程施工承包合同的同时，还必须签订工程施工安全生产合同。监理工程师必须加强对安全生产的监理工作。

《建设工程安全生产管理条例》中规定："工程监理单位和监理工程师应当按照

法律、法规和工程建设强制性标准实施监理，并对建设工程安全生产承担监理责任。"《公路水运工程安全生产监督管理办法》中规定："监理单位应当依据法律、法规和工程建设强制性标准进行监理，对工程安全生产承担安全监理责任。"《公路工程施工监理规范》中，也专门增加了安全监理的相关内容。这进一步明确了监理单位和监理工程师在安全生产中的作用和法律责任。

二、安全施工的内容

安全生产贯穿于自开工到竣工的施工生产的全过程，因此，安全工作存在于每个分部分项工程、每道工序中。也就是说，哪里的安全防护措施不落实，哪里就可能发生伤亡事故。安全监理不仅要监督检查各部位安全防护措施的贯彻落实，还应该了解公路施工中的主要安全技术，才能采取有效的措施，预防各种类伤亡事故的发生，确保安全生产。安全施工的内容包括以下三个方面：

（一）控制"人"的不安全行为

人是施工生产中的主体，也是安全生产的关键，搞好安全生产，必须首先控制人的不安全行为。人的不安全行为分为生理上的、心理上的、行为上的三种。生理上的不安全行为，即身体上的缺陷，使其不能适应某些生产的速度、工作条件和环境；心理上的不安全行为，即受到了某些因素的刺激和影响，产生了思想和情绪上的波动，身心不支、注意力转移，发生了误操作和误判断；行为上的不安全行为，即为了某种目的和动机有意采取的错误行为。必须根据人的生理和心理特点，合理安排和调配工作，预防不安全行为；通过培训教育，增强安全意识，做到不伤害自己，同时不伤害他人，也不被他人伤害。

（二）控制"物"的不安全状态

施工人员在公路施工过程中，要使用多种工具、机械、设备和材料等，也要接触各类设施、设备等，这些材料、工具、设施和设备等统称为"物"。不仅要使这些"物"保持良好的状态和技术性能，还应该使其操作简便、灵敏可靠，并且具有保护工作者免受伤害的各类防护和保险装置。

（三）作业环境的防护

在任何时间、季节和条件下施工，对于任何作业都必须给施工人员创造良好的、没有危险的环境和作业场所。

如果以上三个方面都能做到，安全生产就有保障。缺少了一个方面，就会留下安全隐患，给发生伤亡事故创造条件。

三、安全监理的任务

监理工作是受建设单位的委托，按照合同规定的要求，完成授权范围内的工作，安全监理同样也是受委托要完成的任务。因此，监理工程师应认真地研究安全施工所包括的范围，并依据相关的施工安全生产法规和标准进行监督和管理。

安全生产涉及施工现场所有的人、物和环境。凡是与生产有关的人、单位、机械、设备、设施、工具等，都与安全生产有关，安全工作贯穿了施工生产的全过程。所以，实施安全监理工作时，必须对施工全过程进行安全监理。如监理工程师在施工现场，往往要对脚手架的搭设和模板的安装、拆除进行检查验收，这就是安全工作的内容。

安全监理的任务主要是贯彻落实国家安全生产的方针、政策，督促施工单位按照公路施工安全生产法规和标准组织施工，消除施工中的冒险性、盲目性和随意性，落实各项安全技术措施，有效地杜绝各类安全隐患，杜绝、控制和减少各类伤亡事故，实现安全生产。安全监理的具体任务主要有以下几个方面：

贯彻执行"安全第一、预防为主"的方针，国家现行的安全生产法律、法规，有关行政主管部门的安全生产规章和标准。

督促施工单位落实安全生产的组织保证体系，建立了健全安全生产责任制。

督促施工单位对工人进行安全生产教育及分部、分项工程的安全技术交底。

审查施工方案及安全技术措施。

检查并督促施工单位按照公路工程施工安全技术规程要求，落实分部、分项工程或各工序、关键部位的安全防护措施。

监督检查施工生产的消防、冬季防寒、夏季防暑、文明施工、卫生防疫等工作。

不定期地组织安全综合检查，可按《公路工程施工安全技术规程》进行评价，提出处理意见并限期整改。

发现违章冒险作业的要责令其停止作业，发现隐患要责令其停工整改。

四、安全监理的工作内容

（一）施工准备阶段安全监理的主要工作

工程开工前，监理工程师应严格审查承包人的各项安全保证方案，审查重点是：

督促业主与承包人签订工程项目安全施工责任书，督促总包单位与分包单位签订工程项目安全施工责任书。

审查总包、分包单位的安全生产许可证或专业主管部门颁发的安全生产资质证书。

督促承包人建立健全施工现场安保体系。

督促施工总承包单位对分包单位的安全生产工作进行统一领导、统一管理，提出了明确的安全生产制度和管理措施，并认真实施监督检查。

审查施工承包单位编制的施工组织设计中的安全技术措施或专项安全施工方案是否符合工程建设强制性标准。审核应包括下列内容：

安全管理、质量管理和安全保证体系的组织机构，包括项目经理、项目总工、专职安全管理人员、特种作业人员配备的数量以及安全资格培训持证上岗情况。

施工安全生产责任制、安全管理规章制度和安全操作规程的制定情况。

起重机械设备，施工机具、电器设备及其他特种设备等的设置是否符合规范要求，各种保险、限位等安全装置是否齐全有效,并具备相应的生产(制造)许可证、产品合格证明及检定结果。

施工中采用新技术、新工艺、新设备、新材料的,是否都制定相应的安全技术措施。

基坑支护、模板、脚手架工程、起重吊装工程和整体提升脚手架拆装等专项方案是否符合法律法规及强制性标准,是否按规定进行论证和办理批准手续。

施工现场临时用电方案的安全用电技术措施和电气防火措施

施工企业安全事故应急救援预案的制定情况以及项目针对重点部位和重点环节制定的监控措施和应急预案。

根据施工的不同阶段、环境、季节和气候的变化制定安全措施的情况。

施工总平面图是否合理,办公、宿舍、食堂等临时设施的设置以及施工现场场地、道路、排污、排水、防火措施是否符合有关安全技术标准规范和文明施工的要求。

制定的安全管理目标。

督促承包人做好逐级安全技术交底功作和开展经常性的安全教育培训活动。

复查承包人的大型施工机械、安全设施验收手续,并且签署意见。

(二)施工阶段安全监理的主要工作

监督承包人按照工程建设强制性标准和经审批的安全施工方案组织施工,制止违规施工作业。

在施工阶段实施监理过程中,发现有违规施工,责令其改正;存在安全事故隐患的,应当要求承包人整改并检查整改结果,签署复查意见;情况严重的,应当要求承包人停止施工,并及时报告业主;承包人拒不整改或不停止施工的,应及时向安全监督部门报告。

督促承包人做好洞口、临边、高处作业等危险部位的安全防护工作,并设置明确的安全警示标志,督促承包人有效控制现场的废水、扬尘、噪声、振动、坠落物等,建立良好的工作环境;审查承包人使用的建筑起重机械,必须具有建设行政主管部门安全监督机构发放的"建筑起重机械设备备案牌"与法定检测机构发给的"检测合格标志"。

督促承包人定期组织施工安全自查工作。

在定期召开的工地例会上,评述安全生产管理现状及存在的薄弱环节和问题,并提出意见和建议,把安全作为工地例会的主要内容之一,使预防落到实处。

对高危作业,易发生安全事故的危险源和薄弱环节作为安全监控的重点,可以采取旁站、巡视和平行检查等形式,加大检查监控力度。

对危险性较大的分部、分项工程进行安全巡查检查,每天不少于一次,发现违规和存在安全事故隐患的,及时要求承包人整改,并检查整改结果,签署复查意见;承包人拒不整改或者不停止施工的,现场监理工程师应及时向当地建设行政主管部门报告。分部、分项工程交工验收时,如安全事故的现场处理未完成,不得签发《中间交工证书》。

五、安全监理的程序与要点

（一）招标阶段的安全监理

1. 审查施工单位的安全资质

审查内容包括：营业执照；施工许可证；安全资质证书；安全生产的管理机械的设置及安全专业人员的配备等；安全生产责任制及安全工作保证体系；安全生产规章制度；各工种的安全生产操作规程；特种作业人员的管理情况；主要的施工机械、设备等的技术性能及安全条件；交通部门安全监督机构对企业的安全业绩测评情况。

2. 协助拟定安全生产协议书

其主要内容：一是建设单位和施工单位之间的安全协议；二是总承包单位和分包单位的安全生产协议。

建设单位和施工单位的安全协议，在招标阶段就要明确双方在施工过程中各自的安全生产责任。

建设单位有责任为施工单位提供施工过程中的安全措施及管理所需要的足够的资金，为保证施工人员在施工生产过程中的安全、健康创造条件。

施工单位的安全生产责任如下：①按照公路工程施工安全法规和标准的要求，结合工程特点，编制安全技术措施，遇有特殊作业（如深基础、起重吊装、模板支撑、人工挖孔桩、临时用电等），还要编制单项安全施工组织设计或方案。②贯彻落实公路工程施工安全技术规范和标准，实行科学管理和标准化管理，提高安全防护水平，消除安全隐患。③建立健全并认真实施安全生产责任制及各项规章制度，做到预防为主，杜绝和减少伤亡事故。④对职工进行入场前及施工当中的安全教育，并进行分部、分项工程的安全技术交底。⑤施工中必须使用合格且具有各类安全保险装置的机械、设备和设施等。⑥对于发生的伤亡事故要及时报告、认真查处。

总承包人和分包人的安全协议要明确。总承包人要统一管理分包人的安全生产工作，对分包人的安全生产工作进行监督检查，为分包人提供符合安全和卫生要求的机械、设备和设施，制止违章指挥和违章作业。分包人要服从总承包人的领导和管理，遵守总承包人的规章制度和安全操作规程，分包人要对本单位职工的安全及健康负责。

（二）施工准备阶段的安全监理

1. 制定安全监理程序

任何一个工程的工序或一个构件的生产都有相应的工艺流程，如果其中一个工艺流程未进行严格操作，就可能出现工伤事故。因此，安全监理人员在对工程安全进行严格控制时，就要按照工程施工的工艺流程制定出一套相应的科学的安全监理程序，对不同结构的施工工序制定出相应的检测验收方法，只有这样才能达到对安全严格控制的目的。在监理过程中，安全监理人员应对监理项目作详尽的记录并且填写表格。

2. 调查可能导致意外伤害事故的其他原因

在施工开始之前，了解现场的环境、人为障碍等因素，以便掌握障碍所在和不利环境的有关资料，及时提出防范措施。这里所指的障碍和不利环境着重是图样中未标示出来的地下结构，如暗管、电缆及其他构造物，或者是建设单位需解决的用地范围内地表以上的电杆、树木、房屋及其他影响安全施工的构造物。掌握这类可能导致工作事故的因素以后，就可以合理地制定监理方案和细则。

3. 掌握新技术、新材料的工艺和标准

施工中采用的新技术、新材料，应有相应的技术标准和使用规范。安全监理人员根据工作需要与可能，可以对新材料、新技术的应用进行必要的了解和调查以及时发现施工中存在的事故隐患，并发出正确的指令。

4. 审查安全技术措施

要对施工单位编制的安全技术措施和单项工程安全施工组织设计进行审查。施工单位对批准的安全技术措施应立即组织实施，做好财力、物力、人力方面的准备，做到准时、准确、到位。对需要修改的安全技术措施计划，施工单位修改后再报安全监理人员审查，合格后才能实施。施工单位开工时所必需的施工机械、材料和主要人员已到达现场，并处于安全状态，施工现场的安全设施已经到位，才可开工。

5. 审查施工单位的自检系统

虽然安全监理是对施工的全过程进行安全监督和管理，但是作为安全监理人员，不可能对每一工程或分项工程的每一部分进行全面监控，只能进行部分抽检。因此工程开工前应尽早督促施工单位进行安全教育，成立施工单位的安全自检系统，要求施工中的每一道工序必须由施工单位按安全监理规定的程序提供自检报告和报表。

施工单位的自检人员对保证安全施工起着重要的作用，因此要求施工单位的自检人员有良好的、全面的安全知识和职业道德．安全监理人员必须在工程实施过程中随时对施工单位自检人员的工作进行抽查，掌握安全情况，检查自检人员的工作质量。

6. 施工单位的安全设施和设备在进入现场前的检验

安全监理人员应详细了解承包单位的安全设施供应情况，避免不符合要求的安全设施进入施工现场后造成工伤事故。在安全设施未进入工地前，可按下列步骤进行监督：

施工单位应提供拟使用的安全设施的产地、厂址和出厂合格证书，供安全监理人员审查。

安全监理人员可在施工初期，根据需要对这些厂家的生产工艺和设备等进行调查了解。

必要时对安全设施取样试验，要求有关单位提供安全设施的有关图样和设计计算书资料、成品的技术性能等技术参数。经审查后，确定该安全设施能否使用。

（三）施工阶段的安全监理

在工程项目施工阶段，安全监理人员要对施工过程的安全生产工作进行全面的监理。

1. 工程项目安全监理的依据

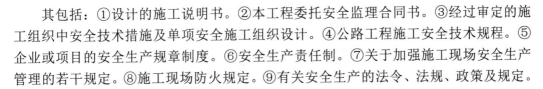

其包括：①设计的施工说明书。②本工程委托安全监理合同书。③经过审定的施工组织中安全技术措施及单项安全施工组织设计。④公路工程施工安全技术规程。⑤企业或项目的安全生产规章制度。⑥安全生产责任制。⑦关于加强施工现场安全生产管理的若干规定。⑧施工现场防火规定。⑨有关安全生产的法令、法规、政策及规定。

2. 工程项目安全监理的职责

（1）安全监理与建设单位的关系

在建设项目实施阶段，安全监理受建设单位委托，代表建设单位的利益，按安全监理合同规定的范围，全权处理关于施工中安全的一切事宜。

（2）安全监理与施工单位的关系

安全监理与施工单位的关系是监理与被监理的关系，但安全监理与施工单位应本着尊重、协助、督促、检查的精神，基于与施工单位目标一致的共识，协助施工单位完善施工过程中的各项制度，并按规定进行必要的抽查和验证。

3. 安全监理的任务

其任务包括：①审查各类有关安全生产的文件。②审核进入施工现场各分包单位的安全资质和证明文件。③审核施工单位提交的施工方案和施工组织设计中的安全技术措施。④审核工地的安全组织体系和安全人员的配备。⑤审核新工艺、新技术、新材料、新结构使用的安全技术方案及安全措施。⑥审核施工单位提交的关于工序交接检查，分部、分项工程安全检查的报告。⑦审核并签署现场有关安全技术签证文件。⑧现场监督与检查。

如遇到下列情况，安全监理工程师应及时报告，由监理工程师下达工程暂停令：①施工中出现安全异常，经监理人员提出后，施工单位未采取改进措施或改进措施不合乎要求。②对已发生的工程事故未进行有效处理仍继续作业。③安全措施未经自检而擅自施工。④擅自变更设计进行施工。⑤使用没有合格证明的材料或者擅自替换、变更工程材料。⑥未经安全资质审查的分包单位的施工人员进行现场施工。

按《建设工程安全生产管理条例》的规定，施工单位拒不整改或者不停止施工的，工程监理单位应当及时向有关主管部门报告。

4. 交工验收及缺陷责任期阶段的安全监理

公路工程项目在交工验收及缺陷责任期阶段，安全监理人员要针对剩余工程和缺陷工程，按《建设工程安全生产管理条例》的规定，对于施工现场的安全生产工作进行全面的监理。

六、建立施工安全监理资料及台账

各级监理机构应建立施工安全监理资料及台账，每次对施工安全检查的情况、发现的问题、监理的指令以及承包人处理的措施和结果，均应记录在规定表格及台账中。具体记录的内容如下：

施工组织设计中的安全技术措施或者专项安全施工方案报审，使用《施工组织设计（方案）报审表》。

分包单位资质审查，使用《分包单位资格报审表》。

施工机械设备、施工机具报审，使用《主要工程设备选型报审表》。

对质量安全隐患下发监理通知单和整改回复单，使用了《监理工程师通知单》和《整改复查报审表》。

对易发生事故部位的关键环节现场检查记录，使用《旁站监理记录表》。

对于安全事故处理，使用《工程质量问题（事故）报告单》和《工程质量问题（事故）处理方案报审表》。

情况严重的，要求承包人停工和复工时，使用《工程暂停令》和《复工申请表》。

总监理工程师和驻地监理工程师应定期检查和抽查本级施工安全监理台账的记录情况。

上一级负责施工安全监理的监理工程师应定期检查和抽查下级监理机构施工安全监理台账的记录情况。

监理人员在监理日记中应记录施工现场安全生产和安全监理工作情况，记录发现的安全施工问题和处理措施，总监理工程师应定期审阅。

项目监理机构编写监理月报时应增加安全监理的内容，对于当月施工现场的安全施工状况和安全监理工作做出评述，报业主和监理单位。

提倡使用音像介质记录施工现场安全生产重要情况和施工安全隐患，并且摘要载入监理月报。

安全监理资料必须真实且完整。

参考文献

[1] 胡栾乔，聂丽群，吴耀南．公路桥梁工程施工与管理研究 [M]．北京：中国华侨出版社，2021.

[2] 陈春玲，刘明，李冬子．公路工程建设与路桥隧道施工管理 [M]．汕头：汕头大学出版社，2021.

[3] 朱汉华，石磊．公路工程结构设计施工方法论解析 [M]．北京：人民交通出版社，2021.

[4] 冯少杰，高辉，孙成银．公路桥梁隧道施工与工程管理 [M]．长春：吉林科学技术出版社，2021.

[5] 潘凯，晁新忠，陈纪州．公路工程经济及项目施工管理 [M]．北京：中国石化出版社，2021.

[6] 刘培璋，李宇，贾清柱．高速公路养护管理与桥梁工程施工 [M]．北京：中国石化出版社，2021.

[7] 李燕鹰，张爱梅，钱晓明．公路桥梁工程施工与养护技术 [M]．长春：吉林科学技术出版社，2021.

[8] 彭东黎．公路工程招投标与合同管理　第3版 [M]．重庆：重庆大学出版社，2021.

[9] 杨婕，柳治国．公路隧道技术状况检测与评价 [M]．北京：北京理工大学出版社，2021.

[10] 艾建杰，罗清波．公路工程施工技术 [M]．重庆：重庆大学出版社，2020.

[11] 武彦芳．公路工程施工组织设计 [M]．重庆：重庆大学出版社，2020.

[12] 王旻，张振和．图解公路工程施工技术 [M]．北京：机械工业出版社，2020.

[13] 程可秀．公路工程施工管理研究 [M]．长春：吉林出版集团股份有限公司，2020.

[14] 杨飞．公路桥梁施工与隧道工程 [M]．天津：天津科学技术出版社，2020.

[15] 许振兴，张晓峰，宋延艳．高速公路房建工程施工技术指南 [M]．北京：中国建材工业出版社，2020.

[16] 张勇．公路工程建设与施工管理研究 [M]．天津：天津科学技术出版社，2020.

[17] 于洪江，李明樾．道路工程施工技术 [M]．重庆：重庆大学出版社，2020.

［18］胡嘉．公路工程造价［M］．北京：北京理工大学出版社，2020.

［19］杨彦海．道路工程施工技术［M］．沈阳：东北大学出版社，2020.

［20］王振峰，张丽，钱雨辰．公路工程招投标与合同管理［M］．武汉：华中科学技术大学出版社，2020.

［21］吴留星．公路桥梁与维修养护［M］．北京：中国纺织出版社，2020.

［22］葛明元．公路建设与项目管理［M］．长春：吉林科学技术出版社，2020.

［23］王慧东，朱英磊．桥梁墩台与基础工程［M］．北京：中国铁道出版社，2020.

［24］袁凤，刘志．路基施工技术［M］．北京：北京理工大学出版社，2020.

［25］陈晓裕．路面施工技术［M］．北京：北京理工大学出版社，2020.

［26］魏斌，赵金云．工程测量［M］．北京：北京理工大学出版社，2020.

［27］王修山．道路与桥梁工程概论［M］．北京：机械工业出版社，2020.

［28］任传林，王轶君，薛飞．公路工程施工技术［M］．长春：吉林科学技术出版社，2019.

［29］郝铭．公路工程施工技术与质量控制［M］．北京：北京工业大学出版社，2019.

［30］汪双杰，刘戈，纳启财．多年冻土区公路工程施工关键技术［M］．上海：上海科学技术出版社，2019.

［31］冯卡，孔德成．公路工程施工测量［M］．北京：化学工业出版社，2019.

［32］林淑强，周天茂．公路工程与施工技术研究［M］．延吉：延边大学出版社，2019.

［33］崔艳梅，叶亚丽，李忻忻．公路工程施工合同与成本管理［M］．北京：人民交通出版社，2019.

［34］王琨，赵之仲，赵鹃鹏．公路工程施工优化管理与新技术［M］．北京：人民交通出版社，2019.

［35］俞素平．公路工程施工招标文件示例［M］．北京：人民交通出版社，2019.